中国法学会后期资助项目文丛

BOOK SERIES FUNDED BY CHINA LAW SOCIETY

相关市场界定研究

——以技术许可协议为视角

Research on Definition of Relevant Markets

—In the Perspective of Technology Licensing Agreements

周围◎著

法律出版社
LAW PRESS·CHINA

中国法学会后期资助项目文丛

出版说明

为进一步落实中央《关于加强中国特色新型智库建设的意见》，充分发挥中国法学会作为党和政府联系法学法律界桥梁和纽带的作用，着力实现中国法学会作为国家法治建设领域核心智库的发展目标，为专家学者开展法学研究和成果转化提供支持，不断丰富和发展中国特色社会主义法治理论体系，中国法学会特决定设立后期资助项目，对具有重要理论和实践价值的优秀法学研究成果予以后期资助，纳入“中国法学会后期资助项目文丛”出版。2015年下半年后期资助项目立项的14项成果，已于2016年底出版。2016年上半年后期资助项目经评审委员会评审，共15项申报成果获得立项，现予以统一出版。今后每年我们还将评选确定一定数量的后期资助项目并予以出版。

中国法学会

2017年12月

序

作为现代反垄断法实施过程中无法回避的执法难题，相关市场及其界定问题时刻困扰着技术许可垄断案件的执法者们。什么是相关市场？技术许可垄断案件中的相关市场有何特征？如何准确界定这类案件中的相关市场？传统的界定方法能否适用于这类案件？这都是各国反垄断执法机关在处理技术许可垄断案件时亟待解决的问题。虽然我国自 2008 年起相继通过了《中华人民共和国反垄断法》、《关于相关市场界定的指南》以及《关于禁止滥用知识产权排除、限制竞争行为的规定》等一系列法律和指南，进一步巩固了我国反垄断实施工作的执法基础，但这些规则仍较为抽象，缺乏针对性和可操作性，客观上难以满足日益频发的技术许可垄断案件的需要。近年来，华为公司诉交互数字公司案、美国高通公司案等典型案件的尘埃落定更是将滥用知识产权对市场竞争的负面影响彻底暴露在社会公众的视野中。反垄断执法实践困境与社会公众舆论压力的交织使如何公平合理地界定相关市场的范围，尤其是界定技术许可垄断案件中的相关市场范围成为当前我国反垄断实施工作中最为迫切的理论问题之一。得益于对知识产权许可活动中反垄断问题的长期关注和潜心研究，作者周围博士敏锐地捕捉到了技术许可垄断案件中相关市场界定问题的学术价值。

客观而言，相关市场及其界定问题属于法学与经济学两大学科深度交叉的学术问题，以技术许可市场这一特殊的市场类型为研究对象更强调研究的针对性，无疑会进一步增加研究的难度。为了系统考察技术许可垄断案件相关市场的界定维度、实施步骤和考量因素，周围博士的新作《相关市场界定研究——以技术许可协议为视角》在原有相关市场界定研究中“反垄断法学—经济学”二元话语体系中引入了专利权、许可协议、专利估值等知识产权制度中的重要概念，以进一步彰显技术形成与技术竞争的各阶段特征。在传统的“相关产品市场、相关地理市场和相关时间市场”三维度体系中将相关技术市场和相关研发市场增加为技术许可垄断案件的市场界定维度，而且还将需求交叉弹性、假定垄断者测试、子市场理论、产品差异性理论等经济学分析工具引入技术许可垄断案件相关市场界定的分析过程，通过对技术许可垄断行为和传统垄断行为特征的比较分析，在保留经济学分析工具运行原理的基础上，对假定垄断者测试的基准价格、知识产权诱致的产品差异性等影响界定结果的变量项作适应性处理，以便契合技术许可垄断案件的案情需要。除此以外，周围博士并未局限于技术许可垄断案件中的相关市场界定环节，而是将研究视角拓展至该类案件的执法全局。在承认相关市场及其界定对提升反垄断执法科学性和准确性的贡献的基础上，也清晰地认识到相关市场界定的历史局限性。面对不断涌现的替代性执法工具和不断演进的反垄断理论，应秉持反垄断法实施的现代化视角，理性对待现代化进程中的相关市场及其界定问题。在面对不同类型案件时，选择合适的执法工具和分析模型，以求科学、准确地判断涉案垄断行为的违法性，真正实现反垄断法在促进竞争、维护竞争秩序上的“经济宪法”功能。

周围博士是我指导的武汉大学法学院 2011 级经济法专业博士研究生，在校期间，他就对知识产权领域的竞争法问题表现出浓厚的志趣。周围博士围绕该主题陆续完成并发表了一系列学术论文，也在不同领域和不同场合收获了来自学术界和实务界同人的鼓励和认可。通过对技术许可协议中限制竞争条款多角度、多面向的不断思考和探索，他最终选择了其中的相关市场界定问题作为博士学位论文选题，并试图通过对这一问题的系统研究一解横亘在审查各类滥用知识产权排除、限制竞争行为中的共同难题。让我欣慰的是，他的努力富有成效，书中可圈可点之处不在少数。当然，作为年轻学子，学识与能力的提升没有止境，书中研究结论的提炼与研究方法的适用都还有进一步提升的空间，但对知识产权与竞争法这一交叉领域的创新尝试必然会收获学术界对该问题的关注和跟进，从而更好地回应反垄断实践中对知识经济背景下科学、合理处理这类案件的迫切需求。希望周围博士保持勤勉踏实的研究态度，坚守自由兼和的学术品格，在知识产权与竞争法的研究领域中持续深耕下去！

是为序。

宁立志

武汉大学知识产权与竞争法研究所

目　录

Contents

绪　论

一、立论意义

前美国联邦最高法院大法官艾毕·福塔斯（Abe Fortas）在审理联邦政府诉Grinnell案时曾指出，“只有完成界定相关市场的任务，关于法律是否被践踏的结论才不再被歪曲”。① 在知识经济时代，以技术与创新为导向的经营者展现出不同于以往的竞争策略，他们更倾向于通过科技研发、技术转让和专利许可等方式创造竞争优势，开展经营活动。从产品与服务的竞争到专利技术与创新研发的竞争，这种转变促成了部分经营者对市场更强有力的控制，同时，也对反垄断法的实施提出了新的挑战。而首当其冲的，便是相关市场的界定问题，因为相关市场范围的确定直接关系到一项技术许可行为是否落入反垄断法规制的范畴，而且相关技术市场和相关研发市场比商品市场和服务市场更复杂，有着更大的不确定性。

1995年美国司法部和联邦贸易委员会在联合发布的《知识产权许可的反垄断指南》（以下简称《指南》）（Antitrust Guidelines for the Licensing of Intellectual Property）中明确了相关技术市场的概念和地位，并且将相关技术市场的界定作为处理知识产权反垄断案件的核心问题。《指南》还首次

① United States v. Grinnell Corp., Et Al. 384 U.S. 563; 86 S.Ct. 1698.

提出了相关研发市场的概念。[①]不同于商品市场和服务市场，技术市场和研发市场更侧重于从动态角度来评估市场结构，它鼓励反垄断执法机关充分认识到创新研发活动作为一种非价格竞争形式在社会福利改进方面的作用，并以此来阻止垄断对创新研发的消极影响。值得注意的是，同样作为竞争法治发达地区的欧盟却并未采用“相关创新（研发）市场”的概念，而是通过考察研发单位之间的竞争或是正在研发的技术在未来市场上的竞争来分析与之相关的反垄断案件。虽然欧美等国在界定技术许可领域里的相关市场时在技术层面尚未达成一致，但对于技术、创新等核心要素的关注体现了竞争法制发达国家和地区在指导思想上日益趋近的现状，是反垄断法现代化进程中的重大进步。

而我国 2008 年颁布的《中华人民共和国反垄断法》（以下简称《反垄断法》）仅将“特定商品或服务进行竞争的商品范围和地域范围”认定为相关市场，并未将技术、创新等内容纳入相关市场的考察范围。直到 2009 年国务院反垄断委员会制定的《关于相关市场界定的指南》中，才首次明确“在技术贸易、许可协议等涉及知识产权的反垄断执法工作中，可能还需要界定相关技术市场，考虑知识产权、创新等因素的影响”。2015 年 8 月 1 日，国家工商总局颁布实施的《工商行政管理机关禁止滥用知识产权排除、限制竞争行为的规定》对知识产权领域反垄断案件相关市场界定问题进行了进一步的规定，这不仅能够更好地指导我国行政执法机关的反垄断实施工作，而且填补了我国技术许可反垄断执法活动的制度空白。随着知识产权和创新在我国经济发展中的推动作用越发明显，技术应用与研发也越来越受到国内经营者们的重视，特别是对以高新科技、信息技术为特征的新兴产业来说，知识产权的不断创新是其可持续发展的主要驱动力。

① 在 1995 年《知识产权许可的反垄断指南》中，美国联邦贸易委员会和司法部采用的是创新市场（Innovation Market）的概念，但在 2017 年修订版《知识产权许可的反垄断指南》中被替换为“研发市场”。

在我国反垄断实务中如何有效保护这些产业的技术转移和创新研发不受经营者集中、滥用市场优势地位等问题的困扰已成为当前反垄断执法机构关注的焦点。虽然《关于禁止滥用知识产权排除、限制竞争行为的规定》的出台为技术许可垄断案件的相关市场界定提出了基本的操作框架，但这种框架性的条款并不足以指导反垄断实务中的具体操作。为了有效地衔接反垄断法条文与反垄断实务操作中的规则间隙，我国国务院反垄断委员会于2015年启动了关于滥用知识产权反垄断指南的起草工作。目前来看，各版本指南草案对是否设置相关研发市场界定维度仍存在分歧。《关于滥用知识产权的反垄断执法指南（国家工商总局第七稿）》设置了相关研发市场维度来判断经营者就未来新技术或者新产品的研究与开发进行竞争所形成市场的竞争状况。而国家发改委《关于滥用知识产权的反垄断指南（征求意见稿）》则认为知识产权即可直接作为交易的标的，也可以被用于提供产品或者服务。在涉及知识产权的反垄断分析中，除了界定相关产品市场或相关技术市场，还可根据个案需要考虑知识产权行使对研发投资、创新活动的影响。因此，亟须对涉及技术许可市场上限制竞争案件中的相关市场界定问题予以深入分析，以期为知识产权领域的反垄断实践提供一定的智力支持。

本书立足国际反垄断法实务前沿，通过对技术垄断案件中的相关市场界定问题的系统而科学的探索，意在填补我国反垄断法实施中存在的理论缺失。目前，国内针对相关市场问题的研究主要集中于经济学领域的定量分析，而相关技术市场作为反垄断法实施中的重要领域，其国内研究刚刚起步，仍有部分定性的研究工作需要从竞争法视角予以关注。

一方面，本书为我国反垄断法相关市场界定工作制定科学化与规范化的基本规则提供具体意见。完善相关技术市场、相关研发市场的界定规则，有助于提升我国反垄断执法水平，更好地为我国参与全球技术交流和技术分享提供法律支撑。另外，本书还能为我国技术许可市场竞争文化的培育提供制度保障。只有准确地界定技术许可领域的相关市场，才能确定该市场内参与竞争的经营者数量及各自的市场份额，进而才能判断涉嫌违法的经营者究竟能在多大程度上行使或者将来可能行使其市场优势地位。因此，研究技术许可垄断案件相关市场的界定问题，有助于加强我国反垄断司法和执法工作的科学性和准确性，有助于强化监管机构的公信力以及我国技术许可市场竞争文化的培育。

另一方面，本书为应对技术与创新活动对我国相关市场界定所提出的新挑战提供理论依据。随着技术垄断案件数量的与日俱增，在司法和执法工作中准确地界定相关商品市场和相关技术市场，考察技术、创新等因素，成为公正合理地处理技术垄断案件的关键性前提。因此，需为《关于相关市场界定的指南》中所规定的相关技术市场以及创新等因素的反垄断考量构筑相应的理论基础。技术许可市场的繁荣为消费者带来更为快捷、智能的科技体验，同时也催生了经营者间以技术转移与创新研发为内容的新型竞争。新的竞争模式催生新的监管制度，只有不断改进与完善我国反垄断法律制度，才能够稳健应对技术许可市场竞争中出现的新问题。

另外，随着创新在激励经济增长、保护科技进步等方面的作用日趋紧要，各国反垄断机构逐渐认识到科技研发（research and development）作为确立竞争优势的重要手段，应将其作为技术垄断案件的核心问题进行审查。但各国反垄断机构是否应确立“相关创新（研发）市场”维度仍存在分歧。因此，亟须进一步论证在我国反垄断法实施环节引入创新因素的考察，以此来审查研发单位创新研发活动在改善社会福利方面作用的必要性。

二、文献综述

我国反垄断法相关立法工作起步较晚，但学术界对相关市场界定问题的关注在 20 世纪 90 年代就已出现。早期研究成果多集中于我国相关市场界定标准的构建和域外经验的介评，如王晓晔教授于1996年在《外国法译评》第2、3期翻译了1992年《美国企业横向合并指南》，对美国反垄断实务中相关市场的界定、测量和集中的标准、要点等基础性问题予以介评；[①] 李文柱先生在《欧盟竞争法中的相关市场理论》一文中介绍了欧盟相关市场界定的基本情况，并引入了相关期限市场和需求的交叉价格弹性方法等概念。[②] 金朝武教授在《论相关市场的界定原则和方法》一文中对相关市场界定的原则、方法、证据问题和我国相关立法作了详尽的分析；[③] 张俊文教授的《反垄断法中的市场界定》则重点对相关市场界定的方法与权衡因素作了研究；[④] 王晓晔教授在《举足轻重的前提——反垄断法中相关市场的界定》一文中，阐述了相关市场界定的核心内容，并特别强调了相关市场界定的重要性，[⑤] 并认为，"界定相关市场是一个实践的问题，也是一个经济的问题。我们在界定相关市场的时候，主要是考虑企业面临的竞争压力，这些压力主要是来自需求替代、供给替代和潜在的竞争"；[⑥] 王先林教授在《论反垄断法实施中的相关市场界定》一文中从法学角度分别论述了界定相关商品市场和相关地域市场存在的主要问题。[⑦]

随着我国《反垄断法》及其配套指南的陆续实施，对相关市场界定问题的研究进入了新阶段。从研究方法上，学术界加强了对经济学理论的借鉴和引入，如李虹教授和张昕竹教授合作完成的《相关市场的认定与发展及对中国反垄断执法的借鉴》一文就从规制经济学的角度对相关市场的认定进行了细致分析，详细介绍了假定垄断者测试的内涵及背景，并结合经

① 王晓晔：《美国企业横向合并指南》，载《外国法译评》1996年第2期。

② 李文柱：《欧盟竞争法中的相关市场理论》，载《国际经济合作》1999年第6期。

③ 金朝武：《论相关市场的界定原则和方法》，载《中国法学》2001年第4期。

④ 张俊文：《反垄断法中的市场界定》，载《现代法学》2001年第3期。

⑤ 王晓晔：《举足轻重的前提——反垄断法中相关市场的界定》，载《国际贸易》2004年第2期。

⑥ 王晓晔：《反垄断法相关市场的界定》，载《国际商报》2009年9月1日，第12版。

⑦ 王先林：《论反垄断法实施中的相关市场界定》，载《法律科学》2008年第1期。

济学理论的发展脉络对相关市场界定的发展趋势提出了假设；[①]李剑教授根据核心设施理论与相关市场理论之间的关联性，提出利用相关市场的测定方法来分析反垄断案件中的核心设施问题。[②]从研究视野上，学术界出现了对竞争法制发达国家相关市场界定理论的比较研究，如白艳教授详细比较了欧美竞争法体系中的市场和市场主体等基本概念，指出两大竞争法体系对于相关市场的界定所使用的理念、标准和方法是十分相近的；[③]丁茂中博士则分别从相关市场界定的方法、相关市场界定的维度、相关市场界定的权衡因素等角度横向比较了美国、欧盟、日本、英国、澳大利亚、新西兰等国的反垄断法，认为在世界范围内，相关市场界定具有实质的趋同性，因此在我国相关市场界定实务中还需进一步提升假定垄断者测试法的地位、细化相关市场界定的维度和权衡因素，以提升我国反垄断执法工作的科学性。[④]从研究角度上，有部分学者以特定产业为切入点，有针对性地分析了这类产业中的相关市场界定问题。这类以特定产业为背景的研究成果更为细化和针对性，包括一般界定方法的适用技巧和改进、特定领域的操作差异等。江山博士在其《反垄断法中相关市场的概念及其认定》一文中介绍了 Brown Shoe 案和 IBM 案等著名案件中运用的需求交叉弹性分析方法。[⑤]李剑教授从法学与经济学的角度对双边市场下的反垄断法相关市场界定展开分析，提出“应注意区分双边市场和传统单边市场的差异，在进行定性分析时应明确认定，避免孤立地看待市场，在定量分析时则保持相对保守的态度”。[⑥]吴宏伟教授在《互联网行业相关市场界定研究》中

---

① 李虹、张昕竹:《相关市场的认定与发展及对中国反垄断执法的借鉴》，载《经济理论与经济管理》2009 年第 5 期。

② 李剑:《反垄断法中核心设施的界定标准——相关市场的视角》，载《现代法学》2009 年第 3 期。

③ 白艳:《美国反托拉斯法 / 欧盟竞争法平行论》，法律出版社 2010 年版，第 95 ~ 99 页。

④ 丁茂中:《反垄断法实施中的“相关市场”界定国际比较》，载《法学杂志》2012 年第 8 期。

⑤ 江山:《反垄断法中相关市场的概念及其认定》，载《国际商报》2007 年 9 月 28 日。

⑥ 李剑:《双边市场下的反垄断法相关市场界定——“百度案”中的法与经济学》，载《法商研究》2010 年第 5 期。

指出,“互联网的特殊性决定了对其进行需求替代性分析不同于传统的分析,可替代性也极大增强”,他还认为,“互联网行业低成本和高利润的特点也增加了潜在竞争者的数量,不应单纯依靠市场占有率来判断其市场范围”。[①] 吴韬博士则从美国反垄断实务的角度探讨了互联网行业反垄断案件中的相关市场问题,他认为“对互联网企业的相关地理市场界定时,可分为产品或服务仅能从互联网获得和在实体市场中存在替代品两种情形”。[②] 在由工信部电子知识产权中心竞争政策工作组完成的《互联网信息服务产业中相关产品市场的界定》一文中,将互联网信息服务产业类分为电子商务、搜索引擎服务、即时通讯软件与服务等若干领域,并分析了由于边际成本递减、发展不确定等特点而造成的互联网信息服务产业在反垄断规制中面临的诸多挑战。[③]

随着我国反垄断实践的不断深入,也有部分学者对相关市场的界定方法提出了批判与反思。如徐斌教授在《SSNIP 市场界定方法、缺陷及其改进》一文中分析了假定垄断者测试的改进思路,他认为“虽然玻璃纸谬误和单边效应对假定垄断者测试法带来的一定冲击,但不应就此完全放弃该方法或使用其他方法取而代之。基于假定垄断者测试法在市场界定中的基础作用,适当地改进和修正即可,如引入临界损失分析法(critical loss analysis)。这种方法通过比较将产品价格提升至不能获利所必需的销售额或产出额的减少幅度和实际中涨价可能发生的销售额或产出额的减少幅度来确定某项替代产品是否属于同一市场”。[④] 余东华教授为克服假定垄断

① 吴宏伟、廖娟:《互联网行业相关市场界定研究》,载《甘肃理论学刊》2013 年第 1 期。

② 吴韬:《互联网行业反垄断案件中的相关市场界定:美国的经验与启示》,载《电子知识产权》2011 年第 5 期。

③ 工业和信息化部电子知识产权中心竞争政策工作组:《互联网信息服务产业中相关产品市场的界定》,载《电子知识产权》2012 年第 4 期。

④ 徐斌:《SSNIP 市场界定方法、缺陷及其改进》,载《江西行政学院学报》2008 年第 1 期。

者测试法的局限性提出了具体的改进方法。他认为，“首先，假定垄断者测试法主是通过测度自身弹性来进行分析，而自身弹性的准确分析需建立在足够的相关经济数据的掌握上，这在具体实务操作中存在一定困难。其次，假定垄断者对于产品可替代性、新型产业的发展的适应性不足，不仅在认定次优替代品时陷入‘非此即彼’的判断，而且对如何界定研发市场，协调产品品质竞争同价格竞争的关系等方面显得尤为乏力”。在改进方法上，他介绍了欧美国家反垄断当局在司法实践中对假定垄断者测试法采用的辅助测定方法，如共同分析法、价格上涨压力测试法（upward pricing pressure analysis）。[①] 张志奇博士则关注到了地理市场界定中的特殊问题，在《相关市场界定的方法及其缺陷》一文中，他认为利用产品价格来界定地理市场范围的效果并不理想，“这是因为大多数产品都是不同质的，即使替代关系密切，不同产品也会因为各自的特征而必然存在价格差异”。在文中，她还介绍了 Elainga 和 Hogarty 两位学者利用运输数据来测定相关地理市场的方法。[②] 在较早的研究中，我国台湾地区学者庄春发教授提出了市场定义在反垄断法实施中的两大困境。其一，虽然界定相关市场时所应考虑的因素乃至考察维度已经获得了较大程度的共识，但如何准确便捷地界定相关产品市场和相关地理市场仍然十分困难；其二，在针对不同垄断行为的规制中，相关市场的界定是否保持了统一的尺度与标准。[③]

近年来，已有部分学者敏锐地认识到技术许可垄断案件相关市场界定问题的学术价值。有学者就认为“知识产权及其法律制度在经济和社会发展中的作用日益突出。知识产权在规制审查的重要环节市场界定方面与

---

① 余东华：《反垄断法实施中相关市场界定的 SSNIP 方法研究——局限性及其改进》，载《经济评论》2010 年第 2 期。

② 张志奇：《相关市场界定的方法及其缺陷》，载《北京行政学院学报》2009 年第 4 期。

③ 庄春发：《市场的迷思：论市场定义在公平交易法应用的困境》，载《产业结构与公平交易法》1994 年 6 月。

传统商品不同，存在需求交叉弹性降低、相关地域市场弱化以及市场进入壁垒增加等差异，应结合发达国家在此方面的相关情况进行探讨。”① 还有学者认识到知识产权反垄断中相关市场的界定具有纵向性特点，并对域外界定知识产权反垄断中相关市场的方法进行了介评。② 另外，许多学者在分析知识产权领域的反垄断问题时也涉及了相关市场的界定问题。如王先林教授在分析知识产权行使与禁止滥用市场支配地位制度时就从产品和地域的维度对知识产权相关市场进行了细致分析。③ 马远超先生在分析软件版权人滥用市场支配地位问题时从相关技术市场、研发市场的角度，界定了软件版权相关市场并认为“界定软件版权相关技术市场，应当考虑软件技术竞争要素和地域要素，包括软件功能、应用行业领域、使用者习惯以及使用群体的地域性、软件价格的地域性、软件市场准入等因素；界定软件版权相关研发市场，应当考虑软件版权是否存在竞争关系或者可替代关系、与下游或者相邻产品技术之间的关系以及上述竞争关系或者可替代性的可预见性等因素”。④

与一般反垄断案件不同，技术垄断案件的相关市场界定存在需求交叉弹性降低、许可成本难以估算以及信息流动性增强等差异，而国内竞争法学者也已经注意到了技术许可领域相关市场的界定问题并且在相关市场界定的基础理论领域取得了较大进展，这些研究成果为我国反垄断政策或者法律法规的制定和以后的细化研究奠定了必要的基础。但现有研究尚未对这一特殊相关市场的界定提出分析维度及具体标准。因此，在相关市场界定研究中还需结合技术许可领域的特征做针对性的分析与探索。

作为反垄断法律制度比较发达的国家或者地区，美国、欧盟等在相

---

① 王姚瑶:《反垄断法中知识产权相关市场的界定》，载《市场周刊》2009 年第 10 期。

② 郜翔:《知识产权反垄断中的相关市场界定研究》，载《科技进步与对策》2011 年第 8 期。

③ 王先林:《知识产权与反垄断法：知识产权滥用的反垄断问题研究》，法律出版社 2009 年版。

④ 马远超:《软件版权人滥用市场支配地位责任研究》，华东政法大学 2010 年硕士学位论文。

关市场的界定方面都取得了丰硕的成就。在威廉·M. 兰德斯（William M. Landes）和理查德·A. 波斯纳（Richard A. Posner）合作的 *Market Power in Antitrust Cases* 一文中较早地关注了相关市场与市场力量的界定问题，并强调了供求弹性在确定市场力量过程中的必要性。他们认为，“当这些弹性是已知或可知时，就为我们的分析市场力量提供了一个可靠的方法”。[①]Marcus Glader 系统讨论了欧美保护创新研发领域竞争的法律框架，介绍和分析了欧美竞争法实务界定相关研发市场的现状及未来发展趋势，并且着重评估了研发市场内反竞争效应、单方行为效应以及时间效应等特殊因素。[②]Joshua Newberg 从反垄断经济学、传统相关市场界定、技术垄断案例等角度追溯了相关技术市场的逻辑起源，并创造性地将相关技术市场区分为当前产品技术市场和未来产品技术市场。[③]Azam Aziz 认为定义专利技术可替代性的难度远大于定义商品的可替代性。另外，他创造性地将许可中的专利技术进行分类，进一步细化了技术市场的类型。[④] 在 *Demand Elasticites in Antitrust Analysis*[⑤] 中，Gregory J. Werden 结合反垄断案件中相关市场界定的需求，对替代性分析的重要内容之一的需求弹性作了全面的论述和分析。Louis Kaplow 则对比分析了弹性与交叉弹性的差异与功能，并认为交叉弹性在相关市场界定中属于一贯适用（ever useful）的方法。[⑥]Michael L. Katz 和 Carl Shapiro 对美国实务操作中已经广泛应用的

---

① William M. Landes, Richard A. Posner, “Market Power in Antitrust Cases” , *March Harvard Law Review*, 1981.

② Marcus Glader, *Innovation Markets and Competition Analysis: EU Competition Law and US Antitrust Law*, Edward Elgar Publishing,2006.

③ Jshua A. Newberg, “Antitrust for the Economy of Ideas: the Logic of Technology Markets” , *Harvard Journal of Law & Technology*, 2000.

④ Azam Aziz, “Defining Technology and Innovation Markets: the DOJ’s Antitrust Guidelines for the Licensing of Intellectual Property” , *Hofstra Law Review*, Winter, 1995.

⑤ Gregory J. Werden, “Demand Elasticities in Antitrust Analysis” , *Antitrust Law Journal*, 1998.

⑥ Louis Kaplow, “Why (Ever) Define Markets?” , *Harvard Law Review*, December, 2010.

临界损失分析法进行了批判，他们认为“临界损失分析法的使用者经常声称，当供应商的利润越高，其涨价行为往往对利润增长起着相反的作用，因为利润越高意味着临界损失越小，即使是假定的垄断者甚至也可能无法从中获得更多的利润，因此需要将市场进一步放大来考虑，这些主张是值得商榷的”。[①] 另外，还有部分学者在特定行业或特殊情形的相关市场界定研究中取得了突破。如 Jerry A. Hausman、Gregory K. Leonard 和 Christopher A. Velltur 针对价格歧视等特殊情形下的相关市场界定做出了贡献，在其合作完成的 *Market Definition Under Price Discrimination*[②] 一文中，他们认为“针对价格歧视等特殊情况应分别划定独立的相关市场，以区分因不同垄断行为而导致的相关市场界定结果的偏差”。Anish Vaishnav 则评估了制药行业反垄断案件中的交叉需求弹性。在 *Product Market Definition in Pharmaceutical Antitrust Cases: Evaluating Cross-Price Elasticity of Demand*[③] 一文中，他从制药行业利益主体的类型化研究入手，分析了制药行业的结构布局，并利用交叉需求弹性方法评估了制药行业反垄断案件的相关市场界定问题。

综上所述，域外学者对技术许可领域相关市场界定的研究取得了丰硕的成果，既有针对技术许可领域相关市场基础理论的研究，也有针对相关技术市场、相关研发市场的类型化分析。从研究内容上来看，囊括了临界损失分析法、需求交叉弹性分析法、假定垄断者检测法等界定方法的一般性分析以及结合制药等特殊行业反垄断案件进行的针对性研究。这些研究不仅有法学角度的定性分析，而且还能从经济学角度结合具体实例进行定

---

① Michael L. Katz, Carl Shapiro, “Critical Loss: Let’s Tell the Whole Story”, *Antitrust*, Spring 2003.

② Jerry A. Hausman, Gregory K. Leonard, Christopher A. Vellturo, “Market Definition Under Price Discrimination”, 64 *Antitrust Law Journal* 367, 1996.

③ Anish Vaishnav, “Product Market Definition in Pharmaceutical Antitrust Cases: Evaluating Cross-Price Elasticity of Demand”, *Columbia Business Law Review*, 2011.

量分析，体现了域外反垄断学者多元的研究背景和丰富的知识储备。但应看到的是，现有的域外研究集合了大量的案例与立法例的分析，其所形成的研究成果多适用于具体行业或特殊情形，尚未明确美国和欧盟相关市场界定标准的差异，也未系统地分析技术许可领域相关市场界定的一般性标准，这就为我国借鉴和学习竞争法制发达国家科学的相关市场界定标准制造了一定难度。

三、研究思路与研究方法

（一）研究方法

从研究所涉及的学科领域来看，本书不仅涉及竞争法学基础理论问题，而且还涉及产业组织理论、反垄断经济学等相关学科的问题。因此，本书将在借鉴相关学科研究范式的基础上，运用竞争法学的话语体系对技术许可垄断案件中的相关市场界定问题进行阐述。具体而言，本书主要运用以下几种研究方法：

1. 文献分析法

对反垄断法中的市场概念及界定理论、相关商品市场、相关技术市场以及相关研发市场等国内外经典理论文献、官方资料和案例进行收集，了解域外相关技术市场、相关研发市场的基本范畴以及运作机理，为后续研究提供必要的知识储备。

2. 价值研究法

虽然相关市场界定是一项颇有技术性的工作，但从反垄断法实施的角度来看，相关市场的界定与适用仍与价值选择密切相关。由于本书主要针对专利许可领域的相关市场界定问题，属于交叉学科研究，因此，需要在知识产权法与竞争法并不完全一致的价值位阶中做出合理的选择，并在此基础上探讨相关市场的合理边界。

3. 实证研究法

分析域外反垄断机构界定相关技术市场、相关研发市场时的运行机理以及考察因素，并实证分析相关案例，从中归纳出相关规律，进而获得界定相关技术市场与研发市场的针对性方法。

4. 历史分析法

研究反垄断法实施过程中专利许可相关市场界定的发展历史以及立法例，并结合技术贸易的发展趋势，寻找技术市场与研发市场的现实基础，进而论证相关产品市场、相关技术市场与相关研发市场存在的合理性。

5. 比较研究法

比较研究主要侧重于比较域外各国对于专利许可相关市场界定的不同。受不同时期和流派的经济学理论影响，各国反垄断机构界定相关市场的基本框架与运行机理以及发展趋势各有不同。通过比较，以论证我国应如何建立专利许可滥用的相关市场界定方法。

（二）研究思路

本书以技术许可与市场竞争的频繁互动为前提，从多角度对相关市场的基本内涵进行了剖析并尝试着根据技术许可垄断案件的特性从商品市场维度、技术市场维度以及研发市场维度对技术许可垄断案件中的相关市场界定问题进行了分析。全文共分为以下六章：

第一章，技术许可与反垄断法的互动。以全球化为背景的技术许可活动扭转了技术、知识在经济发展过程中长久以来的辅助角色。在知识竞争已成为经济发展“新常态”的今天，基于法律的途径进行竞争无疑是维护自身权益，提升竞争实力的最佳选择。一方面，知识产权制度为技术和知识的形成、归属和实施提供了系统的保护；另一方面，反垄断法为知识竞争过程中产生的诸多问题提供了相应的解决方案。但是不同法律给予技术的保护也会带来一定的冲突，过分强调知识产权保护，鼓励创新可能产生相反的效果，阻碍创新，而过分强调竞争，也可能会遏制技术水平的提升。具体来说，知识产权可以鼓励技术创新、实现技术升级，但这种鼓励不应过度，因为强势的知识产权法保护会破坏正常的技术借鉴和流通，进而影响市场竞争的公平性，使社会福利不必要地减损。反之亦然，过度扩张的反垄断法有时较知识产权法更注重竞争矛盾发生时竞争效应，更关注静态效率，可能对长期性的社会福利造成损害。从域外反垄断法对技术垄断行为的回应来看，知识产权和反垄断法的强弱状态呈周期性变化，但这种周期性的强弱转换并不是最理想的状态，动态效率的实现需要创新和竞争共同作用。因此，在技术许可与反垄断法产生互动时必须平等地对待知识产权和反垄断法。技术许可通过赋予被许可人对技术的使用权利以换取一定的许可使用费，这是技术许可与反垄断互动过程中的基础性关系，反垄断法仅在知识产权过度保护或保护不足时介入，而不应该触及知识产权制度的核心价值，即反垄断法应被视为纠正偏离这一基础性关系的手段。当专利权保护范围不断扩大，反垄断法的实施也应随之增强才能阻止并纠正行使知识产权权利可能产生的滥用行为。只有明确了知识产权制度下的技术许可与反垄断法互动过程中的基本机理以及相关市场的基本内涵，才能进一步认识在知识产权保护范围日益扩张的今天，加强对相关市场界定这一实施反垄断法的关键命题的研究是多么迫切。

第二章，技术许可领域相关市场界定的法学解构。尽管以专利为代表的技术许可协议通常都具有增加社会福利、促进市场竞争的积极作用，但专利许可人滥用其市场支配地位利用技术许可协议限制、损害市场竞争，进而扰乱市场竞争环境时，仍会受到反垄断法的责难。如通过设立专利联营就可能对经营者开发新产品或服务的竞争产生限制。反垄断执法机关和法院并不强制要求拥有专利技术的经营者主动订立技术许可协议创造并维护良好的竞争秩序、提升技术水平，但他们将关注在没有该许可协议时，该经营者与相关市场内现在或潜在竞争者的竞争关系是否受到许可协议的影响。因此，当技术许可领域垄断案件中可能存在借由限制他人进入、显著地提升所需投入品的价格以及协调提高价格或减少产出，进而对其他市场产生限制竞争的效果时，反垄断执法机构还需依照技术许可垄断案件的基本特点予以针对性审查，而首先要面对的问题就是相关市场的界定问题。因为相关市场是否能够被准确地界定事关技术许可反垄断规制原则的适用、市场力量的衡量、具体限制竞争条款的规制以及反垄断案件的处罚裁量等问题的解决。换言之，相关市场界定是强化反垄断法实施的关键命题，从反垄断法学角度、利用传统法学方法界定相关市场是实现该命题不可或缺的关键步骤。

第三章，技术许可垄断案件的相关商品市场界定。反垄断法所规制的违法性竞争行为必须发生在特定的商品市场范围内，技术许可领域的竞争行为也不例外。受技术许可协议反竞争效应影响的商品市场类型包括上游产品（工业原料）市场、中间产品（商品部件）市场以及最终产品（工业成品）市场。在反垄断实务中，相关商品市场的界定主要依据经济学上的各种产业组织理论并结合市场参与者的供需理论，发展出以合理替代性为理论基础的相关商品市场界定方法。随着反垄断理论与实践的不断发展，作为市场竞争行为主管机关的美国司法部与联邦贸易委员会将替代性理论进一步提炼为假定垄断者测试。该方法也同样适用于技术许可垄断案件。虽然假定垄断者测试的运行机理是基于数据化的方式分析相关商品市场范围，但其在技术许可垄断案件中的适用与经营者集中案件以及一般的滥用市场支配地位案件相比仍有诸多需要注意并调整之处。首先，要注意技术许可垄断案件中实施假定垄断者测试所需基准价格的确定；其次，还要注意涉案知识产权所产生的产品差异化与消费者偏好对相关商品市场界定的影响；最后，当价格反应不敏感时，应着重利用商品功能而非量化的计算来判断实质替代性。另外，除应界定相关商品市场外，还须进一步考量该专利产品在不同地理区域可能对消费者的购买行为产生的影响。

第四章，技术许可垄断案件的相关技术市场界定。随着传统商品与多样化知识产权的充分结合，仅从单一的相关商品市场维度进行相关市场界定已经难以全面地反映经营者之间竞争活动所涉及的范围。这就需要引入相关技术市场维度来辅助分析以技术为核心的竞争活动。与相关商品市场类似，相关技术市场由被许可技术以及其他在技术特性、专利许可费率、预期用途等方面被认为具有可互换性或可替代性的技术组成。因此，界定相关技术市场的方法遵循与界定相关商品市场相同的原则。但种类繁多的被许可技术在技术特征以及技术应用程度等方面均存在一定差异，需要进一步将受技术许可协议反竞争效应影响的技术市场类型分为未来商品技术市场和当前商品技术市场。值得注意的是，由于专利的价格并不仅由专利技术本身所构成，还囊括了许可协议中的其他条款，而且这些条款的价值难以从许可费中剥离，这就导致了无法准确地获知某项专利技术的具体价格，因此，相关技术市场的界定不能盲目套用假定垄断者测试。当价格反应不敏感时，需采用合理替代性进行辅助分析。具体到技术许可中，这种界定方法类似于商品功能的替代性分析，主要利用权利要求包含的功能信息和实用性要件中包含的功能信息等内容判断不同的专利技术在功能上是否具有紧密替代性。

第五章，技术许可垄断案件中的相关研发市场界定。美国反垄断执法机关很早就认识到创新是促进竞争最为有效的手段之一，然而直到 20 世纪 90 年代中期，美国联邦贸易委员会和司法部才在《知识产权许可的反垄断指南》中提出了专门用于分析和维护创新竞争的分析工具——相关研发市场。研发市场不是传统意义上的竞争市场，由于研发市场不涉及任何商品或技术的交易，因而难以利用竞争行为对价格产生的变化界定相关研发市场的范围。但 Richard J. Gilbert 教授和 Steven C. Sunshine 教授仍然依据创新竞争的活动特点，创造性地提出了以小幅但显著且非暂时性的创新投入削减来界定研发市场边界的方法。该方法由于界定结果的科学性不足，在长期的实践中饱受争议。通过分析发现，相关研发市场界定结果的准确性主要取决于是否依赖于合理透明且可预见的创新研发活动，换言之，必须准确地识别创新成果的特征，从而通过识别和分析与该研发项目以及创新成果具有紧密替代性的其他创新活动。但实践中创新研发活动的不确定性使得这一前提很难成立，而执法机关也逐渐从对经营者的研发能力、研发项目所在市场类型等间接市场条件的分析中找到了合理分析竞争对创新影响结果的方法。2010 年美国《横向合并指南》提出“减少创新竞争可以作为一个执法行动的基础”，使如何合理分析竞争对创新的影响成了执法机关无法回避的问题。通过对相关研发市场实践的充分梳理不难发现，相关研发市场在理念上承接了相关市场界定的基本规则，但实践中对于创新成果特征准确认知的乏力使相关研发市场概念难以承担起创新分析的工作。因此，当以技术许可或合并为代表的市场竞争行为可能对该领域的创新研发活动产生负面影响时，不应再遵循美国 1995 年《知识产权许可的反垄断指南》中所提出的相关研发市场维度以及 Richard J. Gilbert 教授的界定方法进行分析，而是应从涉案的具体市场条件入手，对不同阶段的创新研发活动以及经营者们各异的研发能力进行个案分析，进而以更全面的视角审视和判断技术许可或合并可能对创新造成的影响。

第六章，相关市场界定与反垄断法的现代化。相关市场概念并非在反垄断法出现伊始即被提出，而是伴随着大量执法经验的积累以及产业组织理论等经济学理论对反垄断执法的研究而形成的产物。相关市场的出现极大地提高了美国反垄断执法的科学性，并且迅速被各国反垄断执法指南所引入和借鉴。但通过界定相关市场并不能解决所有的反垄断问题，它只是将真实市场活动拟制为可操作、可判断法律依据的过程。不论如何改进，这个拟制的过程中始终会忽视、丢失部分客观真实的信息，从而使得界定结果与真实的受市场行为影响的范围存在一定程度的偏差。但是，也不能因为新兴执法工具不断涌现以及各国执法指南对相关市场界定在反垄断审查中作用的弱化就彻底放弃在实施反垄断法时界定相关市场。此外，本书还对国家工商行政管理总局出台的《禁止滥用知识产权排除、限制竞争行为的规定》进行了简评与展望。

四、可能贡献

本书以知识经济全球化为时代背景，以技术许可活动与反垄断法实施的密切互动为基本场域，从商品市场、技术市场和研发市场三个维度对技术许可垄断案件的相关市场界定问题进行了较为深入的研究。本书可能的创新之处在于：第一，从技术许可垄断案件的角度系统解决相关商品市场的界定问题。本书针对技术许可活动的特征对相关商品市场的界定方法进行了具体调整和适用，尤其是对基准价格的确定、产品差异化问题与消费者偏好进行了具体分析，并提出当价格反应不敏感时应通过合理替代性对商品的特征、功能等因素进行判断，以辅助完成相关市场范围的界定。第二，对受技术许可协议反竞争效应影响的相关技术市场进行了类型化分析，从而延伸出了未来和当前商品技术市场的界限问题。与相关商品市场类似，技术许可垄断案件中的相关技术市场也面临着传统界定方法失灵的问题。本书就假定垄断者测试在相关技术市场中的适用与困境进行了针对性分析，并提出在确定需求者的前提下，从权利要求和实用性要件中包含的功能信息来判断专利技术之间是否具有合理替代性，从而克服了假定垄断者测试在相关技术市场界定中的失灵问题。第三，系统分析并证伪了相关研发市场的界定问题。本书探究了相关研发市场及其界定方法在实践中饱受争议的根本原因，指出当前经济学理论对于创新与垄断的关系尚未明晰，创新研发与市场结构之间关系也十分微妙，应根据具体的市场条件进行分析。本书推翻了美国反垄断法对创新研发活动所采用的相关研发市场模式并提出基于识别创新成果来界定市场边界的方法并不适用于不确定性极强的创新分析，不应盲目套用相关市场概念来解决识别创新研发活动边界的问题，而应利用经营者的研发能力等具体市场条件进行分析和判断。

第一章　技术许可与反垄断法的互动

第一节　全球化背景下的技术许可活动

一、知识经济的概念

文艺复兴时期著名的英国哲学家弗朗西斯·培根（Francis Bacon）曾言，知识就是力量（Knowledge is power）。知识（knowledge）对人类社会发展的影响早成为人所共知的常识。但较之前各经济时期，当前的社会经济发展更加依赖知识的驱动，亦即知识逐渐成为各类经济活动的基础。学者彼得·F. 德鲁克（Peter F.Drucker）在阐释知识经济的内涵时认为，相较于距今 250 年前，如今知识的崭新含义已经改变了人类社会的发展轨迹与经济型态，知识已成为唯一具有意义的经济生产要素。换言之，土地、劳工、资本等传统的经济生产要素并未消失但价值已逐渐弱化，而知识已成为借以获得社会或经济成果的有效工具。①

诺贝尔经济学奖得主道格拉斯·C. 诺思（Douglass C. North）曾提出，农业经济和工业经济的兴起是两次经济革命。②而第二次现代化理论则认

① Peter F. Drucker, *Post-Capitalist Society*, Harper Business Publishers, 1994, p.156.

②［美］道格拉斯·C. 诺思：《经济史上的结构和变革》，厉以平译，商务印书馆 2009 年版。

为知识经济的兴起是第三次经济革命。[①]据此，人类历史上先后发生了三次经济革命，出现了四种基本经济形态，即原始经济、农业经济、工业经济和知识经济。

生产活动是人类的基本经济活动，经济形态的转变必然包括生产模式的变化。生产活动既需要利用各种生产要素，也需要组织和管理。任何生产活动都会有一定的表现形式，即具体的生产方式，而不同经济形态的生产模式也有着不同的特点。从生产要素、能源动力、生产技术、生产组织、生产管理到生产方式，它们都在发生有序的、合乎逻辑的变化。以生产要素的变化为例，生产要素上的变化即原始经济时代的核心生产要素是自然资源和个人体能，农业经济时代是土地和农民，工业经济时代是资本和工人，知识经济时代是知识和知识生产者。同理，生产方式上的变化也反映为原始经济时代的集体狩猎或采集，农业经济时代的一家一户式的人工劳作，工业经济时代的工业化、机械化大生产，而知识经济时代则是知识化、网络化和全球化的生产，大规模和小批量相结合。

尽管各经济时代的主要生产要素并不相同，但若没有技术和知识，生产也不能进行，区别只在于知识的应用方式不同。Drucker 在分析世界经济形态的演进时认为，从 1750 年至今，共有三个不同的经济阶段时期，而各阶段对于知识的应用并不相同。[②]第一阶段在 1750 年后约一百年期间，人类系将知识应用于工具、制程与产品上，因此发生工业革命（Industrial Revolution），并造成了如马克思所称的人与人间的疏离感（alienation）、社会上新的阶级（new classes）产生、阶级之间发生斗争（class war）以及由此而来的共产主义（communism）；第二阶段从 1880 年至 20 世纪初叶。在此阶段里的知识被赋予的新含义，即将知识应用到生产上，因此导致

① 何传启:《第二次现代化理论与中国现代化》，载《世界科技研究与发展》1999 年第 6 期，第 72 页。

② Peter F. Drucker, *Post-Capitalist Society*, Harper Business Publishers, 1994, p.177.

了生产力革命（productivity revolution）。在此阶段的五十年发展期间，把无产阶级（proletarian）转化成具有接近上层阶级收入的中产阶级（middle-class/bourgeois），而本阶段的发展大约于第二次世界大战结束时达到最高峰；第三阶段，亦即三阶段的最后阶段，系自第二次世界大战结束至今，知识已被应用于知识本身，可称为管理革命（management revolution），知识至此已迅速成为生产的唯一要素（sole factor of production），而资本与劳动者的重要性相对降低（sidelining both capital and labor）。以网络技术、生物技术、空间技术等高新技术为代表的新技术浪潮不仅为世界经济的发展带来了更为强劲的推动力，而且对整个人类社会的进步产生了深刻的影响。

1996 年经济合作暨发展组织（Organization for Economic Co-operation and Development，OECD）发布了名为《以知识为基础的经济》（*The Knowledge-Based Economy*）的报告，首次系统阐述了“知识经济”的概念。该《报告》认为知识经济是“直接以知识与信息的生产，分配和使用为基础的经济”。这一定义在随后发布的 *Korea and the Knowledge-Based Economy: Making the Transition* 报告中得到了修正。该报告认为知识经济是指“有效创造、获取、传播及应用知识所构成的经济”。[①]APEC 于 2000 年发布的一份名为《通向知识经济》（*Towards Knowledge-Based Economies*）的研究报告指出，以知识为本的经济（knowledge-based economy）转为以知识为驱动力量（knowledge-driven）推动经济成长、财富累积与促进就业的特质。知识经济不仅包含新经济（new economy）与信息经济（information economy）的概念，而且从高科技扩大至所有产业部门，均有向知识密集型产业（knowledge-intensive industry）转变的发展趋势。[②] 而知识经济有别于过去农业经济与工业经济的关键在于经济成长的主要动力。农业经济

① OECD and World Bank, *Korea and the Knowledge-Based Economy,* Edited by Thomas Andersson, Carl Dahlman, OECD Publishing, 2001.

② Asia-Pacific Economic Cooperation, *Towards Knowledge-Based Economies in APEC*, 9/2000.

时代着重在土地与劳动本身，虽然与耕作技术和生产经验有关的知识，对于提高农作物的生产力具有重要的贡献，但是对于以自然资源为基础的农业经济，知识并非主要的生产因素。工业经济时代着重在资本和设备。虽然与生产技术和组织管理有关的知识，在工业生产过程中扮演重要角色，但是知识对大量生产和标准化生产方式的重要性，不及资本、设备与劳动。随着信息与通讯科技的进步，现今经济社会的改变，正朝向全球化、信息化及网络化的趋势发展，知识信息的生产、分配和使用成为经济成长的主要动力。在知识经济时代，知识总量剧增，信息爆炸，科技成果由发明到用于生产的周期也越来越短。生产要素结构和产品制造模式发生根本变化。

但是，知识经济的内涵迄今仍未有严谨的定义。根据 OECD 的研究报告，知识（knowledge）与信息（information）在今日的经济中扮演关键性且日益重要的角色，知识已成为生产力与经济成长的驱动力，而新的关注焦点则在于信息、技术与学习在经济表现中的重要角色。[①] 知识经济主要包括以下几个层面：第一，扩大知识的产出；第二，加强新知识的扩散；第三，强化创新知识的附加价值及其运用。就扩大知识的产出而言，创新及知识主要来自研究发展投入，包括经费、人力、完善的研发制度，由于我国当前科技研发基础还相对薄弱，研发人力、经费普遍不足，技术转化比率不高。因此，政府通过教育制度的改善、人才的培育、产学研的合作、互动以及利用创业投资基金及其他融资管道，将资金引入知识产业，将是扩大知识产出的关键。而经营者通过加强研发、设计的投入以开发新产品、新技术，进而提高产品的附加价值及公司竞争力也不容轻忽。就加强创新知识的扩散而言，政府如何通过相关的机制，如设立技术孵化园区、技术移转中心、衍生公司，成立技术中介公司，或自国外引进、向国

① OECD, *Knowledge-based Economy*, OECD Publishing, 1996.

外输出技术，均足以促进创新知识的扩散。另外，经营者应加强产业科技的整合或产业技术的交流，推动技术的有效流动和配置。就强化知识的附加价值及其运用而言，网络科技的导入与应用，或结合硬件与软件，或强化制造业与服务业的结合，以提高知识的附加价值，均为知识的可能增值途径。

简言之，除了知识的应用方式不同，知识经济与其前各时期主要不同的关键在于知识在生产要素中所占的比重。各不同经济时期的经济形态显示，知识化过程是人类经济活动重心转移的过程，物质和原料在经济中的重要性下降，知识和信息在经济中的重要性上升，知识成为生产、流通和交换的主要经济要素。知识经济的兴起既是知识化的结果，也是知识化的过程。①还需要注意的是，知识的内容通常蕴含大量的科技成分，但知识并非狭隘地局限于科技领域，知识的内容系包含众多可提升附加价值的无形资产。易言之，凡以知识化的创新成果，提升产品的附加价值，从而增加企业的竞争力者，即是践行知识经济化与经济知识化，即知识经济新竞争形态的典型样态。

二、知识经济与创新驱动经济发展

关于知识的定义，根据OECD《以知识为基础的经济》（*The Knowledge-Based Economy*）报告，知识可分为知道什么（know-what）、知道为什么（know-why）、知道如何（know-how）和知道谁（know-who）四种类型。知道什么，即有关事实的知识，例如2017年有多少专利申请、规范内容为何等统计或调查资料，此类知识可称为信息。知道为什么，即与自然原理或科学法则有关的科学知识。此类知识是大多数产业技术发展和产品研发的基础，而知识的产生则来自研究实验室或大学特定的组织。

① 中国现代化战略研究课题组：《中国现代化报告2002》，北京大学出版社2002年版。

产业界要取得此类知识，必须雇佣受过科学训练的人力，或经由协议参与合作。知道如何，即技能知识，是从事某项技能的技术与能力，如经营者判断新产品的市场前景。此类知识通常是由个别经营者所拥有，或在企业内部发展而成。知道谁，即知道谁拥有所需要的知识，主要是关于谁知道某一事实，或谁知道如何去做。此类知识在高度专业分工的社会尤其重要，在企业内的层次通常高于其他知识。

上述前两类知识可以归类为编码知识（codified knowledge）或显性知识（explicit knowledge）。所谓显性知识，泛指语文、公式及编程语言等，包括一切以文件、报告、程式等方式呈现的知识，不论是传统的书面文件，或电子化后的档案，都是让知识显性的途径，此类知识不具排他性，而可以利用编码形式加以记录与转化，再通过发达的信息科技及网络作为传输媒介，可以无远弗届的将知识加以传递及扩散。上述后两类知识则归类为经验类的知识或隐性知识（tacit knowledge），包括企业经营者或员工的经验、技术、文化、习惯等，此类知识难以编码化，即便利用信息科技加以扩散也将不完全且范围有限，所以隐性知识具有某种程度的可排他性，即其显然无法顺利透过文字或网络等传输媒介清楚表达。唯有接受清楚说明的外在知识后，加以吸收转化为内在知识，始能灵活运用，成为创新的动能。一旦创新显性化，又形成新的外在知识，显性知识和隐性知识的互动，依此循环不已而不断创新。而创新（innovation）的意义即等于发明（invention）加上利用（exploitation）。OECD 在 1998 年的《科技发展概要》（*Science, Technology and Industry Outlook*）中，将创新定义为“发明首次被商业应用”。根据 OECD 对创新活动、技术革新与经济增长的实证研究显示，创新活动和技术变革已成为经济增长的最重要驱动力之一。①

① OECD, *A New Economy: The Changing Role of Innovation And Information Technology In Growth*, 2000, pp.27-28.

通过知识的不断积累和创新可以有效提升产业整体科技水平，促进产业结构的转型升级，为社会经济的发展提供持续助力，进而形成一定的竞争优势。[①] 因此，知识经济是一种创新驱动的经济发展模式。

在知识经济时代，科技创新会对经营者的竞争行为以及经营行为产生复杂的影响。具体而言，科技创新主要从资本投入、生产效率和经济结构三个维度驱动知识经济不断向前发展。首先，科技创新能够不断吸引资本进入。无论是突破性技术还是渐进性技术，新技术的出现总能带来新的商业机会并诱使经营者追加新投资。这主要是基于经营者对投资新技术所产生未来收益具有良好的预期。以金融科技（Fintech）[②] 为例，这类成果近 5 年累计吸引投资额高达到 497 亿美元，仅 2015 年的 190 亿美元投资额就比 2014 年的 120 亿美元增长了 60%。[③] 其次，科技创新能够不断提升生产效率。制作工艺的创新或新设备的引入可以提升经营者的生产效率，进一步提升和释放经营者的产能，而且还能促使经营者进行更大规模经济的科技创新。而产品创新对于生产率的影响更为多样化，不仅可以对现有产品的质量进行改进，以便通过相同的投入换取相同数量但质量更好的产出，而且还可以推出具有突破性功能的新产品，以提升经济产出效率。再次，科技创新能够赋予经营者特定的竞争优势。知识产权制度使发明人对自己的智力成果享有独占性权利，知识资产所有权限制了竞争对手对这些资产“搭便车”的程度，使经营者能够从创新活动中实现利润，并从很大程度上消除了智力成果的公共物品特性。虽然这种独占性权利在面对替代技术或产品的竞争时难以赋予经营者使其定价超过边际生产成本的能力，但对

① Smita Kothuri, “Knowledge in Organizations - Definition, Creation, and Harvesting”, *Harvard Graduate School of the Education*, May, 2002.

② 金融科技是基于大数据、云计算、人工智能、区块链等一系列技术创新，全面应用于支付清算、借贷融资、财富管理、零售银行、保险、交易结算六大金融领域。

③ Citi GPS, *How FinTech is Forcing Banking to a Tipping Point*, 2016.

于保证研发投资产生回报仍然起到至关重要的作用。最后，科技创新能够诱发深刻的结构转型。这种结构转型通过一系列不同的方式对经营者的生效率表现产生中长期影响，如通过竞争将技术落后或效率低下的竞争者淘汰或促使某个市场的产业链重组。

三、知识竞争的法律途径

在农业经济时代，虽然与耕作技术和劳作经验有关的知识对于提高农作物产量十分重要，但对于以自然资源为基础的农产品而言，知识和技巧尚无法取代土地和劳动力成为核心的生产要素。而在工业经济时代，与生产技术和组织管理有关的知识在工业生产过程中开始发挥更为重要的作用，但不可否认的是，在规模生产、生产标准化和系列化产品的发展模式中，知识的重要性仍不及资本、设备与廉价劳动力。这种局面在知识经济时代得以扭转。以科学技术为代表的知识逐渐取代了传统经济发展所依赖的资本、设备、土地与自然资源，成为推动经济发展的首要因素。在以知识为主的经济时代，知识的产生不是唯一的重点，如何将知识转为经济利益同样十分关键。换言之，使用知识和拥有知识同样重要。相较于之前各个时期，知识经济时代的知识使用有着诸多不同之处。首先，知识使用的重复性更低。之前各时期所使用的知识重复性高，系生产制造上的各种准则与经验，从事经济生产的劳动者多为单调的重复使用同一项知识，甚少变革；知识经济时代，其主要从事经济生产之知识工作者所使用的知识，注重原创性与创新性，并强调创新速度。其次，更多地直接使用知识。之前各时期所使用的知识，主要是从事经济生产的劳动者按照他人（如少数的工程师、专家）制定的作业准则来使用，属于间接使用；知识经济时代所使用的知识乃由从事经济生产的知识工作者直接掌握，属于直接使用，且其使用为最主要的生产因素。最后，更多地主动使用知识。之前各时期所使用的知识，为少数人所掌握，从事经济生产的劳动者一般并不会去主动使用、而主要是被动使用，甚至是被知识所适用；知识经济时代，乃由大批的知识工作者主动使用知识，进而形成各种创新结果，是创造的主要来源。而为了更好地保护和利用知识，各国相继通过了知识产权法案，建立了本国的知识产权法律制度。而知识产权作为知识竞争中法律保护的重要途径，也体现了法律对知识经济的积极响应。

1967 年《成立世界知识产权组织公约》（Convention Establishing the World Intellectual Property Organization）第 2 条第 8 款将知识产权定义为：（1）文学艺术和科学作品;（2）表演艺术家、录音和广播的演出;（3）在人类一切活动领域内的发明、科学发现、外观设计;（4）商标服务标记、商号名称和牌号;（5）制止不正当竞争;（6）在工业、科学、文学或艺术领域内其他一切来自知识活动的权利。《与贸易有关的知识产权协定》（Agreement on Trade-Related Aspects of Intellectual Property Rights）也将知识产权的范围界定为，版权及相关权、商标、地域标识、工业品外观设计、专利、集成电路布图设计、未公开的信息包括商业秘密七种类型。时至今日，虽然学术界和实务界对以上所列的某些知识产权权益是否构成独立的知识产权权利类型仍有分歧，但以专利权、著作权和商标权为主体的知识产权基本权利体系已经形成。

其中，由于专利权具有新颖性、创造性和实用性等特点，使专利权享有区别于著作权和商标权的排他性效力（exclusive effect），即法律赋予专利权人在一定期间内享有排除他人制造、使用、销售、进口其专利产品和技术的权利。虽然发明活动有时是为了给单独的问题找到解决方案，但这通常是一个积累的过程，研究人员在现有知识的基础上开发出新技术或产品。知识产权，特别是专利，在积累式创新的过程中发挥着重要作用。专利申请人必须公开支撑一件发明的问题解决信息。这推动了新技术知识的及时公开，并使之后的发明人能够利用这些信息。[①] 加之专利权自身包含

① Ashish Arora, Suma Athreye & Can Huang, *Innovation, Patenting and Licensing in the UK: Evidence from the SIPU Survey*, 2013.

丰富的技术信息、法律信息、经济信息、著录信息以及战略信息，使专利权成为在知识经济中应用最为广泛，对知识经济的推动作用最为明显的知识产权权利类型。以著录信息为例，著录信息是指与专利文献中的著录项目有关的信息，包括专利文献著录项目中的申请人、专利权人和发明人或设计人的具体信息；专利的申请号、文献号和国别信息；专利的申请日、公开日和授权日信息；专利的优先权项和专利分类号信息以及专利的发明名称和摘要等信息。这些信息能够概要性地反映专利的技术信息以及相关的法律信息和经济信息。

虽然专利权具有无形财产权的基本属性，但在知识经济活动中专利权的实施方式仍基本遵循传统民法的法律行为规则。[①] 具体来说，对专利权的实施主要包括专利权的转让、权利质押以及许可三种形式。

首先，专利权的转让。传统民法上的转让是指权利主体的物权变动。买卖、赠与、继承等基于双方合意而实施的法律行为都可以实现这种法律效果。具体到专利中，专利权的转让是指专利权人将其专利权的全部移转至受让人并同时丧失其权利，而由受让人支付相应价款并取得专利权人地位的法律行为。由于专利权与专利申请权皆具有私权性质，亦具有一定的财产价值，因此专利权的转让也包括转让专利申请权的情形。一旦转让，则专利权人对该专利技术或产品不再享有任何权利，即无法排除或限制他人使用该专利技术或产品。虽然专利权的转让能够实现技术的流转，满足买受方的技术需求并能为原专利权人带来丰厚的现金利益，但由于现实中专利研发的复杂程度和不确定性以及生产经营对专利技术或产品的高依赖度，使得专利权人并不倾向于采取基于短期收益的转让方式来实施专利。

---

① 但需要注意的是，专利权人对其专利权的实施方式与物权的处分方式还是存在一定的差异，如物权的处分通常伴随着对标的物的处分，被占有状态的变化等。但专利权的实施不会对专利技术的存在状态有所影响，仅仅是其法律状态发生了变化。但如果实施对象为专利产品则不存在这种差别。因此，专利权的实施方式仍基本遵循民法法律行为的规则。

其次，专利权的质押。质押是物权法律制度中常见的一种物权担保行为。专利权的质押是指专利权人为债务人或第三人时将自有的专利权质押，以担保其债务的履行。当债务人不履行债务或履行不能时债权人有权将被质押专利进行折价、拍卖，所得价款优先受偿。[①]随着知识产权资本化进程的加速，专利权作为经营者的合法资产，越发频繁地被用于投资和融资活动。[②]但专利权质押主要是利用专利技术的潜在价值作为担保，结合物权制度进行的金融创造，并未充分利用标的专利权所包含的技术特征和技术方案。换言之，将专利作为融资工具并不能使专利权产生技术增值的客观效果。这种实施方式对社会科技水平的推动作用不明显，并不符合知识竞争的基本特征。

最后，专利权的许可。传统物权法律体系中并无“许可”的处分方式。仅有租赁行为在行为方式上有一定相似性。但考虑到许可从行为方式上包括独占许可、排他许可和普通许可等诸多类型，许可费的支付方式较租赁也更为多元，两者权利双方的权义内容也不尽相同，因此可以将许可视为知识产权实施区别于有形物权处分行为的特有行为。随着知识经济背景下的产业发展日益完善，产业链条上各环节的专业分工越来越精细，研发、生产、营销以及投资主体皆有相关从业主体进行运作。因此，专利权人很难充分利用和实施专利权以获得最大的经济回报。实施专利权的目的是取得和实现专利权所蕴含的特定经济利益，而专利权的许可（patent licensing）通过专利权人将自有全部或一部分专利权交由被许可人实施以

---

① 虽然专利权得成为质权的标的，但现行专利法第六条第三项又作一限缩规定，原因是设质后专利权人权利主体之地位并未变动，仍得以专利权人的地位行使权利，并非如动产质权有移转占有的问题，专利权设质的目的仅为担保债权，将来质权人于债权不获清偿时得就专利权所卖得的价款受偿。因此，于质权设定期间，并无使质权人得进一步实施该专利权的必要。

② 截至2012年，我国知识产权质押融资金额首次突破百亿，达141亿元人民币。其同比增长56.7%，涉及专利数量3399件，同比增长74%，载http://www.sipo.gov.cn/yw/2012/201301/t20130122_783797.html，最后访问日期：2014年2月20日。

实现标的专利的特定经济利益。实施专利权的许可将自有专利权许可给他人实施和开发不仅有助于实现其经济价值的最大化，也有助于扩大自有专利技术或产品的市场影响，形成市场优势。故专利权的许可无论是在知识经济的时代背景下还是在专利权实施的诸种方式中都占有极重要的地位，被各产业的经营者和专利权人所广泛使用。另外，根据我国专利法第12条，任何单位或者个人实施他人专利的，应当与专利权人订立实施许可合同，向专利权人支付专利使用费。被许可人无权允许合同规定以外的任何单位或者个人实施该专利。因此专利权许可需借助专利许可协议这一法律载体才可真正实施。

值得注意的是，除了专利许可，其他类型的知识产权许可也在知识经济活动中扮演着重要角色。尤其是在互联网和计算机深入社会各个领域的时代背景下，软件版权对社会科技水平的推动作用也十分突出。而且计算机软件一旦满足可专利性的实质性条件后还可以申请被授予专利权，从而获得专利法律制度的保护。① 因此，我们将专利许可和软件版权的许可活动统称为技术许可。②

四、技术许可与国际知识竞争

虽然知识产权法本质上属于国内法范畴，但随着经济全球化进程的深入，经济活动早已超越了行政区划和司法管辖的界限。截至2014年2月，

---

① 软件版权的专利化是新兴问题，这一方面为软件版权带来了潜在的限制排他性法律效力，能够通过订立许可协议在市场竞争中取得相应的市场优势；另一方面也存在产生垄断的可能性。因此，本书将专利许可和软件版权的许可归为一类概念进行讨论。

② 欧盟委员会在2014年发布的On the Application of Article 101（3）of the Treaty on the Functioning of the European Union to Categories of Technology Transfer Agreements中对技术权利（Technology Rights）做了列举式界定，其在Article 1.1（b）中将专利权、实用新型、外观设计、集成电路布图设计、药品补充保护证书以及软件版权等权利、知识或其组合认定为技术权利。

已有186个建立知识产权法律制度的主权国家加入了世界知识产权组织。[①]当知识产权权利人的知识产权在市场竞争中获得一定竞争优势时，为了实现其价值的延伸，必然需要将技术转移到境外，而此时技术许可就同贸易利益产生了关联。以技术许可为内容的国际知识产权转让对贸易产生了很大的冲击。一方面，知识产权贸易可以取代知识产品贸易，促进与知识产权相关产品的贸易；另一方面，知识产权国际许可还对海外直接投资、跨国征税产生一定影响。因此，技术许可与贸易的关系是互动、互补的关系。然而，由于地域条件的差异，政治、经济和文化发展条件的不同，各国间的科技实力并不均衡。但世界各国莫不持续强化其国内知识产权的相关法制与保护标准。知识产权乃知识经济化的重要体现方式，知识产权的保护于此际受到举世的重视与强调，趋势所及似无疑问。但值得注意的是，趋势之外，尚受到美国为首的科技发达国家的积极推动，发达国家一方面积极加强其国内关于知识产权的保护措施，另一方面借由贸易制裁或各种国际组织以公约方式等不同手段，限定期限并强制要求世界所有国家同步加强知识产权保护标准。在知识实力不平衡但游戏规则强迫齐一的竞争标准下，知识产权资本化后的知识产权保护措施，俨然成为先发国家极具毁灭性的竞争武器，势将使其他国家的经济发展受到严重限制。

根据数据显示，1976年至2012年全世界共产生知识产权许可使用费[②]总额约2.5万亿美元，其中高收入国家获得约2.4万亿美元，占总额的98.38%；中高等收入国家获得约236亿美元，占总额的0.94%；中低等收入国家获得约96亿美元，占总额的0.38%；低收入国家和最不发达国家合

---

① Member States of World Intellectual Property Organization，载http://www.wipo.int/members/en/，最后访问日期：2014年2月20日。

② 知识产权许可使用费包括版税与许可费，是指居民和非居民之间为在授权的情况下使用无形、不可再生的非金融资产和专有权利（例如专利、版权、商标），以许可的形式使用原创产品的复制原件（例如电影和手稿）而进行的付款和收款。

计获得约 30 亿美元，占总额的 0.12%。[①]2003 年至 2010 年世界高科技产品[②]出口总额约为 13 万亿美元，高收入国家贡献约 9.4 万亿美元，占总额的 72.3%；中高等收入国家贡献约 3.2 万亿美元，占总额的 24.6%；中低等收入国家贡献约 0.3 万亿美元，占总额的 2.3%；而低收入国家和最不发达国家则对该数据贡献微弱。[③]而 2003 年至 2010 年全世界高科技出口与占制成品出口的百分比约为 19.2%，高收入国家约为 19.5%，中高等收入国家约为 19.7%，中低等收入国家约为 11.9%，低收入国家约为 2.8%。[④]在研发支出[⑤]占国内生产总值比例的数据上，1996 年至 2009 年，高收入国家、中高等收入国家和中低等收入国家分别为 2.34%、0.78%、0.55%。[⑥]由此可见，以高收入国家和中高等收入国家组成的技术原创国对技术拥有的存量使其具有比其他国家更大的技术优势。但这些技术若仅在原创国被转化为生产力，不仅不符合知识产权权利人追求利润最大化的愿望，也与大多数发展中国家（主要由中低等收入国家、低收入国家和最不发达国家组成）主张的知识属于全人类的观点背道而驰。

发展中国家将知识产权的获得与许可问题上升至政治问题的高度，他们认为妥善解决知识产权的获得与许可问题是本国在全球竞争中能否成有

---

① 数据来源：联合国商品贸易统计（Comtrade）数据库，载 http://data.worldbank.org.cn/indicator/BX.GSR.ROYL.CD/countries/1W?display=default，最后访问日期：2013 年 5 月 11 日。

② 高科技出口产品是指具有高研发强度的产品，例如航空航天、计算机、医药、科学仪器、电气机械。

③ 数据来源：联合国商品贸易统计（Comtrade）数据库，载 http://data.worldbank.org.cn/indicator/TX.VAL.TECH.CD/countries/1W?display=default，最后访问日期：2013 年 5 月 11 日。

④ 数据来源：联合国商品贸易统计（Comtrade）数据库，载 http://data.worldbank.org.cn/indicator/TX.VAL.TECH.MF.ZS/countries/1W?display=default，最后访问日期：2013 年 5 月 11 日。

⑤ 研发支出是指系统性创新工作的经常支出和资本支出（国家和私人），其目的在于提升知识水平，包括人文、文化、社会知识，并将知识用于新的应用。研发包括基本研究、应用研究和实验开发等方面。

⑥ 数据来源：联合国商品贸易统计（Comtrade）数据库，载 http://data.worldbank.org.cn/indicator/GB.XPD.RSDV.GD.ZS/countries/1W?display=default，最后访问日期：2013 年 5 月 11 日。

有效竞争者的关键。发展必须先于竞争。因此，他们需要先致力于发展，通过公平合理的技术许可弥补本国产业发展中的技术缺陷，保持自身的经济独立和经济民主，从而为进一步参与国际知识竞争蓄力。与此相反，发达国家已经完成了经济发展的先期积累，他们更关注经济领域竞争的秩序和公平。发展中国家和发达国家对知识产权保护和使用的态度存在差异，[①]导致了国家之间，尤其是发展中国家和发达国家之间的贸易摩擦。试想在知识产权国际许可中，如果许可方和受让方都是发达国家，则双方的经济、技术力量和法律制度大体相当，许可协议双方的议价协商能力接近，易于实现许可协议的大致公平，且不会对双方国内的市场竞争状况产生负面影响。可是，若受让方为发展中国家，双方在政治、经济技术力量等方面的悬殊差距必然使受让方处于弱势地位，这不仅很难保证技术许可协议的合理公正，而且国外先进技术的进入会遏制国家相关产业的发展，进而影响受让方本国市场和国际市场的竞争秩序。近年来，广泛的技术合作和贸易往来使中国也饱受不公平的知识竞争之苦。无论是世纪之初中国 DVD 产业遭遇的专利困局，抑或是反垄断法颁布之后的华为诉交互数字公司案、高通案和利乐案，无一不是以悬殊的技术竞争实力为诱因的。

---

① 发展中国家和发达国家对知识产权保护和使用态度的差异源自两种思潮的影响，即技术全球化主义（technoglobalism）和技术国家主义（technonationalism）。技术全球化主义主张技术在全球范围自由流动，一切技术的许可均以贸易自由和竞争为原则，国家不应对技术的流动施加控制；而技术国家主义则认为，技术是一项商业资产和策略性资产，若技术流出国外则会对国家竞争力和国家安全产生不利影响。因此，国家应对技术贸易进行管制或实施策略性贸易，包括政府对特定产业部门的鼓励和优惠扶持政策。Eric W.K Tsang, "Technoglobalism vs. Technonationalism: The Corporate Dilemma", *Columbia Journal of World Business*, Vol.25, No.3, Fall 1999, p.42.

第二节 技术许可对市场竞争的双重效应

作为知识经济背景下开展合作与竞争的主要法律工具，技术许可对市场竞争具有双重效应。一方面，技术许可能够产生促进竞争，提升技术水平，提高经济、社会效益的积极效应；另一方面，技术许可也可能产生抑制技术革新，限制、排斥市场竞争的负面效应。

一、技术许可对市场竞争的积极效应

1. 对专利许可人而言，技术许可的积极效应表现在：（1）实现自有技术的经济收益最大化。实际上，并非每个技术所有人都具有从事研究开发、产品提炼、生产销售及售后服务等环节的能力。由于自身不具备充分挖掘其技术经济收益的能力，技术许可人通常对技术进行许可，通过收取一定的许可费用来实现收益的最大化。这不仅可以有效降低自身的研发成本，而且还可以分散因高额研发投入而带来的研发风险。（2）强化市场优势地位。专利许可人通过订立技术许可合同可以拓展自有技术所覆盖的市场范围。在全球市场的激烈竞争中，仅依靠技术许可人的经营能力将难以形成市场优势地位。通过技术许可拓展该技术的市场范围，不仅可使技术所覆盖的地域范围延伸至因缺乏销售渠道或基于政治、法律等因素而无法到达的区域，而且可使技术在不同的产品领域获得应用。技术许可人也可借由广阔的市场范围强化、巩固自身技术所在领域的市场优势地位。

2. 对被许可人而言，技术许可的积极效应表现在：第一，填补自身的技术缺口。作为技术的需求方，被许可人通常因资金、时间、技术或资源的缺乏而存在一定的技术缺口。通过技术许可，不仅可以填补现存的技术缺口，而且可以缩小与技术供给方的技术差距。第二，提升被许可人的市

场竞争力。一方面，通过技术许可可以加强被许可人的技术力量，从而提高产品制造的工艺和质量；另一方面，通过获得先进技术的授权，可以提升自身产品形象和附加值。

3. 对社会公共利益而言，技术许可的积极效应表现在：第一，促进科技创新，推动技术进步。技术许可为经营者在市场经济条件下开展合作与竞争提供了基本的法律途径。通过在技术许可合同中设置限制性条款，可以加强经营者之间的技术交流，削减因技术门槛而形成的市场进入障碍，有效促进科技的创新和进步。第二，实现资源的优化配置，促进市场的合理竞争。由于技术许可也是一种常见的资源配置方式，鉴于此，在市场化的技术许可活动中，技术供需双方通过协商和议价实现经济利益和技术资源的再配置，不仅使技术供给方得以收回技术研发成本，而且弥补了技术需求方经营生产中的技术缺口，间接地促进了技术市场的合理竞争。

二、技术许可对市场竞争的消极效应

虽然技术许可对市场竞争具有明显的积极效应，但技术许可同样会产生加强市场支配地位和限制、排除竞争对手的效果。反垄断法视域下技术许可的消极效应可以从以下三个层面进行归纳：

1. 破坏技术资源配置的市场规则，扰乱市场竞争秩序。“因为市场经济不是中央集权经济，即在资源配置方面决定性的因素不是政府部门的计划，而是由市场参与者自己变化不定的，甚至对个人来说也是事先完全不知道的决定。然而，这并不意味市场经济就是杂乱无章的无秩序经济。”[①] 自由、公平、竞争就是市场经济秩序的基本特征。具有市场支配地位的技术许可人可能会利用限制竞争条款来制约被许可人的自主经营活动，从而实现巩固自身技术优势，限制、排除市场竞争，牟取垄断收益之目的。这

① 王晓晔：《多元化目的——欧盟竞争法目的与任务评述》，载《国际贸易》2001 年第 9 期，第 49 页。

有悖于合同自由原则和公平竞争原则的基本要义，而且技术许可人的行为还会直接破坏价格在市场竞争中的信号功能，并影响技术资源的合理配置，造成市场竞争秩序的持续动荡。

2. 破坏市场结构，阻碍技术革新。反垄断法视域下技术许可不仅可能对市场竞争秩序产生消极效应，而且还可能进而影响市场结构的合理性。一般认为，合理的市场结构能够促进竞争，而市场结构乃是由具体的经营者所组成。如前文所述，具有市场支配地位的技术许可人可能会利用限制竞争条款来制约被许可人的自主经营活动，这将极大地削弱被许可人的市场竞争力，甚至产生将被许可人排挤出相关市场的消极效果，从而破坏原本合理的市场结构。另外，利用限制竞争条款还可能产生一定的“杠杆作用”，将技术许可人在特定市场的市场支配地位传导至另一个市场，进而对另一个市场的原有结构进行破坏。对技术密集型市场而言，破坏市场结构的直接后果之一就是阻碍技术革新。一方面，随着市场内经营者数量的减小，势必影响技术研发的规模和成果；另一方面，在技术许可合同中不合理地设置限制竞争条款会挫伤技术被许可人从事技术研发和革新积极性，产生惰怠情绪。

3. 阻碍经济民主进程，损害社会福利。虽然不同产业领域的市场结构和交易条件存在差异，但基于帕累托最优之悖论，各产业均面临着如何推动经济民主进程，提升社会整体福利的难题。在技术许可实务中，技术许可人滥用市场支配地位，限制、排除竞争的许可行为无疑会阻碍相关市场内经济民主的进程，损害消费者福利和社会福利。若特定市场内的技术、资本优势为少数人所掌握，则会导致不平等的交易条件和缺乏弹性的市场结构，产生市场垄断和市场势力；相反，若市场内经营者均具有公平竞争、自由逐利的实力与机会，则说明市场结构和交易条件是合理、平等的，从而能够激发经营者的创造性和进取精神，同时也能够最大限度地提升社会福利。

第三节 域外反垄断法对技术垄断行为的回应

与民法、刑法等传统法律部门相比，反垄断法诞生时间较晚。反垄断法是伴随着现代工商业活动的繁荣而出现的新的法律门类。当各国的工商业活动逐渐进入知识经济时代，作为调控经济活动、规范市场经济的反垄断法也面临着新的挑战，尤其是以专利为主的技术垄断行为的出现，使各国反垄断法必须积极作出调整，以应对纷繁复杂的技术垄断行为。

一、美国反托拉斯法对技术垄断行为的法律回应

美国《谢尔曼法》是世界上第一部现代意义上的反垄断法。美国反垄断法经过百余年的发展和演进，现已形成了体系完整的反垄断法律制度。美国反垄断法主要构成包括国会立法、执法指南、司法判例三部分。其中，国会立法主要包括1890年《谢尔曼法》、1914年《克莱顿法》《联邦贸易委员会法》、1936年《罗宾逊—帕特曼法》；执法指南主要包括1968年、1982年、1984年、1992年《合并指南》、1984年《非横向合并指南》、1997年、2010年《横向合并指南》、1977年、1988年《国际经济活动中的反垄断实施指南》、1995年《知识产权许可的反垄断指南》、2000年《竞争者间协作的反垄断指南》、2003年《促进创新：竞争与专利法律及政策的适当平衡》、2006年《横向合并指南评论》、2007年《反垄断执法与知识产权：促进创新和竞争》；除国会立法和执法指南外，美国作为判例法国家，法院的有关判例也是反垄断法的重要组成部分。

反垄断法对技术垄断行为的回应最早可以追溯到1890年美国《谢尔曼法》通过之前。早在1873年，美国联邦最高法院就曾援引专利法基本

原则对涉嫌利用专利产品限制市场竞争的案件进行裁判。[①] 在 Adams Dairy 诉 Burke 案中，专利权人 Merrill & Horner 公司授予 Lockhart & Seelye 公司在以波士顿城区为中心的 10 英里范围内独家使用和生产其享有专利权保护的棺木盖。另一经营者 Burke 从被许可人 Lockhart & Seelye 公司处购买了这种受专利权保护的棺木盖，并将其用于 Natick 镇的葬礼中。该镇距离波士顿城区 17 英里，超出了 Lockhart & Seelye 公司所拥有的实施专利权的合法地理范围。于是，波士顿城区范围以外享有该专利使用权的被许可人 Adams 向法院提出侵权赔偿之诉，将 Burke 告上了法庭。Miller 法官在判决中认为，专利权人可以利用专利许可协议合法地限制被许可人生产、制造和使用其专利产品的行为。虽然 Lockhart & Seelye 公司制造、使用、销售棺木盖的权利被限制在以波士顿城区为中心的 10 英里范围内，但某一棺木盖一经销售，则专利权的效力不再及于该产品，Lockhart & Seelye 公司以及本案原告 Adams 均不能限定该产品的使用和再次销售的地域范围。因此，本案被告 Burke 的再次销售行为不构成专利侵权。虽然美国反垄断成文法在这一时期尚未颁布，但 Miller 法官利用专利法首次销售原则对权利人滥用专利权涉嫌垄断的行为进行回应，并适时地限制专利权权利范围的过度扩张。该判决体现了反垄断法对技术垄断行为的基本立场，即最大限度地保护知识产权权利人自由实施其权利的可能，但知识产权的实施不应损害社会公共利益。因此，可将该案视为反垄断法与技术垄断行为的早期交锋。

而随着科技水平的不断提高和社会分工的不断专业化，专利权在增强专利权人市场竞争力、扩大企业市场份额中的作用日益明显，其垄断排他的法律属性得到了充分的体现，也更多地被知识产权权利人所广泛使用，并逐渐成为知识产权权利人实施限制竞争行为的重要法律工具。为了应对

---

① Adams v. Burke, 84 U.S. 453 (1873).

各产业中日益频发的垄断问题，美国国会于1890年通过了《谢尔曼法》。虽然《谢尔曼法》并未针对技术垄断行为进行特殊规定，但该法认识到以托拉斯形式订立契约、实施合并等行为会损害贸易和商业的发展，应该予以规制。这在深受亚当·斯密自由竞争和自由贸易经济学思维影响的19世纪末仍显得意义深远。

由于经济发展对技术的现实需求，加之《谢尔曼法》法条规定的内容过于宽泛和原则，缺乏可适用的操作标准。因此,《谢尔曼法》的颁布并未发挥遏制垄断，维护市场公平竞争的实质作用。相反，知识产权的权利范围在1900年之后再次得到了扩张。具体表现为搭售条款的广泛应用，知识产权权利人将受知识产权法保护的产品与其他相关的产品或技术进行捆绑。通过订立搭售条款，不仅成功扩张了自身知识产权产品的垄断效力，而且还获得了高额利润。在Heaton-Peninsular Button-Fastner诉Eureka Specialty案①中，专利权人对一种固定鞋子纽扣的机械设备享有专利权。专利权人授权他人使用其机器，但同时也限制他人必须向其购买该机器上的非专利部件，即实施了搭售行为。本案被告Eureka Specialty是专营适用于该机器上非专利部件的经销商，也即销售被搭售商品的经营者。原告Heaton-Peninsular Button-Fastner公司认为被告Eureka Specialty的经营行为间接侵害了其专利权，而被告则以"专利权人的行为违反了社会公共利益，该搭售行为应属无效"为理由进行抗辩。最终法院并未支持被告Eureka Specialty的抗辩理由，认为该搭售行为并未违反社会公共利益，且专利权人对该非专利部件可以享有独占权利。

在Henry诉A.B.Dick一案②中，专利权人A.B.Dick公司实施其专利而生产、销售一种油印机，并将油印机销售予其客户。专利权人还要求客户

---

① Heaton-Peninsular Button-Fastner Co. v. Eureka Specialty Co., 77 F. 288 (6th Cir. 1896).

② Henry v. A.B. Dick Co., 224 U.S. 1 (1912).

使用该油印机所需的油印模板纸、油墨及其他相关耗材均应向专利权人购买，而被告 Henry 则是贩卖该油印机所使用油墨的经营者，其将油墨出售给使用专利权人油印机的客户，专利权人遂主张被告侵害其专利权。本案中，美国联邦最高法院以四票对三票的评议结果，认为客户违反了油墨来源使用限制条款，构成了直接侵权，而被告明知其供应的油墨将使用于专利权人销售的油印机上，也能预见客户的使用行为，因而被告供应客户油墨的行为则构成帮助侵权。Henry 诉 A.B.Dick 公司案的判决似乎过度扩大了专利权人行使权利的范围。借由帮助侵权理论，专利权人甚至得将权利范围延伸至申请专利范围所不及的其他组件上。

所幸这种试图扩大知识产权权利范围的行为在随后的司法判例中得到了一定修正。在 1917 年 Motion Picture Patents 诉 Universal Film Mfg 一案[①]中，联邦最高法院基于对价格歧视的担忧以及对专利许可费涵盖范围扩张至非专利产品的担忧，推翻了在 Henry 诉 A.B.Dick 公司一案中的观点，认为"本案中专利权人利用许可协议扩大其专利权范围的搭售行为有可能使专利权人对非专利产品形成垄断。在该案中，专利权人 Motion Picture Patents 拥有电影放映设备和电影胶片的专利，专利权人将电影放映设备许可他人制造和销售，同时要求被许可人必须使用由专利权人生产的电影胶片。在专利权人的电影胶片专利权权利届满后，被许可人 Prague 公司在电影放映设备上使用了被告 Universal Film Mfg 公司生产的电影胶片。专利权人 Motion Picture Patents 因此起诉被许可人 Prague 侵害其专利，而被告 Universal Film Mfg 公司则构成间接侵权。若允许专利权人 Motion Picture Patents 实施此种行为，则与专利法保护社会公共利益的立法宗旨相悖。因此，专利权人订立的搭售许可协议应属无效，专利权人 Motion Picture Patents 对被许可人 Prague 直接侵权以及对 Universal Film Mfg 公司间接侵

---

① Motion Picture Patents Co. v. Universal Film Mfg. Co., 243 U.S. 502 (1917).

权的主张均不成立”。[①] 虽然在本案的判决中并未直接使用“专利权滥用”（patent misuse）一词，但联邦最高法院首次明确表示专利权人行使专利权的行为并非毫无限制，并援引美国联邦宪法第 8 条的规定对试图将其权利范围延伸或扩大至申请专利范围外的行为给予适当限制，这事实上构成了专利权滥用原则的基本框架。

值得注意的是，虽然美国国会已于 1914 年通过了补充和完善《谢尔曼法》的《克莱顿法》，[②] 但在 Motion Picture Patents 诉 Universal Film Mfg 案的判决中，联邦最高法院并未适用《克莱顿法》。直到 1944 年在 Mercoid 诉 Minneapolis-Honeywell Regular 案 [③] 中，联邦最高法院才尝试适用反垄断法作为判断专利权滥用的标准，认定专利权人试图将专利的法定垄断效力延伸至非专利产品市场的行为已违反《克莱顿法》第 3 条。该案表明，一旦搭售许可协议对市场竞争造成实质性损害，将被《克莱顿法》等反垄断法纳入规制对象的范畴。而此时，专利权滥用原则与反垄断法专利权滥用问题上出现了规范竞合。

在随后的 1947 年 International Salt 诉联邦政府案 [④] 中，联邦最高法院首次将本身违法原则（illegal per se）引入技术垄断案件的审理。根据该原则，法院推定在涉案产品中拥有专利即可推定专利权人拥有市场支配地位。如在 1969 年 Zenith Radio 诉 Hazeltine Research 案 [⑤] 中，联邦最高法院就再次表明，“即使一个使专利权的行为构成专利权滥用，并不必然须依照反垄断法的规定评估该滥用行为是否违反反垄断法”。

进入 20 世纪 70 年代后期，芝加哥学派逐渐兴起并取代崇尚结构主

---

① Motion Picture Patents Co. v. Universal Film Mfg. Co., 243 U.S. 502, 517-18（1917）.

② 其中第 3 条明定明文禁止以享有专利权的产品作为条件而导致限制竞争的搭售行为。

③ Mercoid Corp. v. Minneapolis-Honeywell Regular Co., 320 U.S. 680（1944）.

④ International Salt Co. v. United States, 332 U.S. 392（1947）.

⑤ Zenith Radio Corp v. Hazeltine Research Inc., 395 U.S. 100, 140（1969）.

义的哈佛学派，经济分析方法被引入法学领域并对法院处理反垄断案件逐渐产生影响。法院开始摒除基于专利权人滥用行为的形式或外观而认定违法行为的本身违法原则，转而使用通过评估该滥用行为是否有利于提升经济上的效率，进而判断该行为是否违反垄断法的分析方法。这种分析方法被称为合理原则（rule of reason）。在适用合理原则时，原告必须先举证证明某项行为实质性地限制、排除了相关市场内的竞争。在 1982 年 USM 诉 SPS Technologies 案[①]中，法官 Posner 适用合理原则判定专利权人 SPS Technologies 公司要求被许可人 USM 集团就其再许可所取得的专利许可费以一定比例返还 SPS Technologies 公司及其指定其他被许可人的行为并未实质性地限制、排除市场竞争，因而不构成专利权滥用。

1987 年美国国会参议院提出了《知识产权反垄断法保护法案》（The Intellectual Property Antitrust Protection Act），该法案要求法院在判定专利权人是否构成滥用前，应依经济分析方法判断该行为是否违反反垄断法。虽然众议院对于此项法案存有异议，但经过众参两院协商后，仍通过了现行专利滥用改革法案（The Patent Misuse Reform Act）。该法案的通过直接回应了关于专利权滥用原则与反垄断法适用中的竞合问题。

尽管长期以来司法判例在专利权滥用原则与反垄断法的适用与竞合、本身违法原则和合理原则分析框架如何引入等问题上作出了重要贡献，但美国反垄断法对技术垄断行为的系统回应仍主要反映在美国司法部和联邦贸易委员会于 1995 年联合发布的《知识产权许可的反垄断指南》之中。

1.《知识产权许可的反垄断指南》明确了知识产权与其他传统财产权在性质上的差异不应在适用反垄断法时有所体现。因此，在分析知识产权垄断案件时应比照其他类型的财产权。知识产权许可可以整合具有互补性的生产要素（complimentary factors of production），这有助于进行市场竞争。

---

① USM Corp. v. SPS Technologies Inc., 694 F2.d 505 (7th Cir. 1982) .

在许可协议中加入限制性条款，有助于许可协议的达成，促进专利技术的革新。

2.《知识产权许可的反垄断指南》明确了知识产权保护与反垄断法具有共同目的，即最大限度地提高消费者福利、促进创新。虽然专利权人在特定时期内拥有一定的垄断权利，但该垄断权利所保障的是为专利权人提供激励其技术创新所需的利润，这种利润通常表现为一定金额的专利许可费。虽然专利许可费中包含有一定的垄断利润，但被许可人支付许可费的意愿在一定程度上说明了该专利技术所带来的潜在利润是大于所支付垄断利润的。而且当某种垄断形成了规模效应并创造了更多的产出时并不会引起反垄断法的关注。鉴此，专利权人只要将专利法所赋予的合法垄断权用于扩大产出、努力提高消费者福利就不会与反垄断法产生冲突。而且两者在提升市场效率和促进创新的职能上具有互补性。专利许可可以整合具有互补性的生产要素（complimentary factors of production），有助于更充分、更有效率地进行市场竞争。在许可协议中加入限制性条款，有助于明确和具象专利许可的预期收益，促使许可协议的达成，扩大专利技术的使用范围，进而促进专利技术的革新。

3.《知识产权许可的反垄断指南》确立了反垄断法规制技术垄断行为的基本原则。首先，反垄断法应平等对待知识产权的行使。既不应对知识产权的权利行使予以豁免，也不应对知识产权施加特别的监管。其次，拥有知识产权不应被假定为具有市场力量。尽管知识产权能够有效提高经营者的市场竞争力，但知识产权所保护的技术或附着技术的产品通常具有一定程度的可替代性，即该技术并不能实现真正意义上的市场垄断。因此，拥有知识产权不能直接认定技术许可人具有相应的市场力量。最后，知识产权可总体上具有促进竞争的效果。一方面，知识产权许可实现了技术、资本等生产资料的合理配置，提升了市场竞争水平；另一方面，知识产权许可利用法定垄断特性解决了技术使用过程中的外部性问题，不仅能够遏制无偿利用他人智力成果的“搭便车”行为，而且能够激励权利人持续创新。

4.《知识产权许可的反垄断指南》还针对知识产权许可合同中典型的限制竞争条款进行了细致分析，如回馈授权、搭售、捆绑、交叉许可、专利联营、限制交易、单方拒绝许可等。这种分析对统一美国法院和执法机构对技术垄断及反垄断问题的认识，增强法院判决与执法机关政策间的协调性起到了关键作用。

在过去20多年中，经济增长模式和市场竞争方式经历了翻天覆地的变化。《知识产权许可的反垄断指南》成功地为经营者、执法机关以及社会大众就知识产权许可中可能出现的反垄断问题提供了切实可行的指导。在2007年题为《反垄断执法和知识产权：促进创新和竞争的报告》中，美国联邦贸易委员会和司法部重申了知识产权许可指南在反托拉斯和知识产权问题分析中不可或缺的作用。随着在这一领域的反垄断执法经验和政策专业知识的积累，美国反垄断执法机关日渐意识到需要对《知识产权许可的反垄断指南》进行修订，以满足当前知识产权许可反垄断执法以及相关立法的具体需求。2017年1月12日，美国联邦贸易委员会和司法部正式发布了修订后的《知识产权许可的反垄断指南》。从内容上看，此次修订并未在1995年指南的基础上进行实质性变化，改进主要集中在知识产权许可协议中的转售价格维持、相关研发市场等问题上。

第一，《知识产权许可的反垄断指南》修订稿改变了对知识产权许可协议中转售价格维持的适用原则，不再直接推定该行为本身违法。这一改变主要是受到美国联邦最高法院在2007年Leegin Creative Leather诉PSKS案[①]中判决的影响，认可了纵向转售价格维持也存在一定的促进竞争的理由，不应再适用本身违法原则处理相关案件。

---

① Leegin Creative Leather Products, Inc. v. PSKS, Inc., 551 U.S. 877 (2007).

第二,《知识产权许可的反垄断指南》修订稿再次明确了进行相关市场界定的重要性并且细化了研发市场（research and development markets）。指南修订稿提供了关于如何审查知识产权许可如何影响研发市场竞争的详细方法。若知识产权许可的限制条款不具有反竞争外观（facially anticompetitive）或除了许可所涉经营者之外，还有四个及以上的独立经营者拥有从事研发的专门设备或特质且有从事许可活动紧密替代品研发的激励则该知识产权许可不会产生引发反垄断法的关注。为了确保充分考虑潜在的紧密替代品,《知识产权许可的反垄断指南》修订稿增加了新的评估因素，具体包括：其他独立经营者所拥有研发项目的性质、范围和规模；其他独立经营者可获得的财政支持、知识产权、技术人员或其他专门设备；其他独立经营者的时间；其他独立经营者单独或通过与他人合作成功使研发成果商业化的能力。虽然这些因素可能会扩大相关市场界定的范围，进而使部分危害竞争的行为免于反垄断审查，但修订稿尚未将这些新的审查因素列为认定潜在紧密替代品的决定性因素，仅作为潜在的审查因素。

第三，当知识产权许可或转移被视为合并。随着知识产权许可和转让引发的反垄断案件日益增多，波及范围也越来越广，联邦贸易委员会和司法部将考虑对知识产权转让和其他许可安排实施与合并审查类似的反垄断审查。因此,《知识产权许可的反垄断指南》修订稿援引了美国 2010 年《横向合并指南》的内容作为参照。

第四,《知识产权许可的反垄断指南》修订稿在“无效或不可执行的知识产权”部分回应了美国联邦最高法院在 2015 年 Kimble 诉 Marvel 案中的遗留问题，即改变了长久以来专利权人不能在专利保护期届满后收取专利许可使用费的规定。因此，修订后的《知识产权许可的反垄断指南》允许对在专利保护期届满后收取许可使用费的行为进行效率分析，而不是推定适用本身违法原则。

除此之外，反垄断执法机关还收到了 24 条关于《知识产权许可的反垄断指南》修订稿的意见。从这些意见来看，经营者、消费者和学界团体都普遍希望修订稿深入研究标准必要专利以及FRAND原则的许可问题，但《知识产权许可的反垄断指南》修订稿并未对这一当前知识产权领域反垄断执法的关键问题进行回应。联邦贸易委员会和司法部认为，反垄断法一般不应对经营者强加单边拒绝协助其竞争者的责任，这可能会削弱对投资和创新的激励。现任联邦贸易委员会主席Edith Ramirez认为，除非有证据表明知识产权许可可能损害竞争，否则美国反垄断法会将实施许可的决定权留给知识产权权利人、被许可人、许可协商和市场力量。[①] 部分法学和经济学者认为，联邦贸易委员会和司法部于2007年起就已经对标准必要专利以及FRAND原则的许可问题给予了大量执法指导，[②] 而这些意见未在2017年《知识产权许可的反垄断指南》中体现，十分遗憾。而作为移动通信行业的经营者，诺基亚公司则在其提交的公共评论中认为，无须在指南修订稿中为标准必要专利或FRAND原则增加新规则，因为《知识产权许可的反垄断指南》中的现有规则同样适用于这些问题，而且法院和反垄断机关最近发布的声明为利益相关者解决可能的FRAND许可争议、实现标准必要专利持有人和标准实施者利益的平衡提供了足够的指导。[③] 而包括苹果、特斯拉、英特尔和惠普在内的12家公司联合提交的公众评论

---

① https://www.justice.gov/opa/pr/doj-and-ftc-seek-views-proposed-update-antitrust-guidelines-licensing-intellectual-property.

② Agency Policy Statements (The DOJ's 2007 Antitrust Enforcement and IPR Report; The FTC's 2011 Evolving IP Marketplace Report; The FTC's 2012 Public Interest Statement to the ITC; The Joint DOJ-USPTO 2013 Policy Statement on SEPs and FRAND); Business Review Letters (The DOJ's 2006 Business Review Letter relating to VITA; The DOJ's 2007 Business Review Letter relating to IEEE: The DOJ's 2013 Business Review Letter relating to IPXI: The DOJ's 2015 Business Review Letter relating to IEEE); Orders and Consent Decrees (The FTC's 2008 Consent Decree in N-Data; The FTC's 2013 Order in the matter of Robert Bosch GmbH; The FTC's 2013 Order in the matter of Google/Motorola Mobility).

③ https://www.justice.gov/atr/file/897286/download.

中也认为,《知识产权许可的反垄断指南》中已经提供实质性指导，并强调反垄断执法机关曾表示过对标准必要专利许可所涉特殊滥用行为的担忧。①而由数千个中小经营者组成的应用联盟则希望寻求处理标准必要专利许可相关问题的正式指导。因为持有大量标准必要专利的大型公司对于依赖其创新周期中的标准的任何行业的竞争力构成主要威胁。②ITC 委员 Scott Kieff 教授在以个人身份提交的评论中表示，欧盟法院最近在华为公司诉中兴公司案③中提出了一个可用于审查标准必要专利许可排除、限制竞争的国际标准。但这一审查标准仅限于当标准必要专利权持有人已作出 FRAND 承诺的情形。根据联邦巡回法院的先例，若由 ITC 作出类似裁判，则可能扩展到所有的标准必要专利的许可活动中，而无须以持有人是否作出 FRAND 承诺为条件。④

二、欧盟竞争法对技术垄断行为的法律回应

不同于美国反托拉斯法致力于厘清知识产权与反垄断法的关系，欧盟竞争法则更侧重于区分知识产权在市场竞争过程中的“存在”和“使用”，强调知识产权可以依照成员国国内法的规定而合法存在，但以技术许可活动为代表的行使知识产权的商业行为则需适用欧盟竞争法。在著名的 Parke Davis 诉 Probel 案⑤中，注册登记于美国底特律的 Parke Davis 公司在荷兰等欧盟成员国持有两项微型生物制剂和化学抗生素制备的专利技术，该专利可被直接用于抗生素氯霉素的生产制造。但氯霉素在意大利并

---

① https://www.justice.gov/atr/file/898566/download.

② https://www.justice.gov/atr/page/file/897766/download.

③ Huawei Technologies Co. Ltd v. ZTE Corp. and ZTE Deutschland GmbH, Case C-170/13, 2015.

④ https://www.justice.gov/atr/file/897081/download.

⑤ Parke, Davis & Co. v. Probel, Reese, Beintema-Interpharm and Centrafarm, 1986C.M.L.R.47.

未被列入专利法保护范围，也即氯霉素在意大利国内未取得专利权。[①] 鉴于此，与受专利保护的国家如与荷兰相比，氯霉素在意大利国内市场的价格相对较低。从事跨国药品贸易的 Probel、Interpharm 和 Centrafarm 三家公司未经 Parke Davis 公司许可即擅自利用荷意两国氯霉素药品的价格差异而获利。1958 年 1 月 15 日，Parke Davis 公司向鹿特丹法院提起诉讼，状告 Probel 等三公司侵犯其专利权，要求其赔偿损失并停止进一步侵权。Parke Davis 公司诉称 Probel 等三公司所销售的氯霉素在制造过程中使用了其所持有的专利技术。一方面，Parke Davis 公司有权要求其停止侵害自有专利技术并赔偿损失；另一方面，由于已经将该专利许可给荷兰代尔夫特地区的两公司使用，Parke Davis 公司还有义务维护其荷兰境内被许可人的合法权益。鉴此，Parke Davis 公司要求法院阻止在其他成员国内销售或制造的未经授权的产品在荷兰境内的所有商业活动。鹿特丹法院依据《欧盟运行条约》第 234 条的规定要求欧盟法院作一个初步裁定。欧盟法院在这个初步裁定中认为，成员国对知识产权的保护尚未形成统一的规则。在统一规则缺位的情况下，知识产权保护的民族性以及不同法律制度之间的对待该问题的差异将会严重阻碍专利产品的自由流动和共同市场内的公平竞争。这个裁决的结论主要是：第一，专利权人 Parke Davis 公司的专利权是依据成员国荷兰的专利法所授予，该专利权的存在不受《欧盟运行条约》第 101 条第 1 款和第 102 条禁止性规定的影响，也即专利权的授予和取得是由成员国国内法所规定的，共同体层面的竞争法并不直接予以干预；第二，该专利权的行使在不涉及任何禁止性的协议、决定或者协同行为时不受《欧盟运行条约》第 101 条第 1 款的规制，在不构成任何滥用市场支配地位行为时不受第 102 条的规制；第三，与来自其他欧盟成员国不受专利

---

① 这是由于此时的欧盟成员国中仅意大利专利法尚未承认药品的可专利性。Ben A. Wortley, *The Law of the Common Market*, Manchester University Press, 1974, p.104.

保护产品的较低售价相比，专利产品的较高售价并不必然构成滥用，并不必然导致欧盟竞争法的介入。此时的欧洲一体化尚处于巩固时期，一体化进程较为缓慢，为了进一步巩固和强化欧洲共同大市场的成果，需要限制成员国企业因行使知识产权而损害共同市场基础的行为，强化共同体层面的知识产权竞争法制度。

作为下属管辖共同市场、共同农业政策、共同商业政策等经济领域事务的国际法实体，欧盟不仅具有独立的国际法律人格，而且其委员会还拥有立法动议权，因此《欧盟运行条约》及其委员会立法对欧盟成员国具有法律约束力并优先于成员国国内法生效。为了更好地贯彻《欧盟运行条约》序言中“消除现有障碍，呼吁以协调一致的行动，以保证稳定增长，均衡的贸易和公平竞争”的要求，欧盟委员会先后通过了《专利许可协议集体豁免条例》（2349/84 号条例）、《技术秘密协议许可协议集体豁免条例》（556/89 号条例）、《技术许可协议集体适用欧盟条约第 85 条第 3 款的第 240/96 号条例》（240/96 条例）以及《欧盟条约第 81 条和第 82 条的实施条例》（1/2003 号条例）、《技术转让协议集体豁免条例》（772/2004）等一系列法律文件来规范日益频发的技术许可垄断问题。2014 年 3 月 21 日，欧盟委员会颁布的取代 772/2004 条例的新《技术转让协议集体豁免条例》（316/2014 号条例）[①] 延续了欧盟竞争法“效力高于成员国国内法并兼具一定国际公法性质的区域性国际竞争法”的基本特征，是欧盟竞争法规制技术垄断行为的最新法律成果。

2014 年《技术转让协议集体豁免条例》与之前的 772/2004 条例在许多方面的规定保持了一致。例如，新《技术转让协议集体豁免条例》依然强调利用技术许可协议为载体行使知识产权具有改善经济效率、减少技术

① 与《316/2014 号条例》同时出台的还有《技术转让协议指南》，全称为《关于对技术转让协议适用欧盟条约第 101 条的指南的委员会通知》（2014/C 89/03），是《316/2014 号条例》的具体实施指南。

的重复研发、激励创新和研发、促进技术传播的积极效应，并采用分析限制竞争条款对竞争造成影响的方式取代了从协议形式进行判断的方式。这种简化规则框架、加强经济法分析的方式有助于提升规制技术垄断行为的准确性和可预期性，维护正常的市场竞争秩序。但新《技术转让协议集体豁免条例》在一些关键方面，特别是在涉及被动销售的限制、回授条款、不争执条款的规定上更为严格。新《技术转让协议集体豁免条例》还对和解协议以及专利联盟给予了更为详细的指导。

第一，被许可人之间被动销售限制。新《技术转让协议集体豁免条例》很大程度上保留了之前版本关于核心限制的内容，限制许可人定价自由和特定地域限制等内容将不受集体豁免安全港的保护，并将其视为违反《欧盟运行条约》第 101 条第 1 款且不得豁免。虽然对被许可人可能被动销售进入的地域或者顾客群进行限制不再受到新《技术转让协议集体豁免条例》的保护，但仍为被许可人留有一定的法律空间。[①] 具体包括：(1) 对被许可人在为许可人保留的排他性地域内或者排他性顾客群内进行被动销售行为进行限制，则对被许可人此种被动销售行为的限制可以适用豁免；(2) 在被许可人未被限制主动和被动销售作为其自己产品之配件的合同产品情形下，要求被许可人仅仅为自己使用之目的而生产合同产品，则此种要求可以适用豁免；(3) 许可之目的在于为某顾客建立替代性供应源，因此要求仅仅为该顾客生产合同产品时，此种要求可以适用豁免；(4) 被许可人从事的是批量经营性贸易，则限制其向终端用户的销售可以适用豁免；(5) 选择性分销体系中的成员向未经许可的分销商进行销售，则对此销售的限制可以适用豁免。新《技术转让协议集体豁免条例》的配套指南也规定，“若对被许可人进入新的市场而言是客观必需的，那么这种限制仍将

① See On the application of Article 101 (3) of the Treaty on the Functioning of the European Union to categories of technology transfer agreements, Article 3.2 (b).

被法律所允许的”。[①]

第二，回授条款。772/2004条例将独占回授条款排除在安全港条款之外，但非独占的互惠型回授则受到安全港条款的保护。而新《技术转让协议集体豁免条例》则取消了对回授条款的这种分类，将所有的独占回授均排除在安全港条款保护的范围之外。这种改变的主要目的是鼓励被许可人利用被许可的技术继续创新并研发新的技术，以提升整体社会的科技水平，而不是将排他性回馈授权给予特定许可人。

第三，不争执条款。不争执条款也未被纳入772/2004条例中的安全港条款保护范围。然而，若被许可人质疑被许可知识产权的有效性，专利许可人仍然能够终止该协议。而根据新《技术转让协议集体豁免条例》的规定，仅在排他性许可协议中，一旦被许可人质疑被许可知识产权的有效性时，专利许可人有权终止该协议，对于非排他性许可协议则不再受到安全港条款的保护。欧盟委员会认为在排他性许可中，被许可人通常没有诱因去质疑知识产权的有效性，但在非排他性许可中，质疑的可能性会对小幅创新成果的许可人产生一定的压力，以加速淘汰无效的知识产权。

第四，技术联营。技术联营不仅不受安全港条款的保护，而且技术联营与第三方之间的许可协议由于被认为是多方协议，因此也未能纳入该范围。[②]然而，由于认识到与技术联营相关的竞争问题，新《技术转让协议集体豁免条例》的配套指南规定，若满足特定条件，则技术联营的建立与运行不会侵犯竞争法并受到欧盟条约第101条第1款的规制。[③]具体包括：

---

① Guidelines on the application of Article 101 of the Treaty on the Functioning of the European Union to technology transfer agreements, 12 (b).

② 新《技术转让协议集体豁免条例》的安全港条款仅适用于双边协议。

③ Guidelines on the application of Article 101 of the Treaty on the Functioning of the European Union to technology transfer agreements, Section 261.

（1）参与的技术联营必须向所有感兴趣的技术权利人开放；（2）保障措施必须得到执行，以确保仅有必要技术被纳入联营；（3）保障措施必须得到执行，以确保敏感信息的交换被限制在维持创建和运行联营的必要水平；（4）技术进入联营必须建立在非排他性基础上；（5）基于公平、合理和非歧视条款（FRAND）进行许可；（6）联营成员必须有质疑和挑战联营内技术的自由且联营内技术由联营成员贡献；（7）联营成员必须保持研发竞争性产品和技术的自由。

虽然欧盟委员会对新《技术转让协议集体豁免条例》及其配套指南从许多方面进行了改动，但这些改动并未根本性的改变欧盟竞争法对技术转让协议的基本立场。新《技术转让协议集体豁免条例》仍然认为许可在大多数情况下是有利于竞争的。另外，欧盟委员会对于这些通常被认为是良性的许可协议采取了更为严格的规制手段。尤其是对于排他性许可中的不争执条款、回授条款等内容，新《技术转让协议集体豁免条例》表现出更为明显的保护被许可人的倾向。这可能会减弱技术许可人授权许可其技术的诱因。新《技术转让协议集体豁免条例》生效后于 2015 年 4 月 30 日结束过渡期，在此期间内欧盟竞争法应对技术许可垄断案件仍将依照 772/2004 条例实施。

三、日本禁止垄断法对技术垄断行为的法律回应

与美国自由经济不同，日本的市场经济是一种政府主导型的企业制度模式，政府与企业之间的关系更为紧密，因此日本的竞争法具有强烈的产业指导政策性质。在技术许可协议的管制方面，日本采用了反垄断执法机构与企业之间事先协商与事后谈判制度，以及广泛的适用除外事项。在立法上继受了大陆成文法系概念精确的立法传统，并吸收英美在判例中灵活解释规则的法律技术。日本反垄断法一般被称为禁止垄断法。现行禁止垄断法全称为《关于禁止私有垄断和维护公平贸易的方法的法案》，于 1947

年 3 月 31 日颁布实施。[①] 该法以美国的《谢尔曼法》《克莱顿法》《联邦贸易委员会法》为蓝本，只是对限制公司持股、限制董事兼任等作了更为严厉的规定。此后，该法案经过多次修改和完善。[②]

20 世纪 60 年代中期，随着外汇管制的放松，日本取消了央行对国际贸易协议的审批程序，转而由公平交易委员会对许可协议中的限制性条款进行监管。日本公平交易委员会曾先后制定了 1968 年《国际许可协议的反垄断指南》、1979 年《关于事业者团体活动的禁止垄断法指南》、1989 年《关于管制专利和技术秘密许可协议中不公正交易方法的指南》、1999 年《专利与技术秘密许可协议的反垄断指南》和 2007 年《关于知识产权利用的反垄断法指南》。为了平衡信息时代因强化知识产权而产生的双重影响，经过广泛征求各界意见，日本公平交易委员会于 2016 年 1 月 21 日对 2007 年《关于知识产权利用的反垄断法指南》进行了修订，这也代表了日本反垄断执法机关对技术垄断行为的最新态度。

第一，《关于知识产权利用的反垄断法指南》以《禁止垄断法》第 21 条知识产权利用的豁免条款为基础，区分了权利行使行为和违反禁止垄断法行为。这种区分明确了《禁止垄断法》和《专利法》的适用范围。《反垄断法》第 21 条规定，本法的各项规定不适用于被认定是根据著作权法、专利法、实用新型法、外观设计法或商标法行使权利的行为。鉴此，日本反垄断法仅适用于技术使用相关的限制行为中不能归为正当权利行使的行为。虽然违反禁止垄断法的知识产权利用具有合法行使权利的行为外观，

① 除了日本《禁止垄断法》还包括大量与禁止垄断有关的法律、行政规章，如 1947 年日本政府颁布的《关于〈禁止私人垄断及确保公正交易法〉的适用除外法案》、1953 年日本政府颁布并于 1982 年修改《禁止私人垄断及确保公正交易法施行令》，1977 年日本政府颁布并于 1995 年修改《不公正交易方法》等。

② 徐士英:《反垄断法在日本实现“本土化”的启示》，载《法商研究》1999 年第 4 期，第 108 页。

但其行为目的一旦与专利法促进技术创新和应用之宗旨相冲突，其行为结果也会产生与之相反的社会效应。

第二，《关于知识产权利用的反垄断法指南》提供了分析削弱竞争效果的基本框架。具体而言，判断技术使用相关的限制行为是否削弱了市场竞争需要综合考虑限制行为的内容和具体方式、该技术的功能和市场影响以及相关市场中从事该项限制行为的经营者的市场地位以及经营者之间是否存在竞争关系。还要考虑相关市场内经营者的竞争对手规模、市场结构、产品的差异化程度、是否存在适用除外事由以及对相关经营者的研发动力和授权许可的动力的影响。当限制行为仅影响一个相关市场，则需要将各项限制对相关市场的竞争产生的影响一并进行评估；若限制行为对不同的市场产生了负面影响，则应在审查每个市场影响的基础上，进一步评估市场互相产生的二次影响。此外，《关于知识产权利用的反垄断法指南》还分别列举了对竞争产生重大影响的情形和对竞争的削弱效果轻微的情形，以增强执法行为的确定性。

第三，《关于知识产权利用的反垄断法指南》进一步规范了对私人垄断及不合理交易限制的分析方法。《关于知识产权利用的反垄断法指南》基本沿用了2007年版指南中私人垄断和不合理交易限制的分析框架。从私人垄断角度进行分析时，应先将限制行为区分为阻碍技术使用的行为和限制技术使用范围的行为两类，并根据各种行为的目的和效果来认定与技术使用相关的限制行为是否属于私人垄断意义上的排除或控制；而从不合理交易限制的角度分析时，应判断技术使用相关的限制行为是否存在经营者与其他经营者合谋，相互限制经营活动或协同从事经营活动的行为。尤其是当技术使用相关的限制行为所涉及的当事人之间具有竞争关系时，如具有竞争关系的经营者间的专利联营[①]或交叉许可、[②]多家具有竞争关系的经营者成为同一技术的被许可方的多重许可行为，[③]均需要从不合理的交易限制的角度进行分析。

值得注意的是，《关于知识产权利用的反垄断法指南》在认定阻碍技术使用行为的部分增加了有关FRAND承诺[④]的内容。《关于知识产权利用的反垄断法指南》认为某项技术的权利人拒绝向其他经营者授予技术使用许可或利用不合理条件以达到实质上与拒绝许可相同的效果的行为、对未

---

① 专利联营，是指某项技术的多个权利人将其各自拥有的该技术相关权利或就该技术相关权利向他人授予许可的权利集中于特定的企业组织或机构，通过该企业组织或机构向专利联营的各成员提供其所需的许可。专利联营并不会直接构成不合理的交易限制行为，但在特定的技术市场中，拥有替代性技术的各个权利人，将各自所拥有的权利通过专利联营共同设定许可条件（包含技术的使用范围）的行为实质上限制了该技术交易领域的竞争；在特定商品市场中处于竞争关系的经营者就产品生产所需的必要技术建立专利联营，并通过专利联营获得所需的技术许可的同时，共同制定利用该技术的产品的价格、数量、供应对象等行为实质上限制了该产品交易领域的竞争；在特定商品市场中处于竞争关系的经营者就产品生产所需的必要技术建立专利联营，并由该专利联营体作为唯一机构向其他经营者授予许可的情形下，如果该联营体无正当理由拒绝对新加入的经营者或特定的既有经营者授予许可，共同组织新经营者进入或共同妨碍既有经营者的经营活动，实质上限制了该技术交易领域的竞争，均构成不合理交易限制。

② 交叉许可，是指多个技术权利人将各自拥有的权利相互许可使用。若这些经营者在特定商品市场中共同占有较高市场份额时，其共同决定该产品的价格、数量、供应对象的行为以及共同决定不向其他经营者授权许可的行为实质上限制了该产品交易领域的竞争，则构成不合理交易限制。同样，若各经营者共同决定各自使用该技术所开展的经营活动的范围的行为实质上限制了该技术、产品交易领域的竞争，也构成不合理交易限制。

③ 多重许可，是指将某一项技术许可给多个经营者使用的行为。在多重许可中，如许可方及多个被许可方之间就各方均遵守共同限制的共识下，对于该技术的使用范围、使用该技术的产品的销售价格、销售数量、销售对象等方面进行限制，则该行为属于对经营者的经营活动的相互约束，若该行为实质上限制了该产品交易领域的竞争，则构成不合理交易限制。同样，若对该技术的改良或应用研究或通过改良或应用研究所获得的新技术成果的许可对象进行限制或限制采用替代性技术等行为实质上限制了该技术交易领域的竞争，也构成不合理交易限制。

④ FRAND承诺一方面使标准必要专利的权利人可对使用标准必要专利的行为收取相应对价，另一方面使从事适用该标准的产品的研发、生产或销售的经营者可以FRAND条件使用标准必要专利，从而在促进相关标准涉及的技术的研发投资的同时，也可以对适用该标准的产品的研发、生产或销售所需要的投资起到推动作用。

经许可即使用该技术的经营者提起诉讼要求其停止使用的行为本身应被视为是正当的权利行使，仅在该行为被认定背离了知识产权制度的宗旨或违反了知识产权制度的目的且实质上限制了特定交易领域内的竞争时，才构成私人垄断。而标准化组织为了防止行使实施标准所必要专利的行为阻碍采用该标准的产品研发、生产或销售，推广和普及标准，通常会要求参与该标准制定的经营者明确其是否持有标准必要专利并将标准必要专利以公平、合理、非歧视的条件许可其他经营者，同时规定在不作出 FRAND 承诺时将探讨变更标准以避免标准中含有该标准必要专利指向的技术。对作出 FRAND 承诺的标准必要专利权利人拒绝向有意依照 FRAND 条件接受许可的经营者[①]进行许可、对其提起诉讼要求停止使用、撤回 FRAND 承诺，若导致适用该标准的产品的研发、生产或销售难以为继，则构成排除其他经营者的经营活动的行为。

第四，《关于知识产权利用的反垄断法指南》提出针对不公平交易的分析方法。从不公平交易方式的角度来看，对于构成技术使用相关的限制行为主要应考察该等行为是否满足具体的行为要件以及是否具有阻碍公平竞争的倾向。在认定行为要件时，一般应将限制行为区分为阻碍技术使用的行为、限制技术使用范围的行为、施加技术使用相关限制的行为和施加其他限制的行为四种类型。

在认定是否具有阻碍公平竞争倾向时，则应从行为人以及与其有密切关系的经营者的行为是否会排除其竞争对手及其他人的交易机会或者是否可能直接降低该竞争对手或其他人的竞争力以及行为人的行为是否有削弱价格、获取客户及其他方面的竞争的可能两个方面进行判断；从行为人的

---

① 对于如何认定“有意依照 FRAND 条件接受许可的经营者”，《关于知识产权利用的反垄断法指南》认为，应参考许可谈判过程中双方当事人是否曾提示标准必要专利的具体侵权事实及具体形式，是否曾提示许可的条件及其合理依据，就该提示是否曾及时提示其合理的对应方案等应对情况，是否已作出符合商业惯例的诚实应对等要素并结合具体案例作出判断。

竞争行为是否不正当或者是否损害了自由竞争的基础包括被许可方的经营活动所受到影响的内容以及程度、该行为影响的经营者数量、该行为的持续性、反复性等因素进行判断。

四、加拿大竞争法对技术垄断行为的法律回应

早在1889年，加拿大就出台了名为《预防和制止限制贸易联合行为的法律》的专门性反垄断法律，这比1890年诞生的号称反垄断法“鼻祖”的美国《谢尔曼法》还要早一年。经过不断地发展和完善，加拿大于1985年颁布了现行的反垄断法《竞争法》(The Competition Act)。该法全面规定了加拿大的竞争规则与程序。除了少数产业例外，它适用于加拿大的所有经营者。该法旨在促进市场竞争，维护公平的竞争秩序，维护企业特别是中小企业以及消费者利益，鼓励竞争以提高经济效益，提高加拿大在世界市场的地位。该法对定价和投标串谋、转售价格维持、价格歧视和掠夺性定价等行为设置了刑事责任，同时该法还允许竞争法庭审查合并以及束缚销售、独家交易、拒绝交易和滥用支配地位等商业行为。在某些情况，竞争法庭还可以发布禁止或纠正行为的命令，以消除或减少其反竞争影响。私人团体也可以向法庭申请寻求审查拒绝交易、捆绑销售和独家交易等商业惯例行为。

为了促进创新并确保《知识产权执法指南》(Intellectual Property Enforcement Guidelines, IPEGs) 紧跟知识产权领域反垄断执法活动的需求，加拿大竞争执法局承诺根据执法情况、法院判例和产业发展状况，每年对《知识产权执法指南》进行修订。在听取并采纳了加拿大律师协会(Canadian Bar Association)、美国律师协会 (American Bar Association)、美国联邦贸易委员 (U.S. Federal Trade Commissioners)、谷歌、微软、苹果等私人公司以及来自法学和经济学界等多方意见之后，竞争执法局于2016年3月31日发布了新修订的《知识产权执法指南》(以下简称2016年《执法指

南》)，2016 年《执法指南》进一步明确了优先处理涉及知识产权竞争问题的执法思路。

在 2016 年《执法指南》中，竞争执法局不仅进一步澄清了加拿大竞争法和知识产权之间的整体概念性方法，而且为当前实务中热点的专利和解协议、产品转换、非专利实施主体以及标准必要专利问题提供了实质性指导。

1. 专利和解协议。反垄断法对专利诉讼和解协议的审查始终是美国和欧洲反垄断执法机关的关注焦点。在 2014 年发布针对性白皮书之前，加拿大竞争执法局一直未对这个问题发表意见。但由于未能明确竞争执法局对反向支付协议进行反垄断审查要点等关键性问题，白皮书发布之后受到了广泛的批评。2016 年《执法指南》列举了对专利诉讼和解协议进行刑事审查的三种情形，有效地澄清了处理专利诉讼和解协议的民事刑事程序界限；为审查反向支付协议是否具有延阻仿制药进入市场的效果并且导致竞争显著减少提供了详细的判断因素；取消了引入争议颇多的专利诉讼和解协议通知制度的建议。

2. 产品转换（product switching）。2016 年《执法指南》认为，知识产权所有者对知识产权的使用或不使用通常只是知识产权权利的实施，一般不受竞争法的约束。但产品转换可能使不行使知识产权的行为引发竞争问题。

3. 非专利实施主体（patent assertion entities）。2016 年《执法指南》承认目前围绕着非专利实施主体的建立与运营存在持续的争论，并且承诺将继续关注这里迅速变化的问题，以便进一步完善其执法方法。

4. 标准制定与标准必要专利。首先，2016 年《执法指南》确认了对涉及标准制定的组织参与者制定行业标准的联合行为应根据加拿大竞争法第 90.1 条有关实质性排除、限制竞争条款或安排的条款进行审查，而不应根据第 45 条有关竞争者之间共谋协议或安排的条款进行处理；其次，明确了标准必要专利是标准开发组织（Standard Development Organization）开发标准行为的一部分，以区别于专有差异化专利（Proprietary Differentiating Patents）；应根据加拿大竞争法第79条有关滥用市场支配地位的条款来审查标准必要专利权人实施的反竞争行为，而不仅将其视为许可协议双方之间的合同纠纷。

最后，竞争执法局还表示，关于标准制定与标准必要专利这一反垄断法和知识产权交叉的动态领域应根据执法情况、法院判例和产业发展状况对执法指南做进一步调整。

五、我国台湾地区“公平交易法”对技术垄断行为的法律回应

我国台湾地区“公平交易法”包含反垄断法和反不正当竞争法的内容，属于典型的合并立法模式。台湾地区“公平交易法”并未直接就技术垄断行为予以规制，仅就正当行使知识产权的行为予以豁免。随着科技发展与进步，台湾地区涉技术垄断案件、国际技术贸易纠纷案件日益增多，“公平交易法”在技术垄断行为规制上的缺位也越发明显。为适应台湾地区产业发展与技术进步之现状，“行政院公平交易委员会”在借鉴欧美竞争法制发达国家先进经验的基础上，结合本土技术垄断案件的特征，于2001年1月18日出台了《审理技术授权协议案件处理原则》，作为处理有关技术许可协议案件的参考依据，后经2005年、2007年两次修订并更名为“行政院公平交易委员会”《对于技术授权协议案件之处理原则》。2012年3月12日对其再次修订并更名为《对于技术授权协议案件之处理原则》（以下简称《处理原则》）。2016年8月24日，为了更好地处理技术许可案件，使台湾地区“公平交易法”相关规范更具体化，进而使执法标准更臻明确，利于经营者遵循，再次对其进行了修正。

《处理原则》的主要目的是解决“公平交易委员会”在处理涉及技术交易案件时，判断许可人是否有利用其许可地位上的优势，通过权利的行使及安排强制被许可人接受一些限制经营活动或其他不利益条款，以获得

更多利益或增强其市场地位。在基本原则上，与美国反托拉斯法执行准则及日本执行准则类似。“知识产权法与公平交易法”基本上的“立法”意旨相同，希望通过维护竞争机制达到增进消费者福费及提升产业绩效的成果。但如专利、商标、著作权等知识产权的法定独占权的赋予并不当然即得认定许可人在相关市场上具有市场力量，仍须回归市场分析，在相关的市场认定其市场力量。具体而言，应先行检视许可协议的限制条款是否属于“专利法”上行使权利的正当行为。若为正当行为，则依“公平交易法”第 45 条的规定进行处理；若形式上正当行为，但实际上已超越了行使权利的正当范围且违反了保护技术许可制度的意旨时，应根据处理技术许可协议案件的分析步骤及审查考量事项进行分析。

第一，应考量许可协议对相关市场（relevant market）所有生产的限制竞争效果。除相关商品市场外，还应考量技术许可协议对于相关技术市场和相关研发市场可能或真正所产生限制竞争或不公平竞争的影响。

第二，在具体的限制行为上，《处理原则》借鉴和吸收了日本《禁止垄断法》对技术许可协议中限制竞争条款的分类规制方法，区分了“不违反公平交易法事项之例示”和“技术授权协议禁制事项例示”，体现了“公平交易委员会”在处理技术垄断案件时对执法效率和执法公正性的权衡。《处理原则》列举了 11 项不违反“公平交易法”的事项，包括对许可实施范围的限制、[①] 对许可实施期限的限制、[②] 根据商品制造数量支付许

① 当许可人从事许可行为时，可使生产要素相结合，以增强该知识产权对经营者与消费者的价值并产生鼓励研发的更大诱因。从许可范围划分制造、使用、销售的许可对被许可人的限制，亦有激发知识产权创新效应、鼓励发明的作用。鉴此，这种排他性的许可安排一般对市场竞争影响不大。对被许可人而言，不必过分强调其对该知识产权的商业化开发，亦可避免其他竞争者“搭便车”带来的外部不经济效果。同时，对许可实施范围的限制亦会增加许可人从事许可行为的意愿，提升技术扩散的效果。因此，对许可范围的限制尚无违反“公平交易法”之虞。

② 专利许可协议在专利有效期间内或技术秘密许可协议由于非可归因于许可人的事由，导致许可的技术秘密丧失秘密性而被公开前，对许可协议合理期间限制所属知识产权行使合理范围的做法并不违反“公平交易法”的规定。

可费的义务、[①]专利权消灭后的使用限制以及许可实施费用支付的义务、[②]回馈授权、[③]约定被许可人应尽其最大努力制造和销售许可商品、[④]保密义务、[⑤]数量限制、[⑥]要求被许可人就许可技术的商品、原材料、零件等应维持一定品质的义务、[⑦]禁止再许可义务[⑧]以及许可协议期满后不得再使用的

---

① 根据特定商品的制造数量支付许可实施费用的义务。若许可技术属于制造过程的一部分或属于构成整体的一个零件，在计算有关技术的许可实施费用时为了计算上方便，在无其他合理的计算方法时，可以依据使用许可技术生产的最终商品的制造、销售数量或以制造许可技术商品的必要原料、零件的使用量或使用次数作为其计算许可实施费用的基础。这种计算方法属于知识产权行使的合理范围，并不违反“公平交易法”的规定。

② 专利权消灭后的使用限制及许可实施费用的支付义务。根据专利法的相关规定，专利保护期届满或技术秘密被公开后，任何人均可自由使用该技术。若许可双方约定以分期付款或是以使用后再支付许可实施费用的方式支付技术许可实施费用，则即使其给付许可实施费用时专利有效期限业已届满或因非可归责于许可人的事由致技术秘密被公开，被许可人不得以此理由拒绝支付许可实施费用，此属知识产权行使的合理范围，并不违反“公平交易法”的规定。

③ 回馈授权。许可协议中约定双方日后获得研发的各项信息，凡有助于许可协议双方进一步利用许可标的的改善或提升经济效益的，若以非专属之方式回馈许可予原许可人的，并无违反“公平交易法”规定之虞。

④ 技术许可协议约定被许可人应尽其最大努力制造、销售许可的商品，属知识产权行使的正当行为，是专利或技术秘密许可协议对被许可人的客观要求，原则上并无限制、排除竞争的作用。这种限制条款并不会违反“公平交易法”的规定。

⑤ 保密义务。由于技术秘密因其秘密性而具有实际或潜在的经济价值，且为许可人采取合理的保密措施，有关技术秘密的许可协议要求被许可人负有保密义务的协议安排较为常见，属于知识产权行使的合理范围。这种限制虽会产生若干限制竞争效果，但其对市场竞争秩序影响不大，并不会违反“公平交易法”的相关规定。

⑥ 限制制造数量或使用次数最低数量。所谓数量限制，是指被许可人被要求在生产某些商品时，被限制必须生产多少数量。数量限制通常可分为最低产量限制与最高产量限制。一般限制最低产量并不会构成违法，主要是因为专利权人之所以愿意许可，就是希望被许可人能善加利用许可技术。若产量太少，则不符合许可人对许可技术的预期经济利益，而不愿意将许可技术予以扩散，有碍保护许可技术的基本宗旨，并不违反“公平交易法”的规定。

⑦ 为保证许可技术的效用、保持商标信誉，对专利商品、原材料、零件等品质的限制不会对市场竞争秩序造成太大负面影响。

⑧ 禁止让与或被许可人不得就许可的专利或技术秘密为移转或再予许可行为，属于知识产权行使的合理范围，并不违反“公平交易法”的规定。

限制[①]等内容。

新修订的《处理原则》合并了适用本身违法原则的技术授权协议禁制事项例示与适用本身违法原则的技术授权协议禁制事项例示，仅列举了限制被许可人于技术许可协议期间或期满后就竞争商品的研发、制造、使用、销售或采用竞争技术；[②]为达区隔顾客的目的或与许可范围无关，而限制被许可人技术使用范围或交易对象；[③]强制被人购买、接受或使用其不需要的专利或专门技术；[④]强制被许可人应就许可的专利或技术秘密所获得的改进以排他方式回馈予许可人；[⑤]许可的专利消灭后或专门技术因非可归责被许可人的事由被公开后，许可人限制被许可人自由使用系争技术或要求被许可人支付许可实施费用；[⑥]限制被许可人就其制造、生产许可商品销售

---

① 限制技术秘密于许可协议期满后不得再使用，属于知识产权行使的正当行为。原则上并无限制竞争作用，并不会违反“公平交易法”的相关规定。

② 许可专利权消灭后或许可技术秘密因非可归责于被许可人的事由公开后，任何人均可自由使用该技术。但需要注意的是，许可人就该技术并无限制使用或要求支付许可实施费用的权限，若其对被许可人实施前述的诸项限制，对系争技术的商品市场或技术市场的竞争秩序产生了限制竞争或妨碍公平竞争的情形，则将违反“公平交易法”。

③ 为达区隔顾客之目的，技术许可协议规定须使用特定销售方式、限制许可协议相对人技术使用范围或交易对象的限制安排会对市场竞争产生一定的限制或不利影响，许可协议人一旦实施这种对特定市场具有限制竞争或妨碍公平竞争限制的许可安排，则会产生违反“公平交易法”之虞。

④ 搭售许可，是指在一项许可协议中，被许可人除许可标的外，尚需购买或接受与许可标的无关的其他产品或服务或至少承诺不向特定相对人取得其他商品或服务。若在一系列专利中，被许可人只需使用其中的部分专利，而许可人则强制被许可人必须接受整组专利，被许可人不得不接受其原本不需要的许可专利。若符合前述搭售许可的构成要件，则该搭售许可的限制条款具有限制竞争的效果。

⑤ 技术许可协议的许可人强制要求被许可人以排他方式回馈许可可能降低当事人的技术创新意愿，缺乏从事后续研发工作的激励。这种限制若对特定市场产生限制竞争或妨碍公平竞争的负面效果，则将违反“公平交易法”的相关规定。

⑥ 如前所述，许可的专利权消灭后或许可的技术秘密因非可归责于被许可人的事由公开后，任何人均可自由使用该技术。但许可人就该技术并无限制使用或要求支付许可实施费用之的权限，若其对被许可人为前述的限制安排，对系争技术的商品市场或技术市场的竞争秩序产生了限制竞争或妨碍公平竞争的情形，将违反“公平交易法”的相关规定。

与第三人的价格；[1]限制被许可人争执许可技术的有效性；[2]拒绝提供给被许可人有关许可专利的内容、范围或专利有效期限等；[3]专利许可协议在专利有效期间内，于我国领域内区分许可区域的限制或专门技术许可协议在因非可归责于许可人的事由，致使许可的技术秘密丧失秘密性而被公开前对专门技术所为区域的限制；[4]限制被许可人制造或销售商品数量的上限，或限制其使用专利、专门技术次数的上限；[5]要求被许可人必须透过许可人或

---

① 当许可协议当事人间为横向竞争关系时，若技术许可协议当事人间以协议或其他方式的合意，共同决定许可商品的价格，相互约束当事人间的经营行为，足以影响特定市场的市场秩序时，这种许可协议的限制就将违反"公平交易法"。

② 不争执条款，是指在专利许可协议中许可人要求被许可人不得提出该许可专利权无效。技术许可协议中规定被许可人不得争执许可技术的有效性，而一项技术是否应给予专利，属于专利制度的问题。若一项不应获得专利，因审查单位一时不察而误予专利，法律上将来皆可能被撤销，不应获得专利的技术而获得专利，对社会公益必形成极大的负面影响，而被许可人给付技术许可费，当然要以取得合法有效的专利为目的。既然专利已有瑕疵，则不应强求被许可人接受这种限制条款。这与在技术秘密权协议中许可人要求被许可人不得争执技术秘密是否为外界所周知的情形一样。若许可人对被许可人施加这种限制条款并对相关市场产生限制竞争或妨碍公平竞争的负面效应，就将违反"公平交易法"。

③ 根据技术许可协议，技术许可协议许可人对于其所为许可协议标的的内容、范围或其所有专利的有效期限等基本信息，应主动提供给被许可人，以践行合同履行的主要义务。若许可人在许可协议商定技术许可费过程中，拒绝提供被许可人有关许可专利的内容、范围或专利有效期限等基本信息即径行专利权的追索，即有利用其知识产权所有市场的优势地位，迫使被许可人接受许可协议的嫌疑。若许可人实施这种限制行为对相关市场产生了限制竞争或妨碍公平竞争的负面效果，则将违反"公平交易法"的相关规定。

④ 区域限制，是指在专利许可中，限制或分配被许可人只能在某些特定地区使用许可的专利。单纯限制许可专利使用区域，即指定专利使用的地理范围。许可协议就许可区域所实施的限制仍需依合理原则加以判断，如是否对相关市场产生限制竞争或妨碍公平竞争的负面效果。

⑤ 数量限制，是指被许可人被要求在生产某些商品时，被限制必须生产多少数量。如前所述，数量限制通常可分为最低产量限制与最高产量限制。若技术许可协议许可人要求被许可人制造或销售商品数量的上限，或限制其使用专利、技术秘密次数的上限，则是否有限制竞争或妨碍公平竞争之虞，应依合理原则加以判断。

其指定经营者销售；[①]不问被许可人是否使用许可技术，许可人径依被许可人某一商品之制造或销售数量，要求被许可人支付许可实施费用[②]等12种适用合理原则的情形，体现了《处理原则》因技术许可协议实务发展而不断调整的过程，仅对具有竞争关系的许可协议双方当事人间以契约、协议或其他方式的合意，共同决定许可商品的价格，或限制数量、交易对象、交易区域、研究开发领域等，相互约束当事人间的经营行为，足以影响相关市场功能的情形予以关注和审查。

---

① 对交易相对人限制也是搭售的一种表现方式。如前所述，搭售可能会产生一定的反竞争效果，但是有时搭售也会有提升竞争的效率或是产生促进竞争的效果，仍需以合理原则判断许可人是否就许可标的具有市场支配地位、搭售许可协议是否对搭售标的的相关市场产生不利的竞争影响以及搭售许可协议所衍生的经济效益是否低于其所产生限制竞争的效果等要件。若涉案搭售许可协议对相关市场具有限制竞争或妨碍公平竞争之虞，则可能违反“公平交易法”的相关规定。

② 对于技术许可人而言，通过许可技术获得的经济收益可分为自行利用该技术获得的收益与许可他人使用获得的收益。在许可他人使用时，许可人通过向被许可人收取许可实施费用来满足其经济预期。但许可人企图将其权利扩张，延伸至专利法定保护范围之外来行使，则可能构成权利滥用。于技术许可协议中不论被许可人是否使用许可技术，许可人强制被许可人特定商品的制造或销售数量并要求被许可人支付许可实施费用，若对特定市场具有限制竞争或妨碍公平竞争之虞，则可能违反竞争法的相关规定。若许可协议是为了双方商业上的便利，非因许可人强制要求，则这种依照特定商品的制造数量要求支付许可实施费用的限制许可安排并非当然违反竞争法的规定，仍应根据合理原则加以判断。

第二章　技术许可领域相关市场界定的法学解构

第一节　相关市场的基本范畴

一、竞争与市场的关系

竞争是市场经济中的基础性机制（basic mechanism）。竞争能够鼓励市场内的经营者以合适的价格为消费者提供需要的产品，鼓励技术创新以提升市场竞争力以及社会的整体科技水平。虽然在市场经济模式与自由平等理念尚未普及的年代，竞争尚是一个非常生僻的概念，但随着人类社会文明程度的不断提升，竞争逐渐深入到社会生活的各个角落，它被赞誉为"人类的改造者，创造财富、消灭贫困、减少阶级差别和保障自由的新普罗米修斯"，[①]虽然普通民众、经营者、各国政府乃至国际组织对于竞争的理解不尽一致，但有一点共识不容置疑，即"任何竞争都发生于具体的市场关系中"。[②]反垄断法语境下的竞争同样与具体的市场关系密切相关，这是因为考察某个经营者的某种行为对竞争的影响，必须首先明晰与该行为

---

① [美] 格伯尔:《二十世纪欧洲的法律与竞争——捍卫普罗米修斯》，冯克利、魏志梅译，中国社会科学出版社 2004 年版，第 18 页。

② 许光耀:《欧盟竞争法通论》，武汉大学出版社 2006 年版，第 40 页。

有关的市场关系以及由这些市场关系所构成市场的范围。这个市场在反垄断法中拥有一个特定的名称——相关市场（relevant markets）。正如博登海默所言“概念乃是解决法律问题所必需和必不可少的工具，若无限定严格的专门概念，我们便不能清楚地和理性地思考法律问题”。[①] 因此，明确相关市场的内涵对我们解决被称为“人类智慧黑洞”[②] 的相关市场问题多有裨益。

二、相关市场内涵的多元性

反垄断法规制的主要对象是经营者破坏市场公平竞争的垄断行为，所以如何确认经营者所处的市场范围是反垄断法得以科学实施的重要前提。但相关市场界定是一项技术性很强的执法环节，其科学性更多地源自实践经验的积累，因此各国反垄断法在相关市场界定中的法律术语存在一定差异，有的直接使用“市场”一词代称，有的称为相关市场，还有的称为特定市场；从学科角度来看，市场范围在法学和经济学语境中的含义也不完全一致；在具体适用时，随着案情的不同，市场范围又会出现商品市场、地理市场、时间市场、技术市场、研发市场等衍生概念。虽然这些概念之间存在密切联系，甚至一定程度上可以相互替换，但法律术语使用的不规范仍会造成实践中的困扰。为了明确这些概念的具体含义、阐释相关市场在反垄断法律文本中的重要作用，对反垄断法律文本进行分析就显得尤为必要。因此，本书以“市场”为关键词，对其在《反垄断法》《关于知识产权领域反垄断执法的指南（起草修订第五稿）》《禁止滥用知识产权排除、限制竞争行为的规定》等文本中的出现频率做统一分析，并分别说明“市

① ［美］博登海默：《法理学：法律哲学与法律方法》（第 2 版），邓正来译，中国政法大学出版社 2004 年版，第 504 页。

② George J. Stigler, *The Economist as Preacher and Other Essays*, The University of Chicago Press, 1982, p.168.

场”在文本中的具体含义，进而阐释相关市场在反垄断法实施中的重要作用。

“市场”一词在我国反垄断法中一共出现52次，其中包含“相关市场”13次，分布范围涵盖了全部五个章节。依照其出现的频率，第三章“滥用市场支配地位”最多，共计27次；第一章“总则”名列第二，共计11次；第四章“经营者集中”排名第三，共计8次；在第二章“垄断协议”、第五章“滥用行政权力排除、限制竞争”和第五章“法律责任”中分别各出现了3次、2次和1次。

而“市场”一词在《关于知识产权领域反垄断执法的指南（起草修订第五稿）》中一共出现77次，其中包含“相关市场”35次，分布范围涵盖了知识产权领域反垄断执法全部六个分析步骤。[①] 在出现频率上，第二章“知识产权领域反垄断执法的基本分析框架”中最多，共计39次；第三章“一般类型的知识产权行使行为的反垄断分析”次之，共计24次；第四章“若干特定类型的知识产权行使行为的反垄断分析”列第三，共计12次；第一章“总则”部分仅出现2次。

而“市场”一词在《禁止滥用知识产权排除、限制竞争行为的规定》

---

① 指南第五稿中就知识产权领域反垄断执法问题给出了一般的分析步骤，主要包括：1.确定经营者行使知识产权行为的性质和表现形式；2.确定行使知识产权的经营者之间相互关系的性质；3.界定行使知识产权所涉及的相关市场；4.认定行使知识产权的经营者的市场地位；5.分析经营者行使知识产权的行为对相关市场竞争的影响；6.如果经营者行使知识产权行为排除、限制了相关市场的竞争，则进一步考察该行为的有利影响以及该有利影响是否大于排除、限制相关市场竞争所造成的不利影响。其中直接涉及相关市场和市场范围的步骤有四个，为步骤3～6。虽然步骤1、2并不直接涉及相关市场和市场范围，但在具体的分析中也可能与之发生关联，如在实践中存在通过知识产权的取得或者独占性许可减少相关市场竞争者的数量的情形，此时在评价知识产权行为对竞争的影响时就与相关市场发生了间接关联；另外，经营者间的相互关系与市场地位对竞争也会产生一定影响，在指南第五稿第十二条中就规定“为提高效率，节约执法资源，国务院反垄断执法机构在分析行使知识产权行为对竞争的影响时着重关注具有竞争关系的经营者和具有或者共同具有较高市场份额的经营者”。

中一共出现52次，其中包含“相关市场”16次，分别涉及界定基本概念的第3条、适用垄断协议例外情形的第5条、确立市场支配地位的第6条、认定必要设施的第7条、列举不得利用专利联营实施排除、限制竞争行为具体情形的第12条、规定不得利用专利保护期届满或侵权警告函排除、限制竞争的第15条、规定认定经营者涉嫌滥用知识产权排除、限制竞争行为步骤的第17条、规定认定经营者行使知识产权的行为对竞争影响因素的第18条。

这些“市场”虽然出现在同一部门的法律文本中，但其含义各有侧重，并不完全一致，一般可将其分为以下几类：

1. 一般语义上的“市场”。例如，我国反垄断法第1条将“保护市场公平竞争”和“促进社会主义市场经济健康发展”设定为该法的基本宗旨和目标；第五条概括经营者的基本权义时认为“经营者可以通过公平竞争、自愿联合，依法实施集中，扩大经营规模，提高市场竞争能力”。这两个法条中出现的三个“市场”，均可视为一般语义上的“市场”。

2. 具有地缘特征“市场”。例如，我国反垄断法第33条在描述滥用行政权力限制、排除竞争时规定，“对外地商品规定与本地同类商品不同的技术要求、检验标准，或者对外地商品采取重复检验、重复认证等歧视性技术措施，限制外地商品进入本地市场”；指南第五稿第6条在描述指南适用范围时也规定，“在中华人民共和国境外滥用知识产权，排除、限制竞争的行为，对境内市场竞争产生排除、限制影响的，适用本指南”。此处的“本地市场”和“境内市场”就包含有鲜明的地缘特征。

3. 经济学意义上的“市场”。例如，我国反垄断法第19条第1款就规定“一个经营者在相关市场的市场份额达到二分之一的”可推定其具有市场支配地位；指南第五稿第十一条规定“行使知识产权行为对竞争产生或者可能产生的不利影响，可以表现为对既有竞争的排除、限制……也可以表现为对潜在市场竞争的排除、限制……”在条文中出现的“市场份额”

和“市场竞争”属于标准的经济学术语，其中包含的“市场”自然属于经济学意义上的“市场”。

4. 反垄断法语境下的“市场”。例如，我国反垄断法第 17 条第 7 款描述了国务院反垄断执法机构认定“其他滥用市场支配地位的行为”的概念；第 18 条列举了若干认定经营者具有市场支配地位所应当依据的因素；指南第五稿在第 7 条第 4 款中将“认定行使知识产权的经营者的市场地位”规定为分析知识产权领域反垄断执法的一般步骤。这些法条中出现的“市场”虽未直接使用“相关市场”概念，但其内涵与相关市场完全吻合，属于反垄断法语境下的“市场”。

我国属于反垄断法后发国家，反垄断法律制度刚刚建立，实践中更多地是以引介域外先进经验为主，虽然对部分明显存异的术语在立法中作出了统一规定，但在反垄断法律文本中仍存在对术语理解混乱的现象。通过文本分析厘清“市场”概念在这三个法律文本的内涵，有助于在实践中做到有的放矢地使用。但更重要的是，通过文本分析证明了相关市场以及具有相关市场内涵的“市场”概念在技术许可反垄断法律文本和实施中的重要作用。

三、相关市场的基本内涵

在 1911 年 Standard Oil 公司诉美国联邦政府案[①]中，联邦最高法院使用了“贸易或通商的任何领域”（business or trade of any field）的术语来描述 Standard Oil 公司实施垄断行为的范围，这也是相关市场概念在美国反垄断实务中的雏形。而相关市场作为判案依据被明确使用则始于美国联邦政府诉 Columbia Steel 公司案。[②]在 1968 年颁布实施的《合并指南》（Merger

① Standard Oil Co. of New Jersey v. United States, 221 U.S.1 (1911).

② United States v. Columbia Steel Co., 334 U.S. 862; 68 S Ct 1525; 92 L Ed 1781 (1948).

Guidelines)中，则首次介绍了相关市场的内涵及界定方法。值得注意的是，该指南并未选择“相关市场”或“相关市场界定”等术语作为标题，而是使用了“市场界定”(market definition)。[①] 这种安排也被后续指南所沿用，如在 1982 年颁布实施的《合并指南》中也未直接使用“相关市场”这一术语，而是规定“司法部将使用下述标准界定和测量各参与合并公司的各产品或服务（统称‘产品’）所在的市场”。这种术语安排与美国反垄断事业的发源不无关联。事实上，经济学对垄断问题的关注远早于法学，从以 Antonie Augustin Cournot、Alfred Marshall 为代表的古典经济学到以 Joe S.Bain、Edward S.Mason、Richard Caves 为代表的产业组织理论，经济学对市场与垄断行为的研究已经获得了丰硕的成果和广泛的实践应用，而受到产业组织理论深刻影响的美国反垄断法也直接移植了“市场”一词。得益于美国反垄断法律制度的广泛影响，许多后发国家在建立反垄断法律制度时也借鉴了这一做法。但是“市场”在这两个学科语境下的内涵并不完全相同，如在经济学市场中，供给弹性[②]较小的生产者被排除在反垄断法市场之外时，则经济学市场范围大于反垄断法市场；若供给弹性较大，经济学市场以外的卖方此时采用高于竞争价格水准的产品价格，则有可能被纳入反垄断法市场范围之内。因此，需要格外注意“市场”一词的使用语境，避免因内涵的差异而造成界定结果的误差。

从词语学角度分析，相关市场属于偏正结构，“相关”在语义上是指两个以上事物彼此关联、互相牵涉的关系。在反垄断法语境下，“相关市场”中的“相关”是充当修饰成分的，泛指与市场范围有关的各种因素，如 1968 年美国《合并指南》就曾规定“市场界定程序的结果是识别数个恰当的市场，用以测试特定合并可能产生的竞争影响”，这是从结果的角

① 1968 年《合并指南》第 3 条规定，对一项兼并可能的竞争效果做理性评估通常需要界定一个或数个相关市场。U.S. 1968 Merger Guidelines.

② 弹性是经济学中广泛使用的概念，供给弹性是指供给受价格影响而变化的幅度。

度描述“相关”；1984年美国《合并指南》也指出“指南中的界定标准旨在确保司法部能够分析一项合并在经济意义上的市场内可能的竞争影响”，这是从目的的角度描述“相关”，1992年、1997年美国《合并指南》也基本延续了这种描述方式；而1982年美国《合并指南》曾规定“理论上，与合并评估有关的供需力量均可被纳入市场界定之中”，这是从内容的角度描述“相关”。随着反垄断法基础理论和产业组织理论的不断发展，对相关市场的认识也日趋科学。无论是从目的角度、结果角度还是内容角度，“相关”的内涵都越发清晰准确。

而“市场”则属于被前者修饰的中心词语。因此，明确市场的内涵才是理解相关市场的关键。但市场的内涵常因不同研究主题、分析对象及适用语境而用作不同解释。除了宏观上“市场经济”的抽象含义，一般语义上的市场是指商品交易的场所或区域，前者如住宅区附近的农贸市场，后者如专为证券买卖、流通而形成的证券交易市场。新古典经济学家马歇尔将市场定义为“一个相同品质产品价格趋于相同的区域”。他还进一步指出“市场”并不是“买卖东西的任何场所，而是买者与卖者能够相互自由地交往，得以使相同财货的价格容易而且迅速相等的整个区域”。[①]交易双方若通过集贸市场、公开的价目表以及其他方法彼此保持密切联系，则仍可以形成一个市场，并不要求一定具有有形的场所。对于同一市场内的产品价格特性，马歇尔进一步指出“一个市场越趋于完全竞争，在市场的各区域内对于同样东西，在同一时间，支付同一价格的趋势愈强烈。假如市场很大，自然要除去对不同顾客所支付的货物运送费，购买者每个人除了市场价格外，还要加付个别的运费”。[②]

随着时代的进步，新古典经济学理论已难以应对现实经济生活中出现

① [英]阿尔弗雷德·马歇尔:《经济学原理》，周月刚、雷晓燕译，中国城市出版社2010年版，第4页。
② [英]阿尔弗雷德·马歇尔:《经济学原理》，周月刚、雷晓燕译，中国城市出版社2010年版，第5页。

的新情况。经济学家遂放宽产品差异化的假定，认为相同市场内经营者生产的产品与其竞争对手的产品仍有差别。经营者对于自有产品的价格皆有一定市场力量。这种产品差异化理论的引入使得原本产品物理性相似的产品即属同一市场，物理性质不同则属不同市场的判断标准不再适用。在此情形下，两个产品可能因包装、性质等条件的差异而被消费者视为不同的产品。鉴此，仅有消费者才能判断哪些产品被认为具有功能上的替代性，哪些产品系属同一市场而彼此相互竞争。替代性标准的变化催生了替代链缺口（gap in the chain of substitutes）概念的产生。从需求角度来看，当某一产品的价格上升引起另一产品需求量增加时，则此两产品属同一市场。这是因为消费者之所以由一产品转向选择价格上相对较低的另一产品是由于这两个产品皆能满足购买者的需求，因此这两个产品间具有竞争性质，应视为同一市场内的产品。从供给角度来看，若某个产品的价格上升能够引发另一产品的产量增加，则证明两个经营者的生产性质、机器设备、技术水平相近，可以在经济无损失的情况下转换生产形态，亦即此两个经营者在产品的供给上具有一定程度的竞争性。

针对替代链缺口概念在实际运用上的诸多限制，经济学家 Kenneth D. Boyer 提出通过市场力量运作的范围来定义市场的“假想卡特尔”（ideal cartel）概念。[①] 这是由某个经营者的某项产品或一个产品群出发，对其相近的产品逐步形成足以控制顾客的卡特尔，亦即当假想卡特尔内的产品价格上升时，消费者不会转移向卡特尔以外的经营者购买。由于 Kenneth D.Boyer 是以市场经营者的市场力量运作范围作为分析基础，因此该定义与反垄断法所欲划定的市场范围相一致，因此一般皆称其为反垄断市场，以区别于完全依赖经济理论所定义的“市场”。不过以此方法界定的市场范围可能非常宽泛。这是因为其不但包含所有密切的替代品和关系较

① Kenneth D. Boyer, “Is There a Principle for Defining Industries”, 50 *S. Econ. J.* 761 (1984).

远的替代品，而且一些在价格变动微小时不会被认定为替代品，仅在价格变动较大时才有可能被购买的产品也会被纳入同一市场。美国司法部（Department of Justice）1984 年公布的《合并指南》中指出“市场如同一个产品群，而假设经营者是那些产品现在与未来的唯一销售者，它能在保持利润的情况下强制小幅但显著且持续地提高价格”。[①] 与 Kenneth D.Boyer 提出的“市场”概念相似，美国司法部通常由一涉案产品出发，然后加入消费者认为在现行价格上具有替代性质的产品。司法部假设涉案产品小幅但显著且持续地增加时，会有多少消费者转而购买其他的替代产品。若有很多消费者离开，将使该经营者价格上升的结果无利润可图，并表明此时的市场范围太小，需要重新界定相关市场，直到大部分消费者不再转向购买其他替代品为止，而这一群组的产品即被认为构成一个相关商品市场。

与经济学语境中着重于套利行为分析的“市场”概念不同，反垄断市场是指反垄断法实施时判断个案产品或服务竞争关系的市场范围。反垄断法的研究更着重于市场力量。通过讨论影响市场力量的所有因素来寻找相关市场界定的基础方法。两种语境下的“市场”概念或有对应关系，但市场范围并不完全相同。反垄断市场可能大于也可能小于对应的经济市场。经济市场内供给弹性较小的经营者若被剔除在反垄断市场之外，则经济市场大于反垄断市场；相反地，原非在经济市场内的生产者，很可能在价格高于一般价格水平时，因供给弹性够大，而被包含在反垄断市场内，此时则是反垄断市场大于经济市场。“市场”概念虽有其经济学及理论上的重要意义，但将其应用在反垄断法规制垄断行为的分析实务上，对于界定相关市场的范围仍存有许多困难。

---

① U.S. 1984 Merger Guidelines, Section 2.

第二节 相关市场界定在技术许可领域反垄断法实施中的作用

明晰了相关市场的内涵，有助于更好地理解相关市场界定在技术许可领域反垄断法实施中的重要作用。无论从文本还是从路径的角度进行分析，相关市场均在反垄断法的实施中发挥着重要作用。技术许可垄断案件是禁止滥用市场支配地位案件的一个子集，特指具有支配地位的经营者利用包含限制竞争条款的技术许可协议，实质性地限制、排除市场竞争，损害消费者利益或巩固其支配地位而受到反垄断法规制的案件。作为案件处理争议最大的部分，相关市场界定在反垄断法规制技术许可垄断行为的过程中获得了充分应用。

一、技术许可反垄断规制原则的适用与相关市场界定

在技术许可垄断案件中，经营者在技术许可协议中设置的限制竞争条款一般遵循两种不同的规制原则，即合理原则（rule of reason）和本身违法原则（illegal per se rule）。在这两种原则的适用中相关市场界定发挥着重要的作用。

1. 适用合理原则的限制竞争条款。合理原则是反垄断案件认定垄断行为时所采用的判断原则，最初由美国联邦最高法院于 Standard Oil 公司诉

联邦政府案中确立。[①]在适用本原则时，原告应先行举证证明被告的某项行为限制竞争，且无合理理由；而被告则无须就其限制行为作先行合理理由之抗辩。适用合理原则时，判断某项行为是否合法，应首先考虑其是否促进或阻碍竞争。因此，除判断被告行为对市场竞争的影响外，还需进一步分析是否可用其他方式实现刺激竞争的效益。一般来说，尽管包含有若干限制竞争条款，但技术许可协议仍具有一定提升社会福利和推动市场竞争的效果，因此，不应一概否定其积极作用，需要适用合理原则并结合具体案情进行合理分析。

虽然在技术许可垄断案件中，合理原则赋予了反垄断司法机关一定的自由裁量权，但其重点仍侧重于判断被告的限制竞争条款对市场竞争造成的影响，这种影响是与相关市场的范围密切相关的。通过界定相关市场，分析原被告双方的竞争关系、被告的市场占有率、市场力量、相关市场的市场结构。鉴此，执法机关需对涉案的相关市场进行准确界定，并且评估该条款的设置对相关市场内竞争秩序的影响程度。若对相关市场内竞争秩序不具有重大影响或虽有损害但影响轻微，且被告的行为乃依照该市场正当合理的商业惯例，则可根据合理原则排除反垄断法之非难。

2. 适用本身违法原则的限制竞争条款。由于合理原则在反垄断实务

① Standard Oil Co. of New Jersey v. U.S., 221 U.S.1（1911）. 但合理原则的思想早在1711年Mitchell诉Reynolds案中就已经产生。该案源于面包商Mitchell将自己的面包店租给被告Reynolds，期限为5年，并约定在此期间内面包商Mitchell不得在当地从业。面包匠随后违背了自己的合同诺言，原告Reynolds遂将面包商告上法庭，并诉称:（1）面包店的租赁交易实际上包括了面包店铺面的租赁和与之不可分割的面包店经营权买断这两个方面。（2）被告同意了交易条件，并且接受了原告所支付的对价。被告面包商则认为法院宣布租赁合同中的竞业禁止条款无效。主审法官帕克在运用平衡原则对案情进行分析后，认定租赁合同中的竞业禁止条款合法有效。帕克法官指出，在法院决定是否支持限制性条款时，必须对诸如个人的工作权利、公众要求有不受限制的竞争环境的权利、缔结合同的权利等各个方面的因素加以综合考量。帕克法官还把限制性约定加以区分，指出全面限制或曰一般限制以限制从业为目的，因而是违法、无效的；而在时间和空间上界定明确、合理的部分限制或曰具体限制，如果有合理的对价，则是合法、有效的。Mitchell v. Reynolds（1711）1 P. Wms. 181.

中存在适用标准不确定的问题，且认定过程复杂冗长，司法机关遂根据长期的反垄断实务经验衍生出新的认定垄断行为的判断原则，即本身违法原则。该原则将那些对市场竞争产生明显妨碍效果，且无任何促进竞争之功能的类型化限制竞争行为视为当然违反反垄断法的行为而进行处理的原则，适用该原则的典型限制行为包括固定价格、[①]分割销售市场、[②]联合抵制、[③]转售价格维持[④]等。适用本身违法原则的限制竞争条款是指那些反竞争性以及对消费者和市场竞争秩序的恶性效果（pernicious effect）十分突出、易于辨认，且未提供任何补偿性价值（redeeming value），以致在事实上无须进行个案分析即可认定其违法性的特定条款。当适用本身违法原则时反垄断当局无须启动界定相关市场范围的法律程序即可认定其违法性。当然，适用本身违法原则规制特定的限制竞争条款时仍存在受该条款影响的相关市场范围，只是基于提高执法效率和降低执法成本的考虑而免去了相关的界定步骤。

二、市场力量的衡量与相关市场界定

根据民法意思自治原则，技术供需双方可根据双方合意自行订立技术许可协议的内容。因此，技术许可方设置限制竞争条款并不必然引起反垄断执法机关的关注。反垄断法禁止的是具有市场支配地位的技术许可方滥用其市场力量的行为。市场力量在反垄断法中被视为影响、改变或破坏市场竞争秩序的能力；而从经济学角度分析，市场力量是指经营者能够通过减少产出，将其产品价格提高至竞争性水平以上，从而增加利

① United State v. Socony - Vacum Oil Co., 310U.S. 150 (1940).

② United State v. Consolidated Laundries Corp., 291 F. 2d 563 (2d Cir 1961).

③ Northwest Wholesale Stationers, Inc. v. Pacific Stationery and Printing Co., 472 U.S. 284(1985).

④ Dr. Miles Medical Co. v. John D. Park & Sons Co., 220 U.S. 373 (1911).

润的能力。[①]市场力量的本质即为特定经营者所面对的剩余需求弹性，即市场需求弹性与参与竞争的经营者供给弹性之差。当市场需求弹性不变时，市场内参与竞争的经营者越多或其他参与竞争的经营者供给弹性越大，则特定经营者的剩余需求弹性越大。另外，当特定经营者垄断该产品市场，且不存在其他潜在竞争者时，特定经营者的剩余需求弹性与市场需求弹性相同。[②]在完全竞争市场假设中，市场上产品的售价是与参与竞争经营者的边际成本一致的。当经营者的产品售价高于其边际成本时，便可推知该经营者并非处于完全竞争市场之中。鉴于此，可根据经济学对市场力量的推论，利用经营者产品售价和获利状况的绩效方法直接衡量经营者是否拥有市场力量。直接衡量市场力量的绩效方法主要包括勒纳指数和贝恩指数。勒纳指数通过测量产品价格偏离边际成本的程度，并衡量剩余需求弹性的大小，进而推测特定经营者所拥有的市场力量。当经营者处于完全竞争市场时，其售价等于边际成本。因此，若勒纳指数为零，则特定经营者不具有市场力量。唯当产品价格高于边际成本时，若产品价格与边际成本之差越小，勒纳指数越小，表示剩余需求弹性越大，市场力量也就越小。反之亦然，若产品价格与边际成本之差越大，勒纳指数越大，剩余弹性需求越小，则特定经营者所拥有的市场力量越大。贝恩指数则利用特定经营者的超额利润来判断其市场力量。若市场中存在持续的超额利润，可作为特定经营者拥有市场力量的佐证，其利润越高，则市场力量越大。在不完全竞争市场，短期的超额利润是诱使潜在竞争者进入市场的主因。当潜在竞争者进入市场并参与竞争后，市场将恢复竞争状态，对市场竞争并无损害。唯特定经营者可维持长期超额利润时，则该市场可能存在较高的市场门槛，特定经营者也借由此拥有市场支配力量。

---

① [美] 赫伯特·霍温坎普:《联邦反垄断政策：竞争法律及其实践》，许光耀等译，法律出版社 2009 年版，第 83 页。

② 即当产品价格上升时，市场短时间内不会出现其他竞争经营者生产的替代性产品。

找寻相关市场的边界范围本身不是目的，而是一个为了考量反垄断诉讼或执法中涉嫌垄断行为真实性的机制，是分析市场结构的第一步。基于已界定的相关市场，可以进一步分析相关市场内的市场结构，进而判断被告经营者涉嫌垄断行为的反竞争效应，如该行为是否能够增强或延长市场力量。使用勒纳指数衡量特定经营者的市场力量，无须直接测量需求弹性，也免去了界定相关市场的难题，具有简单快捷的特点。但在反垄断实务中由于获取边际成本的准确数据同样十分困难，导致勒纳指数难以在实务中直接使用；贝恩指数在反垄断实务中同样存在辅助数据难以获得的问题。由于机会成本数据的获得十分困难，因此，在反垄断实务中使用贝恩指数时往往采用无须考虑机会成本的会计利润替代经济利润。但值得注意的是，机会成本反映了特定经营者将资源投入生产其他替代品时可获得的收益水平。若不考虑机会成本，则无法正确反映该经营者是否获得高于市场平均利润的超额利润。换言之，无论是通过比较经营者产品价格与边际成本来衡量其市场力量的勒纳指数（Lerner Index），抑或是通过分析经营者是否获得高额利润来衡量其市场力量的贝恩指数（Bain Index），都因相关支持数据的缺乏而陷入实用性的困境。因此，在反垄断法实务中更倾向于利用间接测定方法分析市场力量，即通过界定相关市场范围测定涉案经营者的市场占有率，进而衡量其市场力量。这种测定方法主要受到哈佛学派结构主义及其“结构—行为—绩效理论”（S—C—P 理论）的影响，认为计算经营者市场占有率是判断市场力量的关键，而界定相关市场则是计算市场占有率的前提。因此，哈佛学派奠定了相关市场界定在反垄断制度中的关键地位。市场占有率是指经营者在特定市场中产品销售额与市场总销售额之比，若要准确计算经营者的市场占有率，必须首先界定该产品的相关市场。待相关市场的范围被界定之后，再行计算经营者在该相关市场内的市场占有率。进入 20 世纪 70 年代后，以芝加哥大学为代表的芝加哥学派兴起，并主张将美国反垄断实务所奉行的严格管制彻底转变为最低限度干预。芝加哥学派认为，反垄断法应该以促进市场有效率的运行为目标，同时还应将消费者福利纳入考量。针对哈佛学派所提倡的“S—C—P理论”，芝加哥学派学者哈罗德·德姆塞茨认为，“经营者获得的高额利润源自其扩大生产规模、引进先进技术以及实施科学的管理制度。经营者较高市场占有率也是源自该经营者的市场行为和市场绩效”。[①] 因此，效率才是反垄断法的最终目的，而竞争只是实现效率最大化的手段而非目的。伴随着芝加哥学派对反垄断实务的影响越来越深，最终将市场结构由决定性因素转变为参考性因素。但值得注意的是，尽管市场结构不再是决定市场力量的决定性因素，但相关市场界定仍然在反垄断法实施中发挥着重要作用。

即使当直接衡量市场力量的方法变得可行时，反垄断执法机关或法院仍有进行相关市场界定的必要，这有助于满足执法和司法活动中对特定争议问题的需求，如从一个附带有交叉许可条款的一揽子许可协议中区别出具有市场支配地位的单个专利技术的市场力量。即使该一揽子许可协议中的部分专利技术在其相关市场内并不具有市场支配地位，他们仍可以利用与其他技术间的一揽子协议或搭售协议获得一定垄断地位。在这种情况下，每项技术仍可以获取远超过研发成本的回报，享受远超过边际成本的价格或者实施显著的差异化许可价格。例如，一个或多个具有市场支配地位的专利技术在许可协议中有能力将许可价格提升至其边际成本的 20% 以上，任何包含在该一揽子许可协议或搭售协议中的专利技术则均可享有一定潜在的市场力量，尽管没有一项专利技术能够单独的享有该市场力量。

因此，为了掌握某一单个被告经营者实施垄断行为的证据，反垄断执法机关或法院不仅必须衡量市场力量，而且应该证明其独立地掌握该市场力量。这也意味着在衡量市场力量时必须界定相关市场以判断该被告经营

① Harold Demsetz, Industry Structure, Market Rivalry, and Public Policy, Vol.16, No.1 *Journal of Law and Economics* 1 (April, 1973) .

者是否独立地掌握该市场力量。在这种情况下，相关市场的界定和市场占有率的计算远远不止是替代那些直接衡量市场力量的方法，而是一种符合执法或司法程序要求的辅助程序。

三、具体限制竞争条款的规制与相关市场界定

技术许可垄断属于反垄断法规制的特殊对象，虽然与一般滥用市场支配地位的行为有一定相似性，但更多地体现为基于技术许可限制竞争条款的特殊违法性。因此，在规制技术许可垄断行为时需要分析具体的限制竞争条款，掌握其特殊违法性的内容。以专利联营为例，专利联营是一种常见的专利许可协议，是指“两个或两个以上专利拥有者，为了能够彼此之间相互分享专利权或者统一对外进行专利许可而将专利权集合行使而形成的一系列协议，其本质是专利权人在一定范围内让渡、安排自己的排他性专利权的协议”。[①] 合理地利用专利联营能够有效提升经营者竞争力，降低交易成本，分散研发风险，提高专利的许可效率，促进技术的传播和利用。但专利联营也具有两面性，一旦具有市场支配地位的联营体被滥用就可能产生限制竞争、抑制创新的效果或危险。

虽然专利联营体成员间享有一定的排他性豁免权，在竞争中具有一定优势，但并不能由此推定该专利联营体具有市场支配地位。若联营体内的专利技术并非相关市场内的关键专利且尚有其他替代性技术存在，则此专利联营对竞争秩序的影响十分有限，并不具有市场支配地位。若联营体包含某项关键技术且具有不可替代性，甚至形成封闭式专利联营，此时专利联营即可能在相关市场内获得市场支配地位，或提升其原已存在的市场力量，而联营体内专利许可人即可借由联营体的市场支配地位排挤竞争对

① 宁立志、胡贞珍:《从美国法例看专利联营的反垄断法规制》，载《环球法律评论》2006 年第 4 期，第 469 ~ 470 页。

手，获取垄断利润。专利联营所造成的影响通常涉及数个不同的专利技术并可能对使用该专利各个市场造成一定负面影响，因此，在认定特定专利联营的违法性时需认真界定其相关市场，主要包括:（1）与该专利研发创新相关的上游市场。专利联营还可能对开发新产品或改良产品质量、改进制作流程等研发活动的竞争产生负面影响，即对与该专利研发创新相关的上游市场，该市场主要由针对研究发展特定新产品或改良产品及制作流程以及与该研发近似替代技术所构成;（2）与该专利存在竞争关系的技术市场。该技术市场是由联营体中涉案专利以及与该专利存在竞争关系且具有一定替代性的相关专利;（3）与该专利相结合商品的商品市场。这类受专利联营所影响的市场不但包含具有相似功能的各项产品，也包含许可协议所涉产品的上下游产品以及与这些产品有关的专利权;（4）被许可方的下游市场。如前文所述，专利联营对被许可方在其下游市场中的竞争也会产生一定的负面影响，如对被许可方实施地域限制、销售对象限制、价格限制或专利使用范围限制。在 Hartford-Empire 案[①]中，该专利联营体以限制产量的方式，限制了被许可方之间的竞争。由此可见，相关市场及其界定既是分析特殊违法性的工具，也是承载特殊违法性的平台，在规制具体限制竞争条款中需要格外注意。

四、反垄断案件的处罚裁量与相关市场界定

除了在技术许可反垄断规制原则、衡量市场力量以及规制具体限制竞争条款中具有重要作用外，相关市场的界定在决定罚款额度的过程中具有很强的指导意义。根据欧盟竞争法对处罚裁量的相关规定，欧盟委员会将通过评估企业在欧洲经济区相关地理市场范围内直接或间接侵权的产品或

---

① Hartford-Empire Co. v. United States., 323 U.S.386, 65 S.Ct. 815 (1945) .

服务销售额的方法确定计算具体罚款数额的起始点。① 英国的规定则更为具体和全面。英国公平贸易局在其颁布的《关于适当的罚款数额指南》中规定，“计算经济罚款水平的基线是相关营业额……即被告经营者在相关产品市场和相关地理市场内的最后一个营业年度的营业额”。② 瑞典竞争法也有类似规定，瑞典《制裁非法限制竞争条例》第 4 条就规定，“罚款金额由过去三年经营者在相关市场内已完成之营业额为基础来决定”。③

相关市场界定在反垄断私人执行案件中具有相同的作用。在 2013 年华为公司诉交互数字公司一案中，交互数字公司就其所持有的 WCDMA、CDMA2000 和 TD-SCDMA 标准中的多项标准必要专利（standard essential patent）向华为公司实施过高定价、歧视性定价和搭售行为。在本案一审阶段，深圳市中级人民法院在界定相关技术市场时，从需求替代角度未能发现与涉案专利技术具有紧密替代关系的其他技术，而从供给替代角度也仅发现交互数字公司一个供给主体。鉴于此，深圳中级人民法院审理认为，交互数字公司所持有的 WCDMA 等 3G 无线通信技术标准中的每一个标准必要专利具有唯一性和不可替代性，均构成独立的相关市场。而交互数字公司在每一个独立的相关技术市场内均拥有完全的市场份额，具有阻碍其他经营者进入相关市场或实施价格歧视的能力，因此法院依法认定了交互数字公司在相关市场中的市场支配地位，并最终结合其对华为集团实施过高定价、歧视性定价和搭售行为的相关证据，判处交互数字公司赔偿华为公司经济损失 2000 万元并立即停止其垄断侵权行为。在本案中，交互数字公司在其每一个标准必要专利构成的相关市场中均为完全垄断。相较于寡头垄断或其他类型的垄断，完全垄断所产生的市场支配地位对市场竞争

① Guidelines on the method of setting fines imposed pursuant to Article 23（2）(a) of Regulation No. 1/2003（2006/C 210/02）, Article 13.

② OFT, Guidance as to the Appropriate Amount of a Penalty（2012）.

③ Ordinance on Sanctions imposed for Unlawful Restraints of Competition（2004）, Article 4.

秩序的影响巨大，能够直接影响该相关市场内的竞争格局。虽然我国反垄断法第 47 条[①]并未明确指出计算滥用市场支配地位罚金与相关市场界定具有直接关系，但依照法理深圳中院在确定具体罚金金额时应评估数字交互集团在中美两国每一个标准必要专利相关市场从与华为公司订立之许可协议中所获得的许可费数额，并以此为依据计算出罚金的具体数额。

第三节　技术许可垄断案件的相关市场分析维度

通过分析相关市场界定在反垄断执法机关处理技术许可垄断案件各步骤中所起的重要作用，能够加深对相关市场界定工作的感性认识。但作为一项复杂且实践性很强的执法环节，相关市场界定的核心内容应通过对其适用维度的分析来实现。

一、传统有形商品垄断案件中相关市场的分析维度

在涉及传统有形商品的垄断案件时，相关市场的界定主要遵循两种基本分析框架。一种是以消费者需求为基础形成的合理替代性分析，另一种则是基于拟制的涨价行为进而判断商品之间紧密替代性的假定垄断者测试。无论是采用较为主观的通过比较商品功能、质量或地理位置的方式来判断替代性，抑或是采用较为客观的通过拟制价格上涨来识别经营者竞争行为所影响的市场范围，其核心要素在于对传统有形商品及其销售模式的把握。鉴此，两种分析框架均以有形商品为基础，以商品的价格或功能为分析对象进行识别或比较，从而形成了相关商品市场的分析维度。

① 我国反垄断法第 47 条规定，经营者违反本法规定，滥用市场支配地位的，由反垄断执法机构责令停止违法行为，没收违法所得，并处上一年度销售额百分之一以上百分之十以下的罚款。

另外，传统有形商品在经营者的经营活动中经常受到地理范围的限制或时间变迁的影响。其中，尤以地理因素对有形商品的限制最大。这是因为有形商品的销售模式决定了商品流通对相关市场范围的确定具有至关重要的作用。商品的利润和运输成本之比过低或两地之间具有特殊的市场进入壁垒就可能使原本在功能上具有紧密替代性的两件商品难以被划入同一相关市场之中。因此，在涉及传统有形商品的垄断案件时，相关市场的界定还应考察运输成本、市场进入障碍等地理因素以及季节性、产品换代等时间因素，从而形成了相关地理市场和相关时间市场的分析维度。

二、技术许可领域垄断案件中相关市场的界定维度

技术许可领域垄断案件中相关市场的界定维度与涉及传统有形商品的垄断案件中的界定维度仍有所差异。一方面，由于技术许可协议在总体上对市场竞争具有正面和积极的作用，仅在许可协议产生限制、排除市场竞争或损害消费者利益等不良影响时，才会受到反垄断法的责难。而作为技术传播和流转的主要形式，技术许可协议不再频繁的受到地理因素的影响，因而在技术许可垄断案件中，相关地理市场不再是一种常用的界定维度。同样的，由于技术以及许可协议与季节性等时间因素的关联性较弱，相关时间市场也并非技术许可垄断案件相关市场界定过程中必须适用的分析维度。另一方面，由于技术许可协议所涉分析基础不再是单一的有形商品，而呈现出多样性特点，因此必须对分析基础作进一步分析，以求适应不同分析基础对相关市场界定的需求。

首先，界定技术许可垄断案件相关市场最为常见的分析基础就是被许可的技术本身。由于技术特征和技术的无形性等原因，受技术许可协议反竞争效应影响的技术与传统有形商品在功能和价格等相关市场界定中常用的要素上具有很明显的差异。因此，需要专门设置以被许可技术为分析基础的分析维度，即相关技术市场。相关技术市场是由被许可的专利技术及

近似且足以替代此技术，且可以显著抑制该许可技术的相关技术的市场力量所组成。

其次，技术许可协议还可能会对使用被许可技术而最终形成的商品或中间商品市场产生影响。换言之，在技术许可垄断案件中，被许可技术还可能与有形商品相结合，构成相关市场界定的分析基础。这种情形也十分常见，尤其是随着科技水平的进步，商品的精细程度不断提升。一件商品可能由数个，甚至成百上千个部件构成。作为其中重要的组成部分，特定技术一旦受到技术许可协议反竞争效应的影响，也必将会对这些商品的经营活动造成负面影响。为了满足这类案件的适用需要，在技术许可垄断案件的相关市场界定过程中还需要设置相关商品市场的分析维度。

最后，技术许可垄断案件相关市场界定的分析基础还可能是尚不存在的商品或技术。这是因为技术许可协议可能会限制或排除特定领域的研发创新活动。这些研发创新活动的目标是研制新的产品或是获得新的技术成果。而以技术联营为代表的技术许可协议在涉嫌排除、限制竞争时，也会产生阻碍特定领域研发创新活动的效果。那么，在这种情况下就需要以尚不存在的商品或技术为分析基础，对以相同或近似的研发目的的研发活动进行识别，从而明确涉案技术许可协议的市场范围。

第三章　技术许可垄断案件的相关商品市场界定

第一节　相关商品市场概述

一、受技术许可协议反竞争效应影响的商品市场类型

相关商品市场包括“消费者由于产品的特征、价格和用途而视为可互换或可替代的所有商品或服务”。[①]美国2010年《横向合并指南》规定相关市场的界定一般应从商品、地理以及时间三个分析维度进行展开，而各国相关市场界定指南也无一例外地将涉案商品所在的市场作为相关市场界定的重要维度，这是与经营者的竞争行为紧密相关的。虽然经营者的竞争行为内容种类繁多，但具体到实际的市场竞争中则主要表现为以商品或服务为载体，以价格、质量、数量等因素为变量的经营活动。虽然其垄断行为的目的和期望并不完全一致，有的希望利用市场力量直接获取经济收益，有的则希望将竞争对手排除出市场从而间接获得竞争空间，但无论是订立垄断协议还是滥用市场支配地位抑或经营者之间的集中，其行为的表

① Commission Notice on the Definition of Relevant Market for the Purposes of Community Competition Law, C372 09/12/1997, pp.0005-0013, paragraph 7.

象均反映为商品或服务诸项因素的不断变化。因此，以商品维度进行分析，能够较好地划定经营者涉嫌垄断行为涉及的市场范围，为判断其行为是否构成违法提供必要的法律依据。与此相似，技术许可领域的垄断行为同样需要基于商品维度的分析来判断技术许可人市场力量是否存在。[①] 值得注意的是，由于技术许可协议所涉技术类型的差异，技术许可领域的垄断行为所影响的相关商品也各有差异。

表 1　受技术许可协议反竞争效应影响的商品市场

技术许可流程				商品制造流程
技术许可人	基础性技术	许可协议	被许可人	上游产品（工业原料）
	应用性技术			中间产品（商品部件）
	应用性技术			最终产品（工业成品）

如表 1 所示，假设技术许可人与被许可人订立技术许可协议，若该协议包含有排除或限制竞争的许可条款，对上游产品（工业原料）市场、中间产品（商品部件）市场以及最终产品（工业成品）市场均有可能产生反竞争效应。此处对商品流程的分类并不绝对，仅能以被许可技术在技术链条中所处的具体位置做相对的界定。例如，拥有音频解码技术的音响，相对于汽车整车而言只能属于中间产品，即整车的组成部件，但相对于单一的音频处理器而言，音响则又构成最终商品。美国司法部和联邦贸易委员会于 1995 年联合发布的《知识产权许可的反托拉斯指南》也规定“执法机构将评估许可协议中的限制性条款，可能对使用该知识产权所生产的最终产品及中间产品市场或对与该知识产权一起作为原料以生产其他产品的上游产品市场产生的影响”。[②]

---

① U.S. 2017 Antitrust Guidelines for the Licensing of Intellectual Property, 3.2.

② U.S. 1995 Antitrust Guidelines for the Licensing of Intellectual Property, Section 3.2.1.

二、在商品维度中相关市场名称的确定

关于从商品维度分析相关市场主要存在“相关产品市场”（relevant product market）和“相关商品市场”（relevant goods market）两种不同名称。“goods market”的用法最早出现于前述美国1995年《知识产权许可的反托拉斯指南》之中。波兰2007年《竞争与消费者保护法案》（Act on Competition and Consumer Protection）第4条第9项借鉴了这一名称，规定“相关市场是指商品的市场”（a market of goods）。[①] 同年修订的俄罗斯《保护竞争联邦法》（Federal Law On Protection of Competition）中也大量使用“goods market”的概念来描述受竞争行为影响的市场范围。[②] 除此之外，大部分国家和地区的反垄断法选择使用“相关产品市场”这一名称。值得注意的是，在美国众多的反垄断实施指南中仅有1995年《知识产权许可的反托拉斯指南》采用了“相关商品市场”的用法。

然而从语义角度进行解释和分析，“产品”概念侧重于“生产”，即物品的制造或加工过程；而“商品”则更侧重于“商业”，即物品在商业活动中的流通。[③] 而布莱克法律词典将“goods”解释为“除金钱以外的私人有形动产”，而“product”则具有三重含义，分别是：（1）有形私人财产；（2）制造或加工的结果；（3）在最终使用或消费前已经过一系列商业流通的商品。[④] 由此观之，产品和product、商品和goods在语义上并非一一对应的关系。相关市场所涉及的特定物品具有更明显的商业痕迹，是经营者在广泛且多样的商业活动和竞争行为中所持续影响的物品。虽然“goods”一词依惯例译为“商品”，但其内涵显然更符合民事客体语境中的“有形

---

① Act of 16 February 2007 on Competition and Consumer Protection, Article 4（9）.

② Federal Law On Protection of Competition, Article 4-8, 10, 11, 16, 23, 27, 35, 38, 53.

③ Bryan A. Garner, *Black's Law Dictionary*（West Academic, 2014）, 10th ed., p.808.

④ Bryan A. Garner, *Black's Law Dictionary*（West Academic, 2014）, 10th ed., p.1402.

物”，而“product”一词虽译为“产品”，但其内涵却能够恰当反映商品维度中的相关市场，也即应将“相关商品市场”的中文译法与“relevant product market”概念进行对接。我国国务院反垄断委员会2009年颁布的《国务院反垄断委员会关于相关市场界定的指南》选择使用“相关商品市场”来描述经营者在一定时期内就特定商品或者服务进行竞争的商品范围的做法是十分恰当的。

三、技术许可垄断案件相关市场界定与假定垄断者测试的关系

虽然对假定垄断者测试法的详细描述被置于美国2010年《横向合并指南》中，但该方法也被认为同样适用于滥用市场支配地位行为的相关市场界定环节。虽然经营者集中与滥用市场支配地位两种行为的反竞争效应各不相同，但两者的市场力量均可以通过相关市场内的市场份额加以反映。美国《知识产权许可的反托拉斯指南》也规定“应根据美国司法部和联邦贸易委员会联合发布的《横向合并指南》第一节的方法来界定和测量知识产权领域的相关市场市场份额”。[①] 因此，对技术许可领域垄断行为所影响的相关商品市场也可以借鉴假定垄断者测试的方法加以判断。

第二节　相关商品市场界定的基本原理与假定垄断者测试法

反垄断法的立法宗旨是保护市场竞争、维护市场秩序，而市场则是经营者开展和从事竞争活动的载体。法院和执法机关评估垄断行为及其市场力量的第一个步骤即是界定相关市场。通过界定技术许可活动所在市场的

---

① U.S. 1995 Antitrust Guidelines for the Licensing of Intellectual Property, Section 3.2.1.

范围和边界来评估相关的市场结构和市场份额，进而以此作为评估涉案经营者是否具有市场力量的主要依据。在长期的实践活动中，以市场界定—市场份额范式为基础的市场力量分析范式将大量的经济学分析工具与市场竞争行为相结合，形成了许多有效的界定方法。这些方法主要围绕商品的供求替代性进行展开，利用不同商品间的相互替代关系将实务中的市场竞争行为进行抽象提炼。当其他的市场条件不变时，若两个商品的价格或功能等特定因素在一定条件下存在紧密的替代关系，那么则可以认为这两个产品属于同一相关市场。

一、需求替代性

各国反垄断执法机关和法院在长期的反垄断实施过程中认为相关市场应该从需求替代性角度进行分析和界定。所谓需求替代性，是指消费者由于产品价格的相对变动而停止购买一种产品并开始购买另一种产品。如果消费者可购买足够数量的第二种产品因而使第一种产品的价格变动从长期来看在经济上是不可持续的，则这两种产品之间即具有可替代性。[①] 欧盟委员会认为，消费者对产品可替代性的认知是界定相关产品市场时的最重要因素。因此，另两个竞争约束因素（需求侧可替代性和潜在竞争）在相关产品市场的评估方面不那么直接重要，被委员会视为这种评估中的次要因素。[②]

若在消费者收入水平一定的情况下，购买一种商品的行为必然影响到消费者在其他商品市场内的购买能力，这种替代性在经济学上被称为总体替代性。例如，当第三代移动通信技术标准中某项关键专利的许可费率设置较为合理时，下游生产商可以通过订立专利许可协议等方式获得该项技

---

① Jones & Sufrin, *EC Competition Law*, Oxford University Press, 3rd edition, 2008.

② Commission Notice on the Definition of Relevant Market for the Purposes of Community Competition Law, C372 09/12/1997, pp.0005-0013, paragraph 13 and 14.

术的使用权，但是当该关键专利的许可费率大幅上涨而部分下游生产商无力承担时，他们会选择中止这类业务或者寻求获得下一代移动通信技术。但是在界定相关市场时所涉及的需求替代性，是指具有相同或相似特性的、能够满足相同或近似需求的商品或服务，而不能是任意可以替代的商品或服务。因此，被纳入同一相关市场的商品在功能或者特性上具有相同或近似的特性也就是所谓的近似替代性。

（一）合理替代性分析法

美国联邦最高法院在 1956 年联邦政府诉 EI Du Pont 一案[①]中首次从这个角度对相关市场进行了分析。在该案中，法院认为市场是由消费者基于相同目的而购买、具有合理替代性的商品而构成的，从而确立了利用商品间的交叉需求弹性理论分析产品间的合理替代性的分析方法，这种方法也佐证了需求替代性在相关市场界定中的重要作用。联邦最高法院随后在 1964 年联邦政府诉 Aluminum 一案中确认了仅以需求替代性作为相关市场界定依据的观点。[②]实务中以使用合理替代性分析特定市场时，通常会从以下几个方面判断商品间是否存在合理替代性：

1. 商品功能和特性。1997 年欧盟委员会《关于为欧盟竞争法界定相关市场的委员会通知》第 7 条规定："相关产品市场是指根据产品特性、价格及用途，而被消费者视为可互换或可相互替代的所有产品或服务。"因此，商品的功能和特性是判断商品间合理替代性存在与否的重要依据。如在全球交互式网络电视服务市场（IPTV），应用最广泛的是 MPEG4 Visual 和 H.264 两种视频压缩编解码技术标准。虽然采用了不同的编解码技术，但从产品功能和技术特性上看，这两种技术标准均能向家庭用户提供集合

① United States v. E.I. Du Pont de Nemours & Co., 351 U.S. 377, 395（1956）.

② United States v. Aluminum Co. of America, 377 U.S. 271, 276-77（1964）.

数字电视、互联网浏览、多媒体欣赏、视频通讯以及固话业务等多种服务的综合交互式服务技术方案。因此，这两种技术标准属于同一相关市场。但实务中也存在具有相同功能但特性不同的商品。例如，在 Fineman 诉 Armstrong World Industries 一案[①]中，法院认为一般住户倾向于在卧室中使用地毯，而在浴室和厨房中使用弹性地板。虽然对于某些兼顾清洁方便与美观的特定家庭而言，在包括走廊与客厅等家庭区域中地毯和弹性地板之间具有一定的可替代性。但这两种覆盖材料的差异是基于实用特性上的考虑，因此两者之间仍不存在合理的可替代性。在界定弹性地板所处相关商品市场时，被告 Armstrong 虽然接受了法院对弹性地板与地毯（一种软质覆盖材料）存在差别的观点，但仍辩称"由于其生产弹性地板的主要竞争对手是硬质地板，因而也不能简单地将弹性地板认定为独立的相关商品市场"。但法院认为被告 Armstrong 曾在其弹性地板附赠的使用手册（manual）中主动宣传其弹性地板区别于其他硬质地板所具有的独特减震和回弹特性（the unique cushioning and spring-back characteristics of resilient）。而这种特性使得在浴室、厨房等空间具有相同功能的弹性地板和硬质地板之间出现了商品特性上的差别，因而对于注重地板减震和回弹特性的消费者而言，将不会购买其他硬质地板来替代弹性地板。法院最终也据此认为，弹性地板应该与硬质地板区分并构成独立的商品市场。另外，即便具有完全相同特性的商品，因为不同的商品状况也可能导致合理替代性的丧失。例如在 Allen-Myland 诉 IBM 案[②]中，法院认为租赁的计算机与零售的计算机并不处于同一个相关商品市场。即便这两类计算机均为全新未使用的计算机，但是用于租赁的计算机已经先由租赁公司从其供应商处购买获得，如果将用于租赁的计算机与零售的计算机纳入同一个商品市场，则将产生重复计

---

① Fineman v. Armstrong World Industries, Inc., 980 F.2d 171, 199-200 (1992).

② Allen-Myland, Inc. v. International Business Machines Corp., 33 F.3d 194, 202 (1994).

算的状况，使商品市场界定的范围产生偏差。换言之，在界定商品市场的过程中应该对商品的再销售行为加以考虑，以避免相关商品市场的界定错误。

2. 商品等级或质量。商品的等级或质量也会对相关商品市场的界定产生影响。不同等级或是质量的商品是否应该纳入为同一个商品市场，取决于这些商品之间是否能够合理替代。长期以来，美国反垄断实务都倾向于将不同等级的商品纳入同一个相关商品市场中。对法院而言，仅考虑了其在最终使用上具有合理可替代性，而并未考虑这些不同商品在等级、质量或设计上对于消费者是否存在实质上的差异。在 International Boxing Club of N.Y. 诉美国联邦一案[①]中，一审纽约南区法院（U.S. District Court for the Southern District of New York，SDNY）就认为，根据广播、电影和广告行业的证据证明，职业拳击世界冠军赛（Professional World Championship Boxing Contests）与一般的职业拳击赛事的总体效果差异明显，职业拳击世界冠军赛在广播、电视转播权上均存在特别的需求。因此，可推论得知冠军赛与一般职业拳击赛的转播权并不具有合理可替代性。[②]鉴于此，职业拳击世界冠军赛应该被视为是一个符合《谢尔曼法》目的而足以单独存在的交易或商业所构成的相关市场。在 U.S. Anchor Mfg 诉 Rule Industries 案[③]中，法院认为随着时间推移，特殊等级或质量的替代商品的需求曲线将独立于价格的变化之外。因此，消费者在考虑等级或质量存在差异的商品时，其替代性并不仅由商品的功能性所决定，还会基于商品的质量、等级或是其他使用经验进行替代性的考量。

---

① International Boxing Club of N.Y., Inc. v. U.S., 358 U.S. 242（1959）.

② 无论是门票收入或是收视率调查上，都可证明冠军赛存在较高的热门度，其中涉案赛事净利润的 25% 来自于转播职业拳击世界冠军赛的广播、电视与电影授权许可费。International Boxing Club of N.Y., Inc. v. U.S., 358 U.S. 242, 247（1959）.

③ U.S. Anchor Mfg., Inc. v. Rule Industries, Inc., 7 F.3d 986, 996（1994）.

3. 商品的价格。商品在价格上的差异也会对反垄断实务中的合理替代性产生影响。例如，美国联邦诉 Aluminum 案[①]中，一审的纽约北区法院（U.S. District Court for the Northern District of New York, NDNY）采信了被告 Aluminum Co. of America 的观点，认为就电线的材料而言，绝缘铝线的绝缘度虽然不如铜线，但其价格仅为绝缘铜线价格的 50% ～ 65%。这也导致两者即使性能存在明显的差距，绝缘铝线和绝缘铜线的价格也不会互相反应。在联邦诉 Archer-Daniels-Midland 案中，[②]法院承认高果糖玉米糖浆（high fructose corn syrup）和食糖在功能上具有合理替代性，可以互换使用。但是由于美国国会以人为方式提高食糖的价格，导致高果糖玉米糖浆在美国国内的售价比食糖便宜了 10% ～ 30%。这样的价格差异下，消费者会转而使用高果糖玉米糖浆替代食糖。法院还进一步假设，若在未来的某一段时间，美国国会决定消除人为的价格控制，则糖与高果糖玉米糖浆的价格有可能产生相互影响时，需要重新审视两者是否属于同一商品市场。因此，商品的价格出现显著差异的情形，将会对相关市场范围的产生一定影响。

（二）假定垄断者测试法

美国司法部在 1982 年《合并指南》（Merger Guidelines）中吸收了联邦最高法院在早期判例中的观点，将分析重点集中于需求替代性，并创造性地提出了一个利用交叉需求弹性测试买方需求替代性的方法，即假定垄断者测试法（the hypothetical monopolist test），又称“小幅但显著且非暂时性价格上涨”测试法（Small but Significant and Non-transitory Increase in Price Test, SSNIP）。在美国司法部于 1982 年的《合并指南》中率先提

---

① U.S. v. Aluminum Co. of America, 377 U.S. 271, 276 (1964).

② United States v. Archer-Daniels-Midland Co., 866 F.2d 242, 246 (1988).

出运用假定垄断者测试法以界定相关市场并测量市场力量后，该《合并指南》被1992年颁布的《合并指南》所取代，而1992年《合并指南》随后于1997年4月7日被修订。现在对假定垄断者测试法的最新描述出自2010年美国司法部和联邦贸易委员会联合发布的新版《横向合并指南》（2010 Horizontal Merger Guidelines）。而欧盟竞争法对假定垄断者测试法的描述最早出现在1992年Nestlé/Perrier合并案中（No. IV/M.190 - Nestlé/Perrier）。而正式文本则记载于欧盟委员会于1997年颁布的《关于为欧盟竞争法界定相关市场的委员会通知》中。在随后的反垄断实施过程中，以需求替代性为分析基础的假定垄断者测试逐渐成为各国反垄断执法机关和法院在界定相关市场时所广泛使用的界定方法。

假定垄断者测试法主要是根据替代性原理，使商品价格在原价的5%～10%范围之内小幅但显著且非暂时性的上涨，并据此观察价格上涨对经营者行为的影响，进而判断相关市场的范围。假设在其他条件不变的情况下，市场内存在一项近似商品B。当消费者因商品A价格小幅但显著且非暂时性上涨转而购买近似商品B时，会致使商品A因销售量下降、利润减少而将价格调回竞争水平，那么此时即可认定商品A与近似商品B属于同一相关市场，亦即该市场范围包含这两种商品。接着，依照相同原理再加入近似商品C，并再次以小幅但显著且非暂时性涨价的方式加以检验。不断重复此项步骤，直到市场上无任何商品具有此种替代性，即最终构成被告经营者可以小幅但显著且非暂时性涨价，但消费者仍不会转而购买其他可替代商品的相关市场范围。具体到技术许可领域，技术市场由许可技术及其替代技术所构成。替代技术是指从被许可人角度，可用于与许可技术互换或替代的其他技术。界定技术市场的方法一般遵循与界定产品市场相同的原则。以许可技术为起点，当技术许可费小幅但显著且持续性上涨时，被许可人可能选择哪些其他技术，那么该替代技术即可被视为与许可技术同处同一相关市场。[①] 具体来说，适用假定垄断者测试通常需要注意以下几个问题：

第一，初次分析商品的确定。适用假定垄断者测试法的第一个步骤是确定初次分析的商品，以便分析特定技术许可垄断行为涉及的相关商品市场。以个人电脑生产商苹果（Apple）为例，假设苹果公司将与另一家个人电脑生产商订立某项专利的许可协议，而该许可协议被指控涉嫌利用苹果公司的市场支配地位实施排除某些竞争对手的竞争行为。除了销售经典的 MacBook Pro 笔记本电脑（装载 OS X 系统的苹果个人电脑），苹果公司在市场上还销售 MacBook Air 笔记本电脑（装载 OS X 系统的轻便型个人电脑），装载 OS X 系统的 iMac 一体式苹果个人电脑，不含电脑显示器的 Mac mini 和 Mac Pro 主机以及装载 iOS 系统的 iPad 系列平板电脑。而且，这些商品还以多种配置类型在市场上被广泛销售，主要包括不同尺寸的显示器（屏幕）和差异化的硬件配置。原则上，消费者倾向于将每一个细分商品区分为独立的商品市场，例如将使用 Retina 技术、13 英寸的显示屏和双核处理器的 MacBook Pro 苹果笔记本视为独立的商品市场，这是因为 Retina 技术（先进的显示技术）、13 英寸显示屏（屏幕尺寸差异）、双核处理器（笔记本核心性能）、MacBook Pro（品牌、商品的特殊功能）等因素均会对消费者的购买行为产生影响。但如果使用 Retina 技术、13 英寸的显示屏和双核处理器的 MacBook Pro 苹果笔记本不构成一个独立的商品市场，那么候选市场将会被拓展至下一个最佳替代品，也许是使用 Retina 技术、15 英寸的显示屏和四核处理器的 MacBook Pro 苹果笔记本或者是未使用 Retina 技术、13 英寸的显示屏和双核处理器的 MacBook Air 苹果笔记本。因为两者在核心性能或屏幕尺寸等因素上具有相似性，构成紧密替代商品

① Guidelines on the application of Article 81 of the EC Treaty to technology transfer agreements, OJ2004/C 101/02, 27 April 2004, para. 22.

的可能性较大。只有在确定初次分析的商品之后才能够满足假定垄断者测试法的适用要求。

无论是在前述假设案例中抑或是其他产业，实践中的相关商品市场界定可能从一个较大的集合开始。例如，将所有的苹果个人电脑、所有的个人电脑或所有电脑设定为初次分析的商品集合。各国在相关市场界定指南中关于相关市场界定始于确定一个细化的候选市场并逐一拓展的方法在实践中很难应用，主要是因为现实市场中近似产品太多且难以充分考虑消费者偏好的问题，对精细定义的商品无法进行必要的足够精度判断，包括候选产品需求的弹性以及识别下一个最佳替代品，从而造成实践中对需求替代性的认识不够充分。相反，若能够充分掌握涉案商品需求替代性的准确分类信息，则在此基础上逐一识别具有紧密替代关系的商品，将会提升相关市场界定范围的准确程度。因此，在前述苹果的案例中，初次分析商品就能够被分解的比使用 Retina 技术的 13 英寸 MacBook Pro 苹果笔记本更为细致。

当然，这种细致的分解也容易矫枉过正。消费者逐渐认识到购买一件商品所支付的对价并不仅限于该商品本身，还可能包括包装服务、营销服务和售后服务等生产商和销售商的附加内容。例如，消费者购买丰田汽车（中国）公司销售的雷克萨斯品牌汽车就可以选择混合动力车型 6 年或 15 万公里以及汽油动力车型 4 年或 10 万公里的免费保修服务。[①] 若对初次分析商品作进一步的细致分解则可将零售客户购买的汽车具体分解为底盘、轮胎、发动机、随车音响以及汽车座椅等部分。除此之外，如包括前述免费保修服务在内的由经销商提供的配送、市场推广等其他服务也可以进一步分解。是否相关市场界定对初次分析商品的分解应该深入到如此具体的

① LEXUS 雷克萨斯中国售后服务官方网站，载 http://www.lexus.com.cn/cn/server/Free.html，最后访问日期：2014 年 6 月 2 日。

分类中呢？从这个角度来看，几乎所有商品都可以被看作具备需求互补特征的，这些商品已有可能被捆绑或组合，因为经销商比消费者更了解商品的需求替代性，而消费者也往往会从这种分类中获益。然而这种分解过程并不适用于反垄断领域的相关市场界定，这是因为这些细致的分类商品并不构成被控诉的涉嫌垄断的行为。另外，这种细致的分类与相关市场界定所需的需求替代性相冲突。据此，在实践中不宜使用比被审查行为所涉商品更细致的商品作为分析起点。

第二，实施一个小幅但显著且持续性的价格上涨。假定垄断者测试法中识别商品间需求替代性的过程要求推定在候选市场范围之外的所有商品价格均保持不变的情况下，候选市场中商品的价格会小幅但显著且持续性地上涨。价格上涨的幅度与反竞争效应的大小并不相关，它仅仅是评估需求替代性的一种假定标准，但相关商品市场的范围却取决于执法机关如何认定这种假定标准。假设反垄断执法机关将高于竞争性价格 1% 以上的价格上涨视为超出幅度的，那么相关市场的范围将被过度缩小，因为 1% 的价格上涨并不会刺激太多实质上的需求替代性或供给替代性产生。对于那些差异化明显的商品，其经营者几乎都可以收取超过其边际成本 1% 的利润。在这种情形下，几乎所有的经营者都会被认为具有市场支配地位。反之亦然。如果将小幅但显著且持续性价格上涨的幅度调整为 50%，将会产生过于宽泛的市场范围。可见，价格上涨假定标准的幅度会直接影响相关市场界定范围的大小。更重要的是，由于垄断行为而实际发生的涨价幅度很可能不在为界定相关市场而进行假定垄断者测试的假定标准范围之中，即有可能小于 5% 或大于 10%。从理论上来讲，只要是一个很小幅度的涨价也可以据此发现假定垄断者行为对竞争的损害。但由于各国合并指南中均包含有即使有证据可以证明其反竞争效应，但由于市场集中度过低而不认为有危害竞争可能的安全港条款以及实践中识别微幅涨价对消费者行为影响的困难等因素结合在一起，使得利用任意幅度的价格上升分析需求替代性的方法难以实现。因此，各国反垄断法通常选择将这种价格上涨的幅度控制在现有价格的 5%～10%的范围内。值得注意的是，由于价格竞争在反垄断实施过程中的重要地位，即使假定垄断者在价格等多个维度均实施了垄断行为，但是从价格维度通过小幅价格上涨来测试其市场范围仍然是各国反垄断实务部门的优先选择。在候选市场中商品价格的假定变化主要用于从需求替代性角度检测相关市场。那么无论这些候选市场商品或地理位置之外的卖家对小幅价格上涨的反应或激烈或平淡抑或认为小幅价格上涨是有利可图或无意进入候选市场，都需要由竞争效应分析的其他步骤来进行评估。

第三，相关市场范围的确定。通过反复实施小幅但显著且持续性的价格上涨，反垄断执法机关通常能够发现几件商品之间具有密切的替代关系，从而构成了一个反垄断意义上的相关市场。但这也意味着一个或多个更大的包含有该相关市场的商品的集合也有可能构成一个反垄断意义上的相关市场。例如，若一个销售使用 Retina 技术的 13 英寸 MacBook Pro 苹果笔记本的假定垄断者可以从小幅涨价中获利，那么销售所有使用 Retina 技术笔记本的假定垄断者也极有可能在价格上涨中获得利润，至少销售所有使用 Retina 技术笔记本的假定垄断者可以从使用 Retina 技术的 13 英寸 MacBook Pro 苹果笔记本的涨价中获利。此外，相关市场还可以发生重叠。如果前述假定垄断者可以从价格提升中获利，使得配备 Retina 技术的 13 英寸 MacBook Pro 苹果笔记本构成一个独立的商品市场，但这并不排除苹果公司销售的使用 Retina 技术的 MacBook Pro 笔记本和未使用 Retina 技术的笔记本构成的假定垄断者从价格提升中获利的可能性。也即，假定垄断者技术许可垄断行为的竞争效应能够在多个相关商品市场范围中被评估，而且这种评估能够提升在不同情况下分析和评估反竞争效应的精确程度。由此可知，在任何可能的相关市场中分析假定垄断者行为对竞争的损害都是恰当的。相反，如果仅以满足假定垄断者测试条件的最小范围相关市场作为分析对象，就可能过度夸大假定垄断者实际的市场份额，并且也将导致不符合实际竞争效应的分析结果。另外，市场还可能出现相互嵌套。假设可口可乐与百事可乐将进行合并。若反垄断机关从可口可乐公司的角度进行分析，通常会选择将经典口味的可口可乐和雪碧[①]作为初始分析商品，而从百事可乐公司的角度分析，则会先将百事可乐和经典口味的可口可乐纳入相关市场的界定中，然后再考虑雪碧。在这种情况下，应该分别在“可乐+雪碧”商品市场以及“百事/可乐/雪碧”商品市场中分析竞争效应。与此相似，在分析涉及电脑显示器排挤行为的竞争效应时，有可能在单纯的显示器市场或者更广阔的个人电脑市场中进行分析。

（三）相关商品市场界定中的几种特殊情形

1. 子市场（submarkets）。子市场是指在一个较为广泛的具有性质、品质或价格差异的众多产品构成的相关市场中，按照多种产品不同的性质与用途、生产设备与供给商、购买者群体及其对价格变动敏感度等实际指标进一步地进行区别与细分所界定出的细分产品相关市场，是相关市场中的细分市场。对于相互竞争的不同商品是否还需要进一步将其划分为单独的相关商品市场，直接关系相关市场的最终界定范围，从而影响市场力量的认定以及余下的竞争分析。换言之，子市场的存在有可能导致在特定情形下相关市场界定中需求替代性标准的失灵。

子市场概念最早可以追溯到美国经济学家 E.H.Chamberlin 和 Joan Robinson 提出的不完全竞争理论，随后美国经济学家 Wendell R. Smith 于 1956 年进一步提出了市场细分（market segmentation）理论。市场细分是指经营者依据消费者偏好、购买行为和购买习惯等方面的差异，将某个整体市场划分为若干细分市场的过程。每一个细分市场都是由具有类似需求

---

① 一种柠檬青柠味的碳酸饮料，属于可口可乐公司。

倾向等共同特征的消费者群体构成的。[①] 反垄断法中的子市场直接来源于《克莱顿法》第 7 条。该条法案强调，禁止任何可能大量减少“在任何商业线”中竞争性的合并，因此，除了从整体上判断外，还要特别关注合并是否会大量减少局部产品市场（子市场）上的竞争。为此，法院可以根据这个更小的市场中某个企业及其对手的竞争情况来判定该企业是否拥有市场支配能力。

子市场方法界定的基本思路是从传统界定方法界定出的范围较大的相关市场出发，继续进行进一步划分，进而评估每个划分出的单独的市场对于相关市场中的消费者而言是否具有足够的特殊性。通过这种特殊性将市场进一步缩小。这种划分方法是以需求性为理论基础的，因为产品之间具有较高的需求弹性时，不易形成垄断。对于子市场来说，子市场之间应当表现为极小的可替代性，而子市场内部则应表现为较大的需求弹性。在 1962 年 Brown Shoe 诉联邦政府案中，联邦最高法院表示子市场可以在广泛的市场范围中被界定，并且列出七项具有可操作性的适用标准。这七项适用标准分别为：

（1）对价格变动的不同敏感程度。如果产品间对价格的敏感度不同，也就是说在价格发生变化导致需求方面的变化有明显的差别时，这些产品之间应该被界定为彼此独立的子市场。

（2）不同的价格。根据差异化产品的特征，在对产品的合理可替代性进行判断时价格是一个重要的影响因素。如果两种产品在价格上相差悬殊，那么反垄断执法机构一般会认定不属于同一个商品市场。

（3）不同的消费者。如果存在一群特定的消费者对某类型的产品具有强烈的偏好，那么就很有可能形成一个单独的子市场。

---

① Wendell R. Smith, Product Differentiation and Market Segmentation as Alternative Marketing Strategies, *Journal of Marketing*, Vol. 21, No.1 (Jul., 1956), pp.3–8.

（4）产品的特有性质或用途。如果一种产品与其替代品之间在物理特性或用途上区别显著时，就可以从界定出的一个相关商品市场中划出一个更窄的子市场。

（5）产业或公众对附属市场作为一个独立经济实体的认同。即消费者和一般大众对于不同产品的认知情况。

（6）独特的生产设备。如果生产某类产品需要与众不同的生产设备的话，那么就应该被看作一个独立的子市场。

（7）特定的卖方。如果制造商在生产的时候明确了特定的卖家，那么这类产品很可能成为一个独立的子市场。[①]

虽然这些适用标准涉及需求替代性和供给替代性的识别，但在过去的实践中也存在无论该项适用标准是否具有识别需求替代性和供给替代性的能力而被盲目套用的情形，从而导致了一定的混乱和错误。例如，法院可能不恰当地将子市场定义过窄从而将具有充分市场竞争的经营者视为具有市场支配地位。基于这个原因，现代反垄断执行机关和法院通常更为谨慎地适用子市场问题。[②] 目前子市场没有一个统一的界定标准，一般来说在已经界定出的大的相关市场范围基础上，为了进一步的细分，应当收集能够反映行业实践、产品的性质和用途以及可交换性、价格、质量和风格等方面的数据，将较大的市场进行细分，在细分的过程中边界上总是无法避免地存在或多或少的竞争，如果不加以限制就可以一直细分下去。因此相关市场细分中应当以其在边界上的替代品是否存在显著的缺口为标准。但是这种细分的方法还是过于模糊，不利于司法实践。

除了前述 Brown Shoe 案界定子市场的思路外，关于子市场的界定标

① Brown Shoe Co. v. United States, 370 U.S. 294, 325 (1962).

② 尽管有这种担忧，子市场仍可以在某些情况下发挥有益的作用。例如，为解决技术许可垄断行为损害局部市场竞争的问题提供一定的理论基础。Jonathan B. Baker, Stepping Out in an Old Brown Shoe: In Qualified Praise of Submarkets, 68 *Antitrust Law Journal* 203, 206 (2000).

准还可选择从以下三个方面考虑：一是按照行业惯例本身是如何看待子市场划分标准的；二是对于特定产品的消费者在购买时意识中是如何划分市场的；三是竞争者是否集中于这一子市场，比如是否存在经营者仅在这一子市场集中进行经营，如果存在则表明了子市场的存在。子市场方法不仅仅用于相关商品市场界定，法院还将其用于相关地域市场的界定。很多时候，原告尤其是政府执行机构采用子市场方法界定相关市场的目的是缩小市场范围，以证明被告的合并是非法的。

2. 价格歧视。许多专利许可人在各自的经营活动中均会实施一定的价格歧视，即对相同商品的不同买家或被许可人收取不同的商品或许可费。美国 1992 年《合并指南》将这种行为表述为，"一个产品和地理位置集合的假定垄断者对一类目标买家而非对全部买家提升价格提升价格（或者未对所有买家收取相同额度的价格）并从中获利"。[①] 价格歧视的出现不是根据假定垄断者对商品或地理位置的识别，而是基于目标买家（targeted buyers）被确定下来的。成功的价格歧视需要假定垄断者能够识别大量有黏性或忠实的目标买家，使得价格的提升不会引起实质性的需求替代。[②] 此外，实施价格歧视策略的经营者还须能够防止价格歧视带来的利润被转售行为削弱。因此，当市场竞争中存在价格歧视现象时，反垄断执法机关或法院需要在界定相关市场过程中识别并排除转售行为所带来的影响。由于涉案经营者对商品价格的小幅上涨并不会面向所有消费者，因此所产生的消费转移动机并不代表所有消费者。[③] 此时，执法机关将注意力集中在假定垄断者对一部分消费者实施其市场力量的价格歧视的市场界定方法有

① U.S. 1992 Merger Guidelines, Section 1.12.

② 如果假定垄断者无法准确地将黏性和忠实消费者分析出来，那么提升价格以从中获利的能力将取决于忠实消费者和会转向购买其他商品消费者在整个消费者群体中各自所占的比重。

③ U.S. 2006 Commentary on the Horizontal Merger Guidelines, p.7.

助于评估其行为的竞争效应。[①] 但不可否认的是，价格歧视的存在仍会在一定程度上弱化假定垄断者测试的作用。

综上所述，在过去的三十年里，假定垄断者测试法虽然经历了一系列小的修改，但其主要概念和适用方法仍与其在 1982 年《合并指南》中被提出时基本相同。假定垄断者测试要求市场上具有充足的替代产品，以便它可以在受到合并后企业市场力量支配时做出替代性回应。具体来说，该测试要求一个假设的利润最大化的企业，在候选市场外产品的销售条件均保持不变，且这些商品的唯一的现在和未来的卖家（假定垄断者）在市场内至少一个产品上（其中包括由合并公司之一出售的至少一个产品）实施至少一个涨价行为。通常情况下，在价格上小而显著增加被认为是同比增长 5%～10%。价格上涨被视为非暂时性的，如果它持续至少一年。它还假定候选人以外的市场的企业不会发生反应，改变其产品的价格。[②]

3. 代际产品对相关市场界定的影响。随着起始知识的不断增加、技术研发的专业分工程度不断提升以及全球科研力量合作的日益频繁，技术的革新速度也与日俱增，这就导致商品的性能随着每一次新技术的开发而不断变化，但与此相对的是新商品的出现并不会导致先前商品直接退出市场。新旧两代商品同时处于市场中的情形已不少见，尤其是在计算机软件领域。那么新旧两代产品是否应被同时纳入反垄断商品市场取决于旧款产品的需求替代性是否可使得新商品价格的假定增长无利可图。例如，消费者用户正在使用早期版本的某操作系统，若其认为该操作系统在功能上与后续版本的操作系统之间具有可替代性，或者认为后续版本不久之后也会被更新的版本所替代，则其使会延缓相关方面的消费支出。这个问题与新

① 在一个涉及利用招标机制销售定制产品的案件中，美国司法部将每一个采购方均视为一个独立的价格歧视市场进行审查。执法机关和法院若使用附属市场方法也可获得同样的效果。U.S. 2006 Commentary on the Horizontal Merger Guidelines, p.8.

② U.S. 2010 Horizontal Merger Guidelines, Section 4.1.1.

车市场是否应拓展将旧车纳入或者新铝市场是否应拓展将回收产品纳入类似，主要取决于不同商品之间的需求替代性。例如，一个比上一代仅快了两成的新型微处理器不会立刻在技术市场中造成影响，因为生产商都不愿意切换到更快的芯片，直到他们可以确定消费者准备更换他们目前所有的设备。在这种情况下，新型芯片尚不能成为旧芯片的替代产品，因为两者的性能不认为足够相似到使生产商和消费者使用一个替代另一个。然而，如果新型芯片的性能是旧芯片的十倍，那么消费者可以很容易地进行切换，因为新型芯片能够显著地性能增益。在这种情况下，这两种技术首先将成为彼此的替代品，随后新芯片将会彻底取代旧芯片。这种取代过程在某些技术上将是非常迅速的，而在计算机产业，技术的快速更新换代是十分常见的。

4. 时间对相关市场界定的影响。从某种程度来讲，时间维度是作为商品维度和地域维度的简单延伸而存在的，对于处于相关地域市场的相关产品的理解是必须将其置于特定的时间范畴内来予以认识和分析的。产品可以被定义为在一天中的某个时间提供的火车服务。例如，在高峰时段乘坐火车的乘客不会认可峰值和非峰值火车票之间的替代关系，而火车票的销售方也不能在峰值和非峰值的时间段之间进行替换。在英国的《相关市场界定——理解竞争法》(Market Definition—Understand Competition Law)报告中，便就界定相关市场时需要考虑时间性维度的两种情形予以了说明：第一，囿于时间周期的限制，消费者的需求替代要求无法得以满足，如时尚型科技类知识产品在其流行之时与过气之时，对消费者而言是不具有替代性的。第二，从供给替代性层面进行分析，其时间限制性也是较为明显的。比如某些不易储存的知识产品，由于其储存要求和运输条件的限制致使其对销售的地域市场范围产生直接影响。① 而竞争者之间亦可

① OFT, Market Definition-Understanding Competition Law, 5.1,5.2 Section.

能因时间因素而形成不同的竞争市场。例如，在 United Brands 诉欧盟委员会案中涉及两个不同的时间市场，借季节不同之需求的交叉弹性以观，在夏季时，水果种类丰富，经营者的市场力量会相对降低；而在冬季时，当水果间的替代性较低时，经营者的市场力量则会显著升高。[①] 尽管证据显示了在不同季节应划分为不同的相关时间市场，然而由相关市场一连串因素以观察，且综合所有证据显示该公司对其竞争者有不可挑战的优势（unchallengeable ascendancy）[②] 后，反垄断执法机关或法院仍然会将特定时间段划分为一个相关时间市场。[③] 相反地，在 ABG 案 [④] 中，欧盟委员会参考了 OPEC 组织于 20 世纪 70 年代两次石油危机所进行的调研数据和政策内容等资料，从而作为划分不同相关时间市场的主要依据。另在 Michelin 案中，欧盟法院肯定了委员会以供给和需求的交叉替代弹性来进行综合衡量的思路，并认为短期的进入市场壁垒在较长期的竞争中发挥着重要作用，须着重进行考量。法院认为由于设立新厂房或客户评量新产品的品质均需要一定的时间，故其新进入市场的生产力并无参考依据。鉴此，虽然 Goodyear 已能在荷兰建立新厂房，使得 Michelin 无法不当滥用其市场地位。但为避免 Michelin 对相关市场的竞争施加不利影响，仍应对其竞争行为予以适当规制。[⑤]

分析被诉技术许可垄断行为的相关商品市场范围也有可能随着时间的推移以及竞争关系的变化而有所差异。例如，一个将专利技术与实物产品进行搭售的许可行为在某一个时间点涉诉时可能被置于区域性地理市场中

① United Brands v. Commission, Case 27/76 [1978] ECR 207.

② Frank Emmert, *European Union Law Cases* (Kluwer Law International, The Hague, 2000) p.486.

③ Elspeth Berry and Sylvia Hargreaves, *European Union Law*, Oxford University Press, 2007, p.295.

④ ABG Oil OJ, 1977 L 117/1.

⑤ Valentine Korah, *An Introductory Guide to EC Competition Law and Practice* (5th ed., Sweet and Maxwell, London, 1994), p.74.

被分析。但如果同样的搭售许可行为在几年之后才被起诉，那么此时的运输成本可能会有所下降，这可能将小幅价格上涨的需求替代性常规性地扩展至在更大区域的生产经营者，从而要求更大的市场范围，甚至将全国乃至全球界定为地理市场。[①]此外，当需求替代性发生变化时，相关市场的范围也可能随着时间的推移逐渐改变。例如，NBA球星卡的顾客主要是收藏爱好者，其购买行为对价格的敏感程度不高。假设在球星卡生产商之间的合并中，NBA球星卡构成了一个反垄断意义上的相关商品市场。随着时间的推移，假设该商品的经销商不断改进产品，并降低成本和价格，吸引了一大批新的买家，从而远离了其他的收藏类商品。如果大部分新买家面对球星卡涨价的反应是购买球星球衣等类似商品进行替代，那么对类似合并行为的相关市场分析就可以商品市场的范围扩展至球星球衣等类似产品为前提。[②]

二、需求替代性的判断与认定

如前所述，反垄断执法机关或法院一般需要从需求替代性角度进行相关市场界定的分析。然而，在实践中如何理解与辨别需求替代性以及需求替代性达到何种程度才可认为两种商品具有紧密替代关系，需要做进一步分析。

当其他市场条件保持不变而涉案商品的价格上升时，一般可以从过去买家反应、买家的调查结果、涉案产品的特点、卖方的行为以及行业专家的观点五个方面识别需求替代性的程度。虽然从性质上来说，这些证据既有定量的也有定性的，但判断需求替代性的程度通常需要综合几方面的证据进行分析。

---

① United States v. Pabst Brewing Co., 384 U.S. 546, 552 (1966).

② Christian Schmidt Brewing Co. v. G. Heileman Brewing Co., 753 F. 2d 1354 (6th Cir. 1985).

第一，过去商品价格变化中的买家反应。这些证据可以是定量和系统的，利用需求弹性或涉及市场结构变化的计量经济学方法进行估计。[①] 另外，关于买家反应的证据也可以是实证的。假设某公司从业人员认为边际成本的增加会导致特定商品价格的上涨，并且他也知悉其竞争对手的价格上涨（有效地指定一个候选市场的参与者），是否这些企业会因为涨价而导致市场份额的大量流失？如果答案是肯定的，那么哪些公司从提升价格而致竞争对手市场份额减小中获利最多？相反，如果有充分的理由相信产品价格或产品的边际成本并没有因需求的变化而改变，那么这些实证证据可以为需求替代性提供有价值的佐证。

第二，针对买家的调查结果。针对买家的调查结果可以反映买家对价格变化的可能反应。调查可以通过专业的分析工具对大规模的调查数据进行采样分析，[②] 也可以利用特定客户的访谈等方式进行非正式调查。[③] 如果这些非正式调查所得出的结论能够证明买家有代表性的意见，且他们考虑到相关业务的合理比例，那么这些调查结果也可以作为证明需求替代性的可靠证据。

第三，涉案商品的特点。对价格上涨所反应的需求替代性还可以从买家所知晓的关于商品和地理位置的特征信息中进行推断（包括买家间转换成本的分配）。从市场份额数据和买家特征中推断商品特征的定量方法可以获取需求替代性的证据。即使是非正式的推论也可能是有用的。例如，客户和运输成本的地理分布信息，可以帮助评估地理位置较远的买家面对

① 利用包含市场结构变化的自然实验来推测需求替代性程度的方法已经被用于差异化产品卖家间合并的单边竞争效应的分析。Jonathan B. Baker, Econometric Analysis in FTC v. Staples, 18 J. PUB. POL'Y & MKTG. 11 (1999).

② See Jonathan B. Baker & Daniel L. Rubinfeld, Empirical Methods in Antitrust Litigation: Review and Critique, 1 *AM. L. & ECON.REV*. 386, 424-27 (1999).

③ 当调查涉及销售对象局限于少数工业用户的中间品生产商的合并，执法机关通常试图对这些用户进行采访，以了解他们在价格上涨的情况下对替代产品的倾向性。

价格上涨而进入市场的可能性。同样地，对转型生产成本的非正式分析也有助于相关商品市场的界定。

第四，从卖家的行为判断关于需求替代性的证据。[①] 由卖家对价格变化、竞争对手新产品上市以及竞争对手的商品、地理分布等内容反应程度构成的证据通常被用于证明哪些商品和地理位置最有可能具有需求替代性。如果卖家通过这些证据判断商品的需求替代性且他们愿意以此进行商业决策，那么这些证据就具有一定的可信度，可以作为相关市场界定的依据。[②]

第五，行业专家的意见。一些行业专家的意见也可能在价格上涨时对判断需求替代性起到关键作用。这里的行业专家包括行业协会负责人、曾经的行业管理人员或者替代商品的销售商以及对长期从事该行业新闻报道的媒体记者等一切对该行业有深入了解的群体。这方面证据的可靠性可以通过检查该专家是否有能力收集买家直接信息以及他们是否以这些信息作为重要商业决策的参考依据进行评估。

以上五个方面的证据可以用来进一步校准因商品价格小幅上涨所反映的需求替代性程度。当然，这些关于需求替代性程度证据的证明力在实践中并不固定，来自买家的直接证据并不一定就比从卖方的行为或买方特性分布的信息中推断的证据更可信，反之亦然。由于实践中信息和数据的不确定很强，因此在具体案件中的执法机关和法院通常只能利用现存可获得的信息和数据进行分析和判断。

---

① 后两种关于需求替代性的证据都衍生于前三种证据，但它们主要依赖于知情人而非买家进行评估，进而整合关于需求替代性的直接证据。

② 另外，卖家的文档资料可以提升解释力。例如，如果竞争对手众多，卖家就会发现选取竞争对手的样本进行监测比监测所有竞争对手更具成本效益。同样，卖家也更倾向于投入更多的精力监测现实的竞争对手而非潜在的竞争对手，即使后者同样在约束卖家价格方面发挥着作用。

三、供给替代性

由供应侧经营者实施的替代形式属于供给替代性，如希望提高价格的垄断性企业A可能不仅受市场的需求侧阻碍，而且受市场的供给侧阻碍。如果企业A提高其价格，则目前不供应可互换产品的企业B可通过调整生产的产品而与企业A竞争。供给侧替代是指在短时间通知后调整生产但没有重大成本或风险且能够防止企业A可盈利地将价格维持在比有竞争力的价格高5%至10%。[①]

在美国联邦政府诉Aluminum案[②]中，法官Learned Hand认定由原铝构成独立的相关商品市场，从而将回收铝排除出相关市场。Hand法官认为，在同一市场内，二手商品可能会限制全新耐用商品的价格，但全新商品的垄断者可以通过减少产量以限制二手商品的未来供应从而显著地抵消这种竞争效应。无论这种供给替代性重要与否，相较于仅从买方的需求替代性而非卖方行为的角度界定相关市场，这种灵活选择分析角度的方法更易于恰当地评估相关市场和反竞争效应。美国司法系统在随后的实践中逐渐认识到仅从需求替代性进行测试可能导致相关市场范围界定存在偏差。[③]于是从20世纪70年代中期开始，部分法院开始在界定相关市场时引入供给替代性分析。我国《国务院反垄断委员会关于相关市场界定的指南》第6条规定，“供给替代是根据其他经营者改造生产设施的投入、承担的风险、进入目标市场的时间等因素，从经营者的角度确定不同商品之间的替代程度。原则上，其他经营者生产设施改造的投入越少，承担的额外风险越

① Commission Notice on the Definition of Relevant Market for the Purposes of Community Competition Law, C372 09/12/1997, pp.0005-0013, paragraph 20.

② United States v. Aluminum Co. of America, 148 F.2d 416 (2d Cir. 1945).

③ Jonathan B. Baker, The Antitrust Analysis of Hospital Mergers and the Transformation of the Hospital Industry, 51 *Law & Contemp. Probs.* 93, 101-02 & n.42 (1988).

小，提供紧密替代商品越迅速，则供给替代程度就越高，界定相关市场尤其在识别相关市场参与者时就应考虑供给替代”。从供给替代性角度分析相关市场实际上是对相关商品市场内商品提供者是否能够相互替代的一种考察。美国联邦贸易委员会和司法部在2006年《横向合并指南评论》中认为供给替代性分析具有一定的局限性，仅能在分析市场参与者以及评估市场准入条件等问题时才具有明显的作用。例如，两个生产用于承载电流的绝缘铜导线的卖家希望进行合并，而绝缘铝导线与铜导线在功能上具有一定替代性，同样也可用承载电流。但这些两者的物理性质及其价格的差异导致铜导线更多地被应在用地下线路的铺设中，而铝导线则是地上布线更明智的选择。在这种情况下，即使铜导线的价格有实质性上涨，需要在地下铺设线路的买家也不会选择铝导线作为替代品。从需求替代性角度来看，绝缘铜导线即独自构成一个相关商品市场。

若假设生产绝缘铝导线的经营者可以快捷低廉地转型生产铜导线。一旦绝缘铜导线的价格小幅上涨，就将吸引这些经营者大量转产并从价格上涨中获利。如果有大量的铝导线生产商能够快捷低廉地转型生产，则绝缘铜导线的价格小幅上涨并不能维持太长时间即会回落至竞争水平。鉴此，铜导线生产商之间的合并可能不会产生损害市场竞争的效果。当仅从需求替代性角度进行界定时，很容易得出将相关商品市场限定在绝缘铜导线的结论。但是当供给替代性被纳入考虑范畴，那些可以快速转产的铝导线生产商会也会被纳入该市场中，即使他们目前没有生产铜导线，参与合并的铜导线生产商的市场份额也将会进一步减小，这表明合并可能不会伤害竞争。[①] 虽然从需求替代性和供给替代性两种角度分析均能够得出对于竞争影响的相同结论，但供给替代性仍面临一些细节性的问题。

① 任何合理地分析这一假定合并的竞争效应的方法都需要考虑在铜导线价格呈上涨趋势时，铝导线生产商将利润转移到铜导线生产的程度。根据《合并指南》，这个分析过程将发生在评估市场份额阶段而非市场界定阶段。

第一，商品提供者技术的差异可能导致供给替代分析的失准。假设有两个生产绝缘铝导线的公司，分别适用A、B两种不同的生产工艺进行铝导线的加工生产。只有使用A技术的铝导线生产商可以快捷低廉地转型生产铜导线。如果市场上的铝导线生产商绝大多数都在使用B技术，就意味着这些公司无法轻易地转型生产铜导线，而仅有少量使用A技术的公司可以。如果将使用A、B两种技术的公司一并纳入相关市场范畴，不仅会产生降低市场份额的效果，而且还可能掩盖铜导线生产商合并所产生竞争效应的真实状况。因此，当从供给替代性角度界定相关商品市场时，应充分鉴别替代品提供者是否具有灵活的转产能力。在前述案例中，只有具备灵活转产能力的铝导线生产商才能被纳入铜导线市场。

第二，小幅价格上涨并不意味着供给者完全放弃原有生产活动。假设所有的铝导线公司在技术上均可以快捷低廉地转型生产铜导线，但客观上会存在部分公司并不会因为铜导线的小幅价格上涨而转型生产，因为转产意味着打破在铝导线市场上现有稳固的合作关系以及放弃现有的生产利润。从供给替代性角度分析，目前所有的铝导线生产商的销售或生产能力将被纳入市场份额的计算，从而导致参与合并的铜导线生产商的市场份额的减小，并导致合并所产生的竞争效应被低估。当面对这些有相关技术但因特殊情况不具备转产能力的铝导线生产商，应从需求替代性角度，对缺乏实质性转产能力的生产商分配较低的市场份额，力求还原其应有的替代能力。①

第三，替代品的紧密替代品与涉案商品之间并不必然构成紧密替代关系。假设绝缘镍导线与铝导线具有紧密的需求替代性，但其与铜导线并不构成紧密的替代产品。在考虑其供给替代性时，执法机关和法院很容易认

① 无论相关市场是从纯粹的需求替代性进行分析，还是将供给替代性也纳入分析，不参与合并的铜导线生产商因不能廉价地扩大产出而造成的竞争限制可能缺失将在竞争效果的分析过程中加以解决。

识到铝导线是一个紧密的供给替代品，但很难鉴别所有导线材质的具体特性，很可能将镍导线也纳入相关市场范围。其结果是相关市场界定范围过大，铜导线生产商的市场份额偏小，从而导致合并的竞争效应被低估。

第四，供给替代提供者与原来市场生产商之间技术差异造成的替代性不够完美。假设铝导线和铜导线的生产工艺有一定相似性，但又不完全相同，也即铝导线的生产商并不是铜导线生产商的完美供给替代者。生产工艺上的差别会在铝导线生产商转型生产铜导线时反应为产品的细微差异。这种差异对于一部分铜导线买家而言不甚重要，他们很乐意购买由铝导线生产商转产的铜导线，但对于另一部分铜导线买家而言却是极为重要的，他们将不会选择购买由铝导线生产商转产生产的铜导线。在这种情况下，阻止铜导线价格在合并后上涨的供给替代性程度取决于大多数买家是否愿意乐意购买铝导线生产商生产的铜导线，也即是否愿意忽视两种铜导线之间存在的细微差异。从需求替代性角度很容易获得这个问题的答案，但如果根据供给替代性进行分析，很容易就不加分析地推定所有买家愿意接受铝导线生产商制造的铜导线。这种推定同样会降低参与合并生产商的市场份额，从而导致合并的竞争影响被低估。①

在实践中，以上所列四种细节性问题可以在统筹考虑供给替代性和需求替代性两方面时被解决。根据美国2006年的《横向合并指南评论》，供给替代性角度更适宜作为一种特殊的分析工具，而非一种常态化的分析模

① 这类问题不仅是理论上的困惑，一个类似的分析步骤在第七上诉巡回法院评估被控诉的排挤行为时已经被不适当地忽略。Menasha Corp. v. News America Marketing In-Store, Inc., 354 F.3d 661 (7th Cir. 2004). Menasha 案的主要问题在于商品市场是否应被局限于现货供应的优惠券自动贩售机，从而使被告拥有一个较大的市场份额。法院将包含在产品包装上的、置于收银台的以及通过邮件或报纸分发的等传统优惠券等纳入市场后，扩大的市场范围导致被告的市场份额得以降低。但法院从未考虑过身为买家的商品生产商在优惠券自动贩售机价格升高时是否会采用这些替代产品实质性地替代优惠券自动贩售机以及是否会大量地实施这种替代策略以防止任何优惠券自动贩售机生产商实施其市场力量。

式。相关商品市场界定的关键在于确定现有替代品的范围，因此，需求替代性分析是界定相关商品市场的主要方法，而供给替代则是界定相关商品市场的辅助方法。[①]具体而言，两种商品若具有较紧密的需求替代性，则说明两者是紧密替代品，此时无须再考察两者的供给替代性即可认定两者属于同一相关商品市场。当两种商品之间不存在需求替代性时，则需进一步考察两者的供给替代性。当两种商品的生产商能够在短期内快速且便捷地转型生产另一种商品，则两者具有较紧密的供给替代性，也可以证明两种商品构成潜在替代品并处于同一相关商品市场中。换言之，若两者具有需求替代性，则足以证明两种商品可以构成同一相关商品市场，而不具有较紧密的供给替代性也并不意味两种商品分别构成各自的相关商品市场。也即具有较紧密的供给替代性，往往是两种商品构成同一相关商品市场的充分条件，而非必要条件。鉴此，在实践中，美国的反垄断执法机关和法院在确定合并或滥用市场支配地位的竞争问题时更倾向于选择从需求替代性角度展开分析，而欧盟则更倾向于将两者进行统筹考量。欧盟委员会于1997年发布的《关于为欧盟竞争法界定相关市场的委员会通知》中规定:“在供应可替代性的影响从效果和即时性方面与需求替代影响相同的情况下界定市场时，也可能考虑供应方的可替代性。这就需要供应商在面对相关价格数目不大的、长期性的变化时，能够在短期内转而生产相关产品，并把它们销售出去，而不会引起大量的附加成本或风险。当满足这些条件时，推向市场的更多的产品就将对相关企业的竞争行为产生制约性的影响。这种影响在效果和时效方面都与需求替代的影响相同。”

① 美国2010年《横向合并指南》认为相关市场应该仅着眼于需求替代因素，而对供应商反应的考察在识别市场参与者、市场份额的估算、竞争效应的分析以及市场进入等竞争分析中也十分重要。

第三节　假定垄断者测试在技术许可垄断案件中的实施

一、技术许可垄断案件与基准价格的确定

如前所述，假定垄断者测试首先被应用于经营者集中案件的相关市场界定。在这些案件中，反垄断执法机关所面临的问题是经营者之间的合并是否会产生或增加市场力量，也即侧重于分析涉案经营者集中之后可能产生的反竞争效应。由于涉案的假定垄断者此时尚未真正发生合并，因此在经营者集中案件中进行假定垄断者测试，实施小幅但显著且持续性价格上涨所采用的基准价格是根据市场竞争活动中的现行价格水平而决定的。

与经营者集中案件中假定垄断者测试的前瞻性（prospective）分析不同的是，界定技术许可垄断案件相关市场时，其涉案的限制、排除竞争行为可能已经发生或已经结束。换言之，技术许可垄断案件中的反竞争效应可能已经产生。[①] 因此，技术许可垄断案件中的假定垄断者测试通常是追溯性（retrospective）的，而且进行假定垄断者测试时的现行价格可能已经高于竞争性的价格水平，也即高于原本价格（but-for price）。若反垄断执法机关采用现行价格作为基准价格，则会导致相关商品市场的范围过于宽泛以致涉案经营者的市场力量被低估，这种现象被称为“玻璃纸谬误”（The Cellophane Fallacy）。作为假定垄断者测试中知名的适用错误，“玻璃

---

① 值得注意的是，在技术许可垄断案件并不一定会产生价格水平的变化。如果一个具有市场支配地位的许可人试图利用投入品封锁将一个较小的竞争对手排除出市场，这种行为对市场价格没有立竿见影的效果。在竞争对手被排除后，具有市场支配地位的许可人才可能收取高于竞争水平的实质性价格。在这种情况下，应以市场现行价格作为假定垄断者测试的分析起点。

纸谬误”发生于美国联邦诉 EI Du Pont 案[①]中。在该案中，Du Pont 公司是玻璃纸的唯一制造商，但联邦最高法院过于宽泛地界定了玻璃纸的相关商品市场，从而未能认定 Du Pont 公司的市场支配地位。面对违反美国《谢尔曼法》第 2 条以及垄断州际玻璃纸贸易等多项指控，被告 Du Pont 公司辩称，相关市场应包括铝箔、石蜡纸等其他柔性包装材料，而不能如司法部所主张的仅由玻璃纸构成独立的相关商品市场。利用需求交叉弹性对玻璃纸及相关商品进行分析之后，一审法院以及最高法院均认为柔性包装材料对玻璃纸的替代程度非常高。因此，法院最终采纳了 Du Pont 公司的观点，认定了包括柔性包装材料在内的相关商品市场范围并判决 Du Pont 公司不具备市场支配地位。由于未能认识到界定相关市场时所使用的基准价格已经受到 Du Pont 公司垄断行为的影响，最高法院的这一判决一直广受美国反垄断理论界的诟病。

“玻璃纸谬误”随后逐渐被各国司法实践所广泛知悉，如欧盟委员会在 2007 年 MasterCard 案[②]中，就因为发现 MasterCard 跨境多边交换费的基准价格存在“玻璃纸谬误”，从而停止采用假定垄断者测试界定相关市场。如果现行价格已经被提升至竞争水平之上，消费者可能会考虑将那些在竞争价格水平上不构成紧密替代关系的商品作为替代品。如果一个由涉嫌滥用技术许可条款的假定垄断者设置的价格已经实现了利润最大化，那么进一步提价 5%肯定是无利可图的。在联邦诉 EI Du Pont 案中，法院认为玻璃纸不能单独构成一个相关市场是因为当价格提升至一定水平时，消费者会停止使用玻璃纸并转而使用其他商品进行代替。但实际上，玻璃纸并没有紧密的替代商品。专利权人 Du Pont 公司只是简单地将玻璃纸的价格提升至无须刺激即可发生转向购买的水平。换言之，在这种情况下，利

---

① United States v. EI Du Pont de Nemours & Co. 351 US 377 (1956) .

② COMP/C.34.579, MasterCard, 19 December 2007. Alison Jones, *Brenda Sufrin: EU Competition Law: Text, Cases, and Materials*, Oxford University Press, 2014, p.72.

用现行价格进行假定垄断者测试会发现利润最大化的假定垄断者无须实施5%的价格上涨即可发生转向购买行为。根据假定垄断者测试的替代性原理，这意味着候选市场过小，必须加入更多替代商品并继续测试。这种结果将稀释垄断经营者的市场份额，使其市场力量被低估。

选择恰当的基准价格可以更准确地评估滥用行为的反竞争效应，适用假定垄断者测试的基准价格应该是未受滥用行为影响的价格。围绕着这一前提，实践中反垄断执法机关为了克服“玻璃纸谬误”，通常会选取处于竞争水平的原本价格而非现行价格作为假定垄断者测试的基准价格。例如，相关商品市场范围内所囊括的其他具有紧密替代性的商品价格即普遍处于竞争水平。如果竞争性的原本价格是已知的，可以直接通过比较现有价格和竞争水平的原本价格来判断是否存在“玻璃纸谬误”。一般而言，假定垄断者测试应拟定一个低于现行价格超过 5% 的竞争性价格作为基准价格，只有这样一个 5% 的小幅但显著且非暂时性价格上涨才可能被检测到是有利可图的，从而才能够界定相关商品市场的范围。如果基准价格和现行价格之间的差额小于 5%，那么进行假定垄断者测试时所实施的 5%的价格上涨仍将会是无利可图的，更多的候选商品将不得不被反垄断执法机关或法院纳入相关市场并导致假定垄断者的市场份额被稀释。现行价格低于竞争性价格的情况也可能存在，最典型的例子就是假定垄断者获得了某种形式的补贴。如果这种隐性的补贴导致商品的价格维持在竞争性价格水平以下将可能导致“逆反玻璃纸谬误”。这是指由于人为压低价格，消费者不愿考虑其他替代的产品。只有当一个更具竞争性的替代产品价格出现时消费者才可能会接受该替代商品。在这种情况下，重要的替代商品可能并未被纳入相关市场范围内，这将导致界定相关商品市场过于狭窄的风险，从而形成市场力量被过高估计的结论。另外，恰当的竞争性价格还可以通过实践中的相互比较来获得。例如，在其他地区或在另一个国家，存在一个拥有相同商品的竞争性市场，那么该市场的现行价格可以作为基准价格的参考标准。当然，在供给、需求、技术和偏好等方面完全一致的市场通常很难找到，因此必须识别和比较两个市场之间的差异，并允许根据这些差异进行某些条件增加或扣减。

一旦通过回溯性竞争分析获得了初步的相关市场范围之后，还应该进行一系列的一致性检查（consistency check）。首先，应确保相关市场的界定在需求替代性和供给替代性角度保持一致；其次，相关市场所包含的所有商品应该在现行价格水平上具有紧密替代性且互为替代商品；最后，相关市场所包含的所有商品应该在商品特性和功能上具有合理性。如果存在多个可能的相关市场范围，那么应该在所有可能的市场范围中进行一致性检查。

二、知识产权造成的产品差异性与消费者偏好

（一）产品差异性对相关市场界定的影响

值得注意的是，无论是假定垄断者测试抑或合理替代性分析，均是从需求替代性角度考察涉案产品及其替代产品在价格、功能或特性等因素上是否具有紧密替代关系，也即这些界定方法的基本原理主要针对无显著差别的产品。但随着市场竞争程度的不断提升，许多经营者在技术研发、运营管理、营销策略等方面采用差异化竞争策略，逐渐打破了传统行业竞争中竞争合流（competitive convergence）的态势，形成了产品的差异化竞争。产品差异性主要包括技术和信息两方面的原因。具体而言，技术方面的原因是指因产品间设计、结构、功能实现等环节所产生的不同而造成的物理差异；而信息方面原因则是指因信息不对称或者信息传播闭塞造成消费者对不同产品商标、名称、性能、技术细节等内容存在认知上或关联上的心理差异。产品差异性还能够形成一定的消费者偏好，增强经营者的市场竞争优势。鉴此，产品的差异化竞争不仅会造成同一市场内竞品间存在

一定差别，促使经营者以产品差异为基础争夺市场竞争的有利地位，而且还能够培养忠诚顾客从而形成一定的市场进入壁垒。产品差异性的出现对相关商品市场界定的影响是显而易见的。以汽车产业为例。虽然我们倾向于将汽车产业界定为乘用车、工程用车等细化的相关市场。但就乘用车而言，数量庞大的乘用车之间仍存在显著差异。在选购乘用车时，喜欢某类汽车的人们不会对另一类汽车感到满意，价格变化能够反映这种情况。当然，这并不意味着该类型中的每一款汽车均能够单独构成一个相关市场。而是需要反垄断执法机关在进行相关商品市场界定时调查更详细的消费者偏好，进一步将乘用车细化为高性能运动汽车、纯电动汽车、敞篷汽车等商品市场。客观上，各种类型的知识产权均能对反垄断相关市场范围的界定结果产生一定程度的影响。

一般情况下，与产品相结合的商标权、专利权和著作权等知识产权并不影响产品之间的市场竞争。例如，反垄断执法机构通常会将不同品牌的水果纳入同一相关商品市场进行分析，而这些水果在品质、口感及其他因素上也缺乏足以构成独立相关市场的特质。如前所述，界定相关商品市场主要是基于涉案产品及其替代产品的紧密替代性。受限于知识结构和信息传播，消费者对于涉案产品的差别并不能完全认知，也不太可能仅仅因商业标识或专利技术的区别就为购买的产品支付更高的价格。但时至今日，知识产权的繁荣会导致市场竞争中产品同质性的衰减，并诱致更为显著的产品差异性问题。以商标权为例，商标具有向消费者传递关于产品质量、卖家信誉等基本信息的功能。神经科学研究表明，商标能够传递和表达一定的情绪内容和有关产品特性的信息。遮蔽商标等传递特殊信息的标志将难以触发基于这些信息而产生的消费者偏好行为。[①] 当商标、外观设计、产品包装乃至产品广告语在长期的工商业活动中建立起实质性的产品差异

① Lindstrom, *Buyology: Truth and Lies About Why We Buy*, Crown Business, 2007, pp.26–27.

性且其竞争对手难以轻易地弥补这种差异时，那么特定商标或品牌就有可能单独构成相关商品市场。① 专利权也具有类似的效果。许多经营者仅对自有专利技术进行小幅改进即可使其包含该专利的产品显得与众不同，而该产品的竞争对手很可能也进行了相应的技术改进或升级。因此，对于专利技术集成度很高的产业而言，每个经营者都足以让自己的产品与其他产品相比具有一定的差异性。而反垄断执法机关将进一步判断这种产品差异性是否会影响相关商品市场的界定。若经营者能够将采用特定专利技术产品的价格提升 5% ～ 10%，而没有消费者放弃这些产品，那么根据假定垄断者测试法的原理，其潜在的替代产品将无法被纳入同一相关商品市场。②

（二）知识产权诱致的产品差异性对相关市场界定的影响

如前所述，知识产权可能诱致具有相同功能的产品呈现一定的差异性，从而影响相关市场的界定结果。以原研药和仿制药为例，当原研药的专利保护期限届满后，仿制药企业即可将进入公共领域的原研药品化学式进行复制并研发其仿制品。例如，原研药泰诺的专利权到期伊始，部分药企即开始基于泰诺的药品化学式生产其他扑热息痛类产品并试图与泰诺展开竞争。但值得注意的是，这些仿制药的价格与原研药泰诺相比几乎有高达 50%的差距。③ 尽管仿制药公司通过广告等途径宣传其药物具有与泰诺相同的药物成分，甚至这些仿制药经常与原研药物放置在药店相邻的货架上，但原研药的商标和商品名称仍能驱使很多消费者为同样的基本产品支

① Deven R. Desai and Spencer Waller, Brands, Competition, and the Law, *BYU Law Review*, Vol. 2010, 2010.

② Deven R. Desai and Spencer Waller, Brands, Competition, and the Law, *BYU Law Review*, Vol. 2010, 2010, pp.1468-76.

③ Anderson, Simon P. and Ciliberto, *Federico and Liaukonyte, Jura and Renault, Regis, Push-Me Pull-You: Comparative Advertising in the OTC Analgesics Industry*, December 20, 2012.

付更高的价格。[①] 事实上，许多法院都认为，原研药与其仿制药从反垄断角度目的来看并不处于同一商品市场。例如，在 Geneva Pharmaceuticals Technology 诉 Barr Laboratories 案中，由于众多消费者选择了具有鲜明识别性商标和商品名称的原研药，使原研药和仿制药之间始终存在价格上的显著差异，因此第二巡回法院得出的结论，认为原研药与其化学性质相同的仿制替代品并不处于同一相关商品市场。[②] 在该案中，在仿制药刚刚进入市场时，其售价仅为原研药的 70%，但随后仿制药的价格降至原研药的 50% 左右。[③] 由此观之，相关市场的界定并不总是依照产品的价格和功能进行划分的，由知识产权产生的产品差异性和消费者偏好可以左右消费者实施购买行为，进而影响相关商品市场的界定范围。这就是知识产权诱致的产品差异性对相关市场界定范围的影响，差异化产品的增多使产品之间的替代关系变得更为不确定。

更为关键的是，只要消费者对与特定知识产权相结合的产品形成足够的偏好抑或知识产权诱致的产品差异性足够明显，知识产权即可以影响任何商品市场。甚至在许多产品并无质量差异但存在基于知识产权的价格差异的市场中，知识产权也能产生类似影响。商标所传递的来源信息和商誉信息为消费者建立了超越产品功能的差异性并最终对相关市场的界定范围产生影响。根据一项调查证据表明，消费者普遍愿意为他们青睐的商品承担更高的售价。其中，有 72% 的消费者愿意支付超过同类竞争商品售价的 20% 来购买青睐的商品，有 50% 的消费者愿意支付 25% 的溢价，有 40%

① 事实上，许多消费者甚至认为低价位是仿制药的药效不如原研药的一种信号。参见 Dan Ariely, Predictably Irrational 83-84 (2008)。

② Geneva Pharmaceuticals Technology Corp. v. Barr Laboratories, Inc., 386 F.3d 485, 497-498 (2d Cir. 2004).

③ Geneva Pharmaceuticals Technology Corp. v. Barr Laboratories, Inc., 386 F.3d 485, 496-497 (2d Cir. 2004).

的消费者愿意支付30%的溢价，甚至有25%的消费者认为当在购买其中意的品牌时溢价并不是其考虑的因素。[①] 事实上，只有不到30%的消费者会因为溢价的问题放弃他们所青睐的商品，这意味着20%的价格上涨并不是假定垄断者测试中有利可图的价格水平，而且高达20%的价格上涨也并不是假定垄断者测试常见的涨价幅度。若某商品具有足够的黏性使所有消费者愿意支付超过5%竞争价格的价格，那么该商品即可单独构成一个商品市场。这个广义的调查并没有涉及具体的商标或品牌，但即使这样，众多的知名商标产生的大量用户黏性使调查所反应的结果具有相当的可信度。[②]

（三）知识产权诱致产品差异性问题的产生原因

知识产权的繁荣导致产品同质化竞争的衰减，诱致了产品差异性问题的出现，从而使被消费者普遍认为处于同一市场的两款产品很可能并不存在反垄断法意义上的紧密替代关系。这主要是由于以下两个原因所致：

1. 知识产权的构成特征易于形成差异化竞争。在市场经济条件下，创新行为应能够实现收支平衡，乃至盈利才会激励创新者投入资金、从事研发活动。知识产权法赋予创新者在一定时期内对其创新成果享有专有权，其他人若要利用其创新成果，必须征得其同意并支付一定的费用，也即为创新者提供了最经济、有效和持久的创新激励。但对于创新者而言，其创新成果还需具备相应的实质性要件才能获得知识产权法的保护。以发明专利为例，专利法要求发明专利必须具有创新的本质。除须考虑专利申请

① Scott M. Davis, *Brand Asset Management: Driving Profitable Growth Through Your Brands*, Jossey-Bass Inc, June 6, 2000.

② Sanjoy Dhose & Oded Lowengart, Taste Tests: Impacts of Consumer Perceptions and Preferences on Brand Positioning Strategies, 10 *J. Targeting, Measurement & Analysis For Marketing* 26, 30 (2001).

书所主张的权利范围与现有技术所揭露的内容在文义解释上是否完全一致外，还需更进一步考量两者在具体要素或整体方案上是否构成实质相同。不仅如此，专利法还要求申请的发明应与现有技术相比，具有突出的实质性特点和显著的进步，即发明包含的技术方案应使相关领域中具一般技术水准的研发人员无法根据现有技术的揭露内容轻易完成欲申请专利的发明。① 这进一步增强了待申请技术方案与现有技术内容之间的差异性。

商标权也具有类似的效果。商标法要求申请注册的商标应具有显著性。尽管显著性的内涵抽象而不确定，但“是否能与其他商品相区别”一直是商标显著性最核心的要求。如《与贸易有关的知识产权协议》第15条规定，任何能够将一个企业的商品或服务与其他企业的商品或服务区别开的标记或标记的组合，均应能够构成商标。我国《商标法》第9条也规定，申请注册的商标，应当有显著特征，便于识别，并不得与他人在先取得的合法权利相冲突。换言之，作为商标的标志在外部形式上要区别于非商标标识且独立于商品的包装或外观设计，与同类或近似商品上的商标不相同或近似。若商标与注册在先的商标在视觉上基本无差别或其文字的字形、读音、含义、颜色及各要素组合后的整体结构相似，易使相关公众对商品的来源产生误认或者认为其来源与注册在先商标的商品有特定的联系，则该商标涉嫌侵权，有被宣告无效之虞。

由此观之，若某种智力成果获得法律授权成为知识产权就意味着其具备了其他智力成果无法模仿或复制的技术内容或外部特征。一旦知识产权与特定产品相结合即可形成与其他产品的差异性，从而形成对其技术内容或外部特征进行同质化竞争的市场壁垒。这种由知识产权所构成的市场进入障碍有可能产生将其他具有相同功能、本应互相竞争的产品排除出相关

① 虽新颖性要件和非显而易见性要件有密切关联，但两者间仍有所区别，新颖性着重在专利申请范围和现有技术之间存在差异，然非显而易见性即创造性则强调这一差异对于相关领域内具一般技术水准的研发人员而言是否为显而易见即可轻易完成的。

商品市场范围的效果，但其排除效果的强弱主要取决于知识产权的质量。[①]知识产权制度阻止他人未经授权使用权利人的智力成果，但知识产权制度并不能凭空产生市场价值。换言之，知识产权的排他效力体现在市场或消费者对它的需求程度。知识产权的质量越高，商业应用转化越成熟，其排他效力就广泛。因此，知识产权制度保护了权利人对智慧成果的专有权，但专有的技术本身并不带来市场意义上的排他。

2. 特殊的成本结构使知识产权拥有较小的价格弹性。值得注意的是，知识产权的成本构成与传统有形商品存在较大差异，传统有形商品通常由研发成本、生产成本以及营销成本等类别均衡构成，可变成本占有较大比重；而知识产权则在其研发环节付出大量的固定成本。这是因为智力成果的获得并不是简单的模仿和改造，而是需要利用现有的知识信息和物质条件进行技术创新和智力创造。因此，创新活动通常具有不可预见性，需要负担大量的研发成本。特殊的成本结构使知识产权拥有较小的价格弹性，这也使假定垄断者测试并不能有效适用于涉及知识产权的相关市场界定，从而造成测试结果的误判。假定垄断者测试主要是根据替代性原理，使产品价格在基准价格基础上小幅但显著且非暂时性的上涨 5% ～ 10%，并据此观察价格上涨对消费者行为的影响，进而判断相关市场的范围。假设在其他条件不变的情况下，市场内存在一项近似产品 B。当消费者因产品 A 价格小幅但显著且非暂时性价格上涨转而购买近似产品 B 时，会致使产品 A 因销售量下降、利润减少而将价格调回竞争水平，那么此时即可认定产品 A 与近似产品 B 属于同一相关市场，亦即该市场范围包含这两种产品。接着，依照相同原理再加入近似产品 C，并再次以小幅但显著且非暂时性涨价的方式加以检验。不断重复此项步骤，直到市场上无任何产品具有此

① Robert P. Merges & Richard R. Nelson, "On the Complex Economics of Patent Scope", 90 *COLUM. L. REV.* 839, 890–91 (1990).

种替代性，即最终构成被告经营者可以小幅但显著且非暂时性涨价，但消费者仍不会转而购买其他替代产品的相关市场范围。

由于获取知识产权需耗费巨大的研发成本，固定成本在其成本结构中占有相当大的比重，那么经营者在销售和许可知识产权过程中所投入的可变成本并不会对产品的价格产生太多影响。例如，某专利药厂研发了一种治疗癌症的专利药，其研发成本为200亿美元，这部分属于固定成本。在获得专利授权和药品主管机关批准后，开始在要点进行销售。此时，该专利药的唯一增量成本或边际成本是药品专利的制造、营销费用。假设该专利药以200美元一盒的价格对外销售，那么根据假定垄断者测试的基本原理，专利药厂就具有极强的市场力量。这是因为，反垄断法所关注的市场力量是一种经营者能够将产品价格提升至竞争性水平之上仍能获利的能力，此处的竞争性水平通常是指产品的边际成本。[①] 若该药厂能够以超过边际成本的价格进行销售并获利，显然在相关市场内具有强大的市场力量。[②] 但权利人若以专利药的边际成本为基准售价，那么就很难收回前期的研发成本。在这个假设中，专利药厂人不仅必须支付生产每盒专利药的边际成本，而且还承担着用于研发和获取药品专利的巨额固定成本。鉴此，知识产权的成本结构使其对产品销售价格的波动反应不够敏感，以边际成本为基础价格进行假定垄断者测试未能考虑知识产权成本构成的特殊性。[③] 这也放大了知识产权诱致的产品差异性问题，使两个在产品功能、

① 产品的边际成本指的是每一单位新增生产的产品（或者购买的产品）带来的总成本的增量，被认为是商品可以销售的最低价。由于前期的固定成本已经沉没，理论上边际成本可以使经营者在不继续增加成本的情况下继续生产。在实践中产品的边际成本通常难以测定，因此反垄断执法机关和法院倾向于采用平均可变成本或增量成本来替代。

② Herbert Hovenkamp ET AL., *Ip and Antitrust: An Analysis of Antitrust Principles Applied to Intellectual Property Law*, Kluwer, § 3.2 (2d ed. 2010 & Supp. 2011).

③ Herbert Hovenkamp ET AL., *Ip and Antitrust: An Analysis of Antitrust Principles Applied to Intellectual Property Law*, Kluwer, § 3.2 (2d ed. 2010 & Supp. 2011).

特性差别不大的产品因为彼此之间较小的价格弹性而被反垄断执法机关误判为处于不同的相关市场。

（四）知识产权诱致的产品差异性问题与市场力量的关系

1. 知识产权诱致的产品差异性并不排斥需求替代产品的产生

依照产业组织理论，市场中的产品存在差异是经营者获得一定市场力量的基础，其市场力量的大小取决于消费者对其差异化商品的接受程度。换言之，若经营者研发和生产的产品具有足以区别于其他同类产品的特征，并且该特征导致了消费者偏好或忠诚顾客的形成，那么该经营者在此特殊产品上就拥有一定的市场力量，以致其产品与其他同类产品被划入不同的相关市场。早期反垄断法在规制涉及知识产权的垄断问题时，通常将拥有专利直接视为拥有市场支配地位。随着反垄断理论对专利制度研究的不断深入，美国最高法院在 Illinois Tool Works 诉 Independent Ink 案中取消了对专利所有人不利的推定，认为拥有专利已不再当然被视为拥有市场力量，[①] 但这并未阻隔知识产权诱致的产品差异性与市场力量之间的关系。随着经营者的生产经营活动对知识产权的依赖不断增强，专利权、商标权等知识产权与商品的结合也日趋紧密。而差异性在与知识产权相结合的商品上也更为明显。如前所述，知识产权诱致的产品差异性客观上拉大了经营者与竞争对手之间在产品空间上的距离，减弱了价格竞争的强度。同类产品的差异化程度越高，比如商标赋予产品的差异性越强，则消费者对产品的偏好程度越高，其承担的转移成本就越大，产品价格对消费者购买行为

① Illinois Tool Works Inc. v. Independent Ink, Inc., 547 U.S. 28, 45-46 (2006).

的影响就越小。[①] 此时，经营者对其产品的价格调节能力就越强，市场力量也就越强。[②]

然而，知识产权诱致的产品差异性在大多数情况下并不会对市场力量的形成发挥显著作用。这是因为各国反垄断执法机关和法院在长期的反垄断实施过程中认为相关市场应该从需求替代性角度进行分析和界定，而知识产权诱致的产品差异性并不排斥需求替代产品的产生。所谓需求替代性，是指从消费者角度来看，不同产品由于具有相同或者近似的功能和特性，可以相互替代以满足自身的同样需求。[③] 但在美国联邦政府诉Aluminum案[④]中，法官Learned Hand认为，从经营者的角度，基于其他经营者改造生产设施的投入、承担的风险、进入目标市场的时间等因素确定不同产品之间的替代程度更易于恰当地评估相关市场和反竞争效应。美国司法系统在随后的实践中也逐渐认识到仅从需求替代性进行测试可能导致

---

① 只要消费者对附着知识产权产品的偏好足够大抑或因知识产权产生的产品差异性足够明显，知识产权即可以影响任何商品市场。甚至在许多产品并无质量差异但存在基于知识产权的价格差异的市场中，知识产权也能产生类似影响。例如，汽油行业中壳牌（Shell）汽油的售价普遍高于阿科（Arco）等竞争对手，即使这些品牌的加油站相隔不远。商标所传递的信息为消费者建立了显著的产品差异性，无论这种差异性是否基于被售出产品在功能上的差异。

② Harold Hotelling, Stability in Competition, 39 *ECON. J.* 41, 45-8（1929）. Hotelling还认为，在产品质量相同的条件下，同类产品间的差别越大，则市场的需求价格弹性越小，经营者对于价格的调节空间也越大。经营者所采取的产品价格策略实际上是一种市场进入壁垒，在满足消费者差异化需求的同时，阻却了竞争对手或潜在竞争对手的进入。

③ 美国联邦最高法院在1956年联邦政府诉EI Du Pont一案中首次从这个角度对相关市场进行了分析。在该案中，法院认为市场是由消费者基于相同目的、具有合理替代性的产品而构成的，从而确立了利用产品间的交叉需求弹性理论分析产品间的合理替代性的分析方法，这种方法也佐证了需求替代性在相关市场界定中的重要作用。United States v. E.I. Du Pont de Nemours & Co., 351 U.S. 377, 395（1956）.

④ 在该案中，Hand法官认为，在同一市场内，二手产品可能会限制全新耐用产品的价格，但全新产品的垄断者可以通过减少产量以限制二手产品的未来供应从而显著地抵消这种竞争效应。United States v. Aluminum Co. of America, 148 F.2d 416（2d Cir. 1945）.

相关市场范围界定存在偏差。[①] 于是从 20 世纪 70 年代中期开始，部分法院开始在界定相关市场时引入供给替代性分析。从供给替代性角度分析相关市场实际上是对相关商品市场内产品提供者是否能够相互替代的一种考察。根据 2006 年美国《横向合并指南评论》，供给替代性角度更适宜作为一种特殊的分析工具，而非一种常态化的分析模式。相关商品市场界定的关键在于确定现有替代产品的范围，因此，需求替代性分析是界定相关商品市场的主要方法，而供给替代则是界定相关商品市场的辅助方法。[②] 具体而言，两种产品若具有较紧密的需求替代性，则说明两者是紧密替代产品，此时无须再考察两者的供给替代性即可认定两者属于同一相关商品市场。当两种产品之间不存在需求替代性时，则需进一步考察两者的供给替代性。当两种产品的生产商能够在短期内以快速且便捷地转型生产另一种产品，则两者具有较紧密的供给替代性，也可以证明两种产品构成潜在替代产品并处于同一相关商品市场中。换言之，若两者具有需求替代性，则足以证明两种产品可以构成同一相关商品市场，而不具有较紧密的供给替代性也并不意味两种产品分别构成各自的相关商品市场。也即具有较紧密的供给替代性，往往是两种产品构成同一相关商品市场的充分条件，而非必要条件。

知识产权因其专有性而被视为独占性权利，即未经知识产权权利人许可，任何人不得利用该项知识产权，否则将构成侵权并承担法律责任。但知识产权仅排除他人未经许可的擅自使用，以保障知识产权权利人利用其独占性权利来获取相应利益，既未阻碍竞争对手采用其他技术方案研发具有相同或近似功能产品的行为，也不排斥竞争对手在相同或类似商品上采

① Jonathan B. Baker, The Antitrust Analysis of Hospital Mergers and the Transformation of the Hospital Industry, 51 *Law & Contemp. Probs.* 93, 101-02 & n.42 (1988).

② 美国 2010 年《横向合并指南》认为相关市场应该仅着眼于需求替代因素，而供应商反应的考察在识别市场参与者、市场份额的估算、竞争效应的分析以及市场进入等竞争分析中也十分重要。

用其他具有显著特征标识的行为。知识产权赋予的独占性是一种权利边界的排斥，而非市场进入排斥。[①] 换言之，知识产权诱致的产品差异性并不排斥需求替代性的产生。即使与竞争对手的专利技术方案或商业标识有所差异，只要从消费者角度，产品间在功能、特性和价格上相同或者近似，可以相互替代以满足自身的同样需求，那么即可认定两者具有紧密替代关系，相关市场的界定结果并不会受到影响。而当相关市场范围内存在一定规模的具有紧密替代关系的替代产品时，即使与专利或商标相结合的知识产品也难以具备将价格提升至竞争水平之上而仍能盈利的能力。

2. 知识产权与市场进入壁垒

值得注意的是，如果相关市场范围内缺乏具有紧密替代关系的替代产品时，与特定知识产权相结合的产品可能会因为其他原因形成反垄断法意义上的市场力量。导致具有紧密替代关系产品缺乏的原因通常是知识产权与某种排斥市场进入的条件相结合。以孤儿药品制度为例，孤儿药（orphan drug）是指用于治疗罕见疾病的药物。[②] 一般而言，专利保护是激励药物研发的主要机制。但由于药物的研发成本极高且研发周期较长，若药物上市后的获利无法回收成本，即便拥有专利权的保护，制药企业通常也不会进行相关的研发工作。鉴于孤儿药主要针对罕见疾病的治疗，其市场需求和获利空间均十分有限，缺乏对制药企业足够的研发激励。鉴此，各国政府通过提供特定药物市场独占销售权等方式，鼓励制药企业研发针对各类罕见病症的孤儿药，以提升本国公民的健康程度与福利水平。具体来说，一旦某种药物首个获得药品主管机关批准授予孤儿药资格并成功上市，那么原则上药品主管机关就不能再行批准或者授权权利人之外的第三人就针对同种罕见疾病的同种药物提出的申请。换言之，一旦制药企业诊疗某种罕

---

① Christina Bohannan & Herbert Hovenkamp, *Creation Without Restraint. Promoting Liberty and Rivalry In Innovation*, Oxford University Press, ch. 4 (2012).

② 各国对罕见疾病的认定主要以该类疾病罹病人数作为划分标准。

见疾病的药品被认定为孤儿药，那么将从获得批准或者授权之日起在一定期限内获得超越专利保护期限的市场独占销售权。由此可见，孤儿药品制度是以市场独占权利为对价换取制药企业对罹患特定疾病人群用药需求的满足。这种从需求替代角度的排他性制度设计阻隔了其他具有相同疗效的专利药品进入市场，从而使孤儿药品的权利人在治疗特定罕见疾病药品市场内形成了反垄断法意义上的市场力量。

被纳入技术标准的专利在某种程度上也具有类似的排他属性。标准必要专利是指基于某一产业标准进行产品制造或服务提供时不可或缺的专利。对于专利权人而言，将所持有的专利纳入产业标准是希望借由相对非竞争的做法来追求使用上的规模性，乃是在专利权的排他属性之外逆向的价值发展亦即用原本的独占换取伴随标准化而来的技术传播和采纳。从专利权人的角度看，当专利技术被纳入标准后，由于该专利技术是产品的制造商必须要使用的技术，而专利权人又是该必要专利许可市场的唯一供给方，那么该专利即借由技术标准的强制性和兼容性要求切断了与其他具有相同或近似功能的技术的替代关系。例如，在华为诉交互数字公司案[①]中，法院认为交互数字公司拥有全球（包括中国和美国）3G 标准必要专利，作为在全球范围内从事无线移动终端和基础设施生产、销售的经营者，华为公司在生产经营中必然要使用这些 3G 标准必要专利，每一个 3G 标准必要专利都不能为其他技术或其他专利技术所替代。

但需要指出的是，技术标准与孤儿药制度赋予专利的技术排他性仍有不同。孤儿药制度属于市场进入排除，阻隔了具有竞争关系的替代产品进入特定罕见疾病的治疗市场，而技术标准只是专利制度为解决产业发展中技术传播和技术兼容问题的一种制度工具，其实质上是一种统一的技术规范，能保障重复性的技术事项在一定范围内得到统一，以保证产品或服务

① (2013) 粤高法民三终字第 306 号。

的互换性、兼容性和通用性，从而降低生产成本，并且消除消费者的“替换成本”以保护消费者的利益，并促进技术进步。在华为诉交互数字公司案中，法院还认为，交互数字公司未能举证证明若不使用涉案的标准必要专利，华为公司能否从他处获取替代技术或其他专利技术。换言之，一旦被认定为标准必要专利，那么技术标准能够排除其他替代技术并赋予必要专利一定的市场力量。但标准之间会有竞争，这种竞争至少可以体现在上游许可水平的竞争以及与不同标准兼容的替代性最终产品之间在下游的竞争。不论是源自上游或下游水平的竞争性约束，都将影响标准必要专利持有人在技术许可市场上的地位。如果标准必要专利的被许可人能够转向其他的替代性技术，且成本可行，则不论这种替代性技术是否被授予知识产权，标准必要专利持有人都无法有效实施垄断性力量。类似地，如果最终消费者能够轻易地转向那些不使用被许可技术的替代产品，这类最终产品之间的竞争将代表一种对于标准必要专利权人而言非常明显的竞争约束。鉴此，标准必要专利并非当然地赋予专利权人支配性的市场力量。技术标准之间也可能存在竞争约束，无论是同一时代抑或代际间的技术标准竞争都直接影响着各个技术标准中的标准必要专利的相关市场范围，并最终影响标准必要专利权利人的市场力量。

总而言之，知识产权在一定程度上会增强产品的市场力量。这是因为，知识产权的繁荣导致市场竞争中产品同质性的衰减，从而诱致产品差异性的出现。知识产品在功能和特性上的差异可能对相关市场的界定结果产生影响，因为知识产权的构成特征易于形成差异化竞争且特殊的成本结构使知识产权拥有较小的价格弹性。但不可否认的是，知识产权诱致的产品差异性并不必然导致市场力量的形成，从而构成单独的相关市场。这是因为，知识产权诱致的产品差异性并不排斥需求替代产品的产生，而市场力量的形成需要知识产权结合特定的市场进入排斥条件。这种市场进入排斥条件既可以是国家对社会资源再分配的产物，如孤儿药品制度；也可以是基于特定的产业发展需求进行的技术规范，如被特定技术标准认定为标准必要专利。在自由竞争和技术开放的市场中，知识产权本身并不阻却新技术和潜在竞争者的进入，但知识产权诱致的产品差异性会增强特定产品在功能和特性上与其他竞品的差异。但这种差异性是否会影响相关市场的界定结果，仍取决于知识产权本身的先进性以及特定的市场进入壁垒。

三、价格反应不敏感的辅助方法

当假定垄断者测试受知识产权的影响难以在技术许可垄断案件中适用时，相关市场的界定即有可能回归到原始的合理替代性分析中来。但值得注意的是，知识经济背景下的商品活动早已不再是以部件单一或工艺简单的工业产物为主，更多的技术在商品制造过程中被使用或与特定部件进行结合形成新的商品。技术充分的参与商品的制造、生产过程使得商品的功能与技术的功能联系密切。在分析商品的合理替代性时，可以从以下几个方面进行展开：

1.使用相同技术且具有相同功能的商品。在分析商品的合理替代性时，最常见的就是使用相同技术且具有相同功能的商品。加上科技水平和产业化程度的不断提升，使产品标准化已成为许多产业在产品研发和生产时不可避免的现实。尤其是在信息通信科技领域，大到移动终端通信技术，小到蓝牙技术，无一不是标准专利的产物。但即便是使用相同的专利或技术且具有相同功能，基于不同生产商使用技术完成特定功能过程中的差异也可能导致其最终产品之间仍然具有一定程度的差异。例如，现存主要的浏览器编译引擎专利技术有 Trident、Gecko 以及 Webkit 等。虽然 Apple 公司的 Safari 浏览器与 Google 的 Chrome 浏览器均采用的是 WebKit 编译引擎，但在 WebKit 公布的兼容性报告中，Safari 浏览器在网站图标（site icon）的兼容性上存在一定问题，而 Chrome 浏览器则无类似情况。因此，在界定使用相同技术且具有相同功能的商品时，必须考虑由专利技术完成特定功能的过程中所造成功能上细微的差异性，进而判断该差异性是否会影响相同功能商品间的合理可替代性。

2. 使用相同技术但具有不同功能的商品。随着学科专业分工的细化和成熟，现在的商品很少由单一的专利或技术直接构成，更多地是由多项专利或技术组合而成。因此，不同功能的技术相互搭配可以构成许多新的功能。例如，广泛应用于移动终端的多点触控专利技术既可以与特定软件结合实现浏览页面的放大缩小功能，也可构成手势识别功能。此时相同技术提供的是实现类似功能的基本框架而非具体功能，在判断商品合理可替代性时，其合理可替代性可能根据不同用户需求而有所不同。以云计算技术[①]为例，Google 公司基于云计算服务的需求，申请并获得了 Google API（Google Application Programming Interface）的专利，利用可互动操作网页服务的一种应用程序编程接口。Google 利用 Google API 专利和开放的 Html5 编码研发了多项在线软件产品，包括谷歌日历（Google Calendar）和谷歌相簿（Google Photos）。两者虽使用了相同的专利技术（Google API），但其功能完全不同。在分析使用相同技术但具有不同功能的商品的合理替代性时，必须同时考虑专利技术与商品功能两者的合理替代性。由于替代行为发生在软件开发者的市场，除了分析功能上的合理替代性外，还应考量基于相同专利技术，开发者切换开发另一功能的可能性与成本。因此，无论是云计算抑或其他形成功能框架的专利技术，在进行相关商品市场界定分析时，应同时分析专利技术以及功能的合理替代性。

3. 使用不同技术但具有相同功能的商品。使用不同技术但具有相同功能的商品也是实务中常见的情形。在这种情形中，专利技术与功能的关系就如同美国《专利法》第 112 条第 6 款关于功能性描述的规定“权利要

---

① 云计算是指将软件与操作系统，如文字处理、音乐播放、数据管理甚至输入法等内容以网页服务的方式，由远程的服务器主机运算。用户无须被特定的实体计算机所束缚，仅需利用宽带网络服务接入远程服务器即可实现大部分的功能。

求中针对组合的特征可以被表示为用于执行特定功能的装置或步骤，而无须阐明支持该功能描述的结构、材料或动作，并且这样的权利要求应该被解释成覆盖在说明书及其等同物中所描述的相应结构、材料或动作”。此时相关商品市场的分析必须将构成商品的各项专利或技术进行分解，针对具体的专利或技术间的差异性，来判断其功能的替代性。例如，PDA、智能手机等手持上网装置的浏览器在浏览网页时，因为显示大小的关系，网络浏览的用户体验并不理想。① 加上重力传感器等技术并未应用于移动终端，横向浏览必须以手动方式辅助软件进行切换。因此，对于一般用户而言，移动终端的互联网浏览功能在很长一段时间内并不具有与台式电脑浏览器相同的使用体验，甚至还具有明显的体验差距。那么此时即可合理地认为，移动终端设备与台式电脑的网络浏览器并不存在使用上的合理替代性。随着科学技术的不断革新，移动互联设备在近几年也获得了长足的进步，尤其是随着 Apple 公司研发的搭载 iOS 系统的平板电脑的出现，在重力传感器、多点触控技术、电容触控屏幕等多种技术的支持下，移动终端设备上的网页浏览已经实现了与台式电脑网页浏览功能类似的体验，具有一定的合理替代性。除了触控与鼠标这类较主观的用户体验具有替代性的差异外，使用不同专利技术但具有相同功能的商品还可能存在一定的特殊差异。无论是对于相同标准的表现差异或是多项技术间协同运作的可能性，这种特殊差异通常被称为可兼容性。以前述基于不同编译引擎所开发的浏览器为例，Microsoft 公司的 Internet Explore 浏览器与 Apple 公司的 Safari 浏览器均具有网页浏览等相同功能，但 Microsoft 公司的 Internet Explore 浏览器与 Apple 公司的 Mac OS 系统就不具有可兼容性。是否具有可兼容性是判断使用不同技术但具有相同功能的商品的重要依据。在技术

---

① Dongsong Zhang, Web Content Adaptation for Mobile Handheld Devices, 50 *Commun. ACM* 75, 77 (2007).

标准化和技术集成化程度较高的市场中，使用不同技术但具有相同功能的商品即使在功能上具有密切的替代关系，若不具有可兼容性则给未涉案商品与候选市场内的其他商品相互替代的实现增加了一定障碍。总之，这类相关商品市场界定的分析关键仍在于特定的用户体验抑或技术兼容性的差异程度是否足以使消费者转而选择使用另一种替代商品。

4. 使用不同技术且具有不同功能的商品。使用不同专利技术且具有不同功能的商品在相关市场界定过程中，其特性与传统特定市场分析的状况类似。在进行相关商品市场分析时，其专利技术的替代性并不影响商品功能的替代性。经营者即便使用不同的专利技术仍可以研发出具有替代性功能商品。例如，在美国联邦政府诉 Microsoft 案中，Microsoft 公司就认为使用不同技术且具有不同功能的浏览器与操作系统处于同一市场。但是在该案中，哥伦比亚地区法院对于浏览器与操作系统是否属于同一商品市场持否定的观点。地区法院认为，浏览器与操作系统在功能上存在替代性的原因在于浏览器与操作系统皆具有公开的应用程序编程接口。作为开发应用程序的重要工具，应用程序界面在程序设计领域中提供了各种结构性或功能性的功能，以供应用程序顺利运行。操作系统、浏览器、程序语言以及数据库等各种平台类型的软件均提供了应用程序编程接口作为开发各种应用的工具。因此浏览器公开应用程序编程接口意味着浏览器理应与操作系统一样，提供各种类型的应用程序。但地区法院认为，浏览器提供的应用程序编程接口在完整度上远低于操作系统且无法支持大部分利用应用程序编程接口所开发的应用程序。地方法院将这类提供应用程序编程接口但功能尚未完整的软件称为中间件（middleware）。[①] 美国司法部援引 Microsoft 公司的 Press Computer Dictionary 认为，“中间件是运行于软件

---

① United States v. Microsoft Corp., 84 F.Supp.2d 9（D.D.C. 1999）. United States v. Microsoft: Court's Findings of Fact, available at http://www.justice.gov/atr/cases/f3800/msjudgex.htm, 最后访问日期：2014 年 9 月 17 日。

间并传输数据的软件”。[①] 中间件在计算机软件的分层架构[②] 中介于操作系统与应用程序间，并能够通过应用程序编程接口的信息格式与重做系统联系。在联邦诉 Microsoft 案中，Microsoft 认为包括 Java、Navigator（Netscape 公司的浏览器）等中间件会占用操作系统的资源，甚至取代其部分的功能，因此在相关市场界定时应该将其纳入同一相关商品市场。但美国联邦巡回上诉法院认为，涉案的中间件既无法提供与 Windows 操作系统相同的功能，也无法完全取代 Windows 操作系统，因此并不能认为浏览器与操作系统属于同一商品市场。即便 Microsoft 一再强调浏览器的潜在威胁性，法院仍不认为在当时的状况下，浏览器与操作系统有合理的可替代性。根据美国联邦巡回上诉法院在本案中的观点，中间件与操作系统能否被纳入同一个相关市场的关键在于两者所提供功能的完整性是否能够互相替代。而欧盟委员会在 2009 年对于 Microsoft 公司搭售 IE 浏览器的裁定中也基本延续了联邦诉 Microsoft 案的观点，认为符合特定条件的计算机网络浏览器构成一个相关商品且与操作系统市场有所区别。欧盟委员会认为一个软件可被称为网络浏览器必须是一个能提供给用户利用消费者端计算机或是其他装置存取全球信息网内容的软件。这些内容存在于与因特网相连接的服务器中，而网络浏览器可以显示这些针对所有主要操作系统所设计的全球信息网内容。技术上而言，网络浏览器是一个基于 TCP/IP 协议联机来传送与接收用户特定需求的超文本传输协议数据流，并处理从特定服务器取得的信息并绘制该全球信息网内容来让用户可以检视。全球大部分信息网

---

① Wayne R. Dunham, The Determination of Antitrust Liability in United States v. Microsoft: The Empirical Evidence the Department of Justice Used to Prove Its Case, 2 *Journal of Competition Law and Economics* 549, 554 (2006).

② 计算机分层架构是指软件在不同的层级上执行、使用上一层级的资源。浏览器使用操作系统的接口资源与网络接口等资源，而操作系统则使用了计算机硬件的运算、储存、输入输出、网路接口等资源。因此所谓的中间件就是仰赖其他软件层所提供的资源来运行的软件。虽然操作系统也使用了上一层级的资源，但其上一层级为硬件并非软件。

内容都会使用超文本技术来实现在线浏览的效果。这个功能让网页可以通过超链接连接到其他网页、档案或多媒体内容。在网络浏览器中，超链接通常会以可点选的方式来呈现。因此，消费者在浏览互联网内容时，可以利用鼠标点击而不必用键盘输入每个网页的网址。换言之，网络浏览器因此可以让用户快速而容易地浏览互联网。与此类似的功能还包括代理服务器、插件、书签功能、HTML 预先处理、cookie 信息管理、弹出窗口阻挡、分页浏览、认证检查、脱机浏览、历史记录等。① 随着云端运算技术的发展，浏览器的功能快速增加，其合理可替代性势必会提高。因此，在判断使用不同技术且具有不同功能商品的相关市场界定时，应判断专利技术发展程度所影响的功能进步性。在相同的专利技术经过发展后，不同功能的商品在其功能上的替代性也会有所改变。

第四节　技术许可垄断案件的相关地域市场

一、相关地域市场概述

如前所述，由于判断经营者的市场力量时，须先界定商品市场的范围，进而计算其市场占有率，因此，除应界定相关商品外，还须进一步考量该商品在不同的地理区域可能对消费者的购买行为产生的影响。

自 1968 年《合并指南》开始，美国在历次指南中都明确规定，反垄断执法机关应对每个参与合并经营者的产品进行相关地域市场的界定。1992 年美国《横向合并指南》规定，相关地域市场是指在不存在价格歧视、且其他地域产品的销售条件不变的前提下，如果某个假定经营者是一

① Commission Decision of 16.12.2009 relating to a proceeding under Article 102 of the Treaty on the Functioning of the European Union and Article 54 of the EEA Agreement.

个区域内相关产品的现在和未来唯一的生产者，且当该经营者对相关商品施加一个微幅但显著且非暂时的涨价后，仍能维持盈利能力不变甚至有所提高，那么这个区域就构成一个独立的相关地域市场。欧盟委员会①也在1997年《关于为欧盟竞争法界定相关市场的委员会通知》中指出，相关地域市场包括所涉及企业参与产品或服务的供应和需求、竞争状况充分同质、因为竞争状况明显不同而可与邻近区域区别开来的区域。②

从美欧一系列执法指南对相关地域市场的定义中可以看出，相关地域市场的界定与相关商品市场界定的过程基本相似，首先要确定初始市场，假定不存在价格歧视时，初始市场的确定应该以生产者的销售区域作为分析起点，将参与涉嫌垄断的经营者所在的司法管辖区作为初始市场；当存在价格歧视时，应该以被迫承受高价的消费者作为研究对象，将其消费区域作为初始市场。初始市场确定后，再对该区域内相关商品的生产经营者施加假定垄断者测试。除了相似的界定流程外，相关商品市场界定中的最小市场原则及替代性原则也同样对相关地域市场界定适用。如在1966年美国联邦政府诉Ginnell集团案③中，法院在界定有关中央控制站保全服务的相关地域市场时认为，Ginnell集团的经营计划通常是以全国市场为目标的，而对其服务进行认证并核定保险费的保险公司也多为全国性经营者。因此，应认定该中央控制站的保全服务为全国性市场。

二、技术许可垄断案件相关地域市场界定的考量因素

一般认为，相关地域市场区域的规模总体上取决于运输成本以及与运

① 相对美国而言，为了促成欧盟统一市场的建立，欧盟在相关市场界定方面更重视相关地域市场的界定。早在1989年《合并条例》中就强调在界定相关市场时要在欧盟整体范围内考虑地域市场。

② Commission Notice on the Definition of Relevant Market for the Purposes of Community Competition Law, C372 09/12/1997, pp.0005-0013, paragraph 8.

③ United States v. Grinnell Corp. et al., 384 U.S. 563 (1966).

输产品价值之间的关系，如市场紧缺技术的地域市场范围通常大于需求性一般的技术。①1997年欧盟《关于为欧盟竞争法界定相关市场的委员会通知》则规定，相关地域市场界定时应综合考虑地域分销中有关产品的市场份额、价格运输方式、进入障碍、消费者偏好等因素。②值得注意的是，在分析技术许可垄断案件中的相关商品市场时，供给替代性并不是作为主要的分析角度。但是，欧盟委员会在《关于为欧盟竞争法界定相关市场的委员会通知》中指出，经营者的进入壁垒和转移成本对于相关地域市场范围的评估具有决定性作用。③如可从供给需求角度分析其他地域范围的下游技术供应商对涉案技术供应商的上游知识产品的定价行为所能达致的制约程度，并以此作为界定技术许可所涉地域市场范围宽窄的判断依据。假设涉案知识产品的经营者将其知识产品A提供给位于区域C的生产知识产品B的知识产品经营者，而该知识产品经营者与位于区域D的同样是生产知识产品B的知识产品经营者之间产生竞争关系，而此种竞争关系又能对涉案知识产品经营者在区域C的产品A的售价及产量决策发生直接性的制约效力，则可以推断出，在区域D供给知识产品A和B的知识产品经营者均处于同一知识产权相关地域市场范围内。④因此，与评估相关商品市场相比，供给替代性在评估相关地域市场时将发挥更重要的作用。

---

① Jones & Sufrin, *EC Competition Law*, Oxford University Press, 3rd edition, 2007, p.383.

② 这些因素由欧盟委员会列举以提供指导，只具有指导意义，并不具有法律上的约束力。但由于该通知是基于对长久以来判例中相关市场界定的经验总结，因此在执法实践中仍获得了一定权重。Commission Notice on the Definition of Relevant Market for the Purposes of Community Competition Law, C372 09/12/1997, pp.0005-0013, paragraph 1.

③ Commission Notice on the Definition of Relevant Market for the Purposes of Community Competition Law, C372 09/12/1997, pp.0005-0013, paragraph 50.

④ ACCC, 1999 Merger Guidelines, 5.69. 转引自龙柯宇:《滥用知识产权市场支配地位的反垄断规制研究》，华中科技大学出版社2016年版。

（一）进入壁垒

进入壁垒，[①] 是指可能因为法律或政府政策造成的障碍，比如配额和关税，也可能是由于建立分销网络的成本、对当地供应的需求等，以便在特定区域销售产品。进入壁垒的存在不仅对相关地域市场的界定产生影响，而且还不利于自由、公平的市场秩序。《欧盟运行条约》序言指出，《欧盟运行条约》的订立各方决心继续在欧洲人民之间建立更密切联盟的进程。现有障碍的消除需要一致行动以保证平稳扩张、均衡贸易和公平竞争。这些目标市场整合和公平竞争受到不同进入壁垒的威胁。[②] 也有许多案例表明法律规章可造成以国家为界限的监管壁垒，如在对 Aer Lingus 的调查中，欧盟委员会裁决认为，给予航班起降时段独家使用权的国家监管措施构成进入壁垒。[③] 同时，各国不同的可专利性主题范围以及技术许可规则也可能会对涉嫌垄断的技术许可协议的相关地域市场范围造成影响，如限定药品价格等最高价格相关的法律。[④]

当假定垄断经营者面临来自域外经营者的竞争威胁时，域外经营者对假定垄断经营者的提价行为的反应与本国经营者大致相同，但也有其特殊性。如 1982 年美国《合并指南》就曾指出外国企业在对假定垄断企业的

---

① 文献和欧盟判例法中关于进入壁垒的论述较多。进入壁垒是贸易壁垒的一个子类。壁垒可能是监管方面的、实际的甚至行为方面的，进入壁垒是指妨碍企业进入一国市场的障碍。对于运输成本相对较高的商品而言，地域市场限于国家边界内。从这个意义上来说，运输成本事实上成为进入壁垒。

② 92/553/EEC: Commission Decision of 22 July 1992 relating to a proceeding under Council Regulation (EEC) No 4064/89 (Case No IV/M.190 - Nestlé/Perrier) OJ 1992 L356 p.1, paragraphs 30.

③ 92/553/EEC: Commission Decision of 22 July 1992 relating to a proceeding under Council Regulation (EEC) No 4064/89 (Case No IV/M.190 - Nestlé/Perrier) OJ 1992 L356 p.1, paragraphs 19 and 20.

④ Consolidated Versions of the Treaty on European Union and of the Treaty Establishing the European Community of 29 December 2006, OJ C321E, C325/33.

提价行为作出反应时，可能还面临着汇率、关税和国际政治环境等约束。

而1984年《合并指南》则专门分析了配额对于相关地域市场界定的影响。由于一般情况下，很难量化特定配额的有效性和时效性，而且很难分析没有被施加该配额的外国企业的供给对国内产品提价的反应，所以在相关市场的界定环节不需要单独考虑外国企业的竞争，而是之后将外国企业的竞争作为单独的考虑因素，来评价其对市场份额以及市场集中度的影响。除此，2010年美国《横向合并指南》强调还要考虑语言、企业的声誉等因素的影响，并着重分析了汇率变动对国际竞争的影响。①

（二）运输成本

影响相关地域市场规模的因素有很多，运输成本在其中占有相当大的权重。如果所运输专利产品的价值相对于运输成本而言较高，则相关地域市场往往较宽。相反，如果所运输专利产品的价值相对于运输成本而言较低，则相关地域市场往往较窄。因此，相对较高的运输成本可导致国家市场的形成。② 在界定知识产权相关地域市场的外延时，运输费用在相关权衡因素中也占据了较为重要的位置，因为其已被计算在了知识产品的售价当中，较高的运输成本必然导致专利商品市场售价的提升，并最终由普通消费者承担。这里的运输成本大小往往与运输工具投入、相关区域的交通现状、运输人员报酬、治安情况等因素相挂钩。通常情形下，运输成本在产品售价中所占百分比可以在一定程度上折射出相关地域市场范围的大小。比例越高，则相关地域市场范围越小；反之，则越大。如在United Brands诉欧盟委员会案中，仅仅以运输成本为粗略的考量标准，相关地域市场便包括了6个欧盟成员国。③ 而在2004年9月加拿大竞争局

① U.S. 2010 Horizontal Merger Guidelines, Section 4.2.

② Jones & Sufrin, *EC Competition Law*, Oxford University Press, 3rd edition, 2007, p.383.

③ United Brands v. Commission, Case 27/76［1978］ECR 207.

（Canada Competition Bureau, CCB）发布的《合并实施资行指南》（Merger Enforcement Guidelines）中也确认了相关的运输成本在界定相关知识产权地域市场过程中所起的作用。①

（三）市场份额的分布和同质竞争状况的区域

相关地域市场包括竞争状况相似或足够同质的所有区域，也即对所涉及产品适用的客观竞争状况对所有经营者而言均相同的区域。② 欧盟委员会认为，经营者在不同国家持有迥异市场份额是竞争状况缺乏同质性的基本证据，如一个经营者在一国占有 40% 的市场份额而在另一国只占有 5%，则市场份额的差异可能是这两个国家之间竞争状况不同的证据。③

知识产权的特质决定了其相关地域市场多被认定为技术标准中知识产权受保护的地区或滥用行为发生的地区。换言之，在处理技术许可垄断案件中，其相关市场常被认定为授予国家垄断的区域或是知识产品经营者享有知识产权保护的区域。如在华为诉交互数字公司案中，交互数字公司在

① 该指南指出：如果一个较远地区的产品价格加上该地区到涉案企业所在地区的运输费用超过了涉案企业相同产品的价格加上 5% 涨幅的总和，则较远地区提供相关产品的经营者通常不被纳入到相关市场范畴内。如果有证据表明，在排除运输费用因素外，一个较远地区的产品价格曾经超过或者低于案件中初步假定的相关地理市场中的产品价格，则它们应当属于两个独立的相关市场。但是，在作出上述结论之前，竞争执法局会考察 5% 涨幅是否能够对案件中假定的相关地理市场中的产品价格产生约束。当在一个相对较远的地区与假定存在价格上涨行为的地区之间存在涉案相关产品的大批量运输时，较远的地区应当包含在相关地理市场范围内。See CCB, 2004 Merger Enforcement Guidelines, 3.24-3.26.

② Case 27/76, United Brands Company and United Brands Continentaal BV v. Commission, [1978] ECR 207, paragraph 11 and 44.

③ Fine, Frank L., *Mergers and Joint Ventures in Europe: The Law and Policy of the EEC*, Graham and Trotman Limited, 2nd edition, 1994, p.200, with reference to paragraph 16a (author's not.) in the 91/403/EEC: Commission Decision of 29 May 1991 declaring the compatibility of a concentration with the common market (Case No IV/M.043 Magneti Marelli/CEAc) - Council Regulation (EEC) No 4064/89, OJ 1991 L 222 p.38.

许多国家都持有的专利，纵使质量、期限以及许可内容均相同，其权利本身也是彼此独立、互不干涉的，权利存在的前提与行使的地域都不一样，相互间尚没有形成替换或者竞争关系。因此，该案最终的相关地域市场有两个，一个是交互数字公司在中国无线通信领域技术标准化条件下每一项必要专利市场，另一个是交互数字公司在美国无线通信领域技术标准化条件下每一项专利市场，双方在其权利所行使的地理范畴当中（中美两国）形成完整且相互独立的相关地域市场。

（四）产品价格的差异

在《相关市场界定——理解竞争法》中，英国公平交易局（Office of Fair Trading, OFT）就指出，对于多数消费者而言，若是产品价值较大，他们便会不惜花费更多的搜寻成本和交通成本去购买此类物美价廉的产品。而就日常消费品来说，多数消费者缺乏足够的动因跨区域进行采购，因而导致其相关地域市场较为狭小。但在交通费用并不过分高昂的情形下，消费者在生产性批发市场上的流动性也是很大的。将相关交通费用与产品价格进行比较，若后者较低，则涉案之相关地域市场多不会太过宽泛。[①]

（五）许可条件上的差别待遇

日本公平交易委员会在 2004 年 5 月发布的《企业合并的反垄断法审查指南》中指出，在界定相关地域市场时，还应考虑公司集团与交易伙伴、分销层次、不同经营者交易的特征等因素。[②] 比如，当某经营者将某项专利的用户划定为大型用户群和小型用户群，并凭此区分出不同之交易条件。当针对小型用户群的许可价格被提升时，因受制于不同的交易条件，

① OFT, Market Definition-Understanding Competition Law, 4.3,4.4 Section.

② 龙柯宇:《滥用知识产权市场支配地位的反垄断规制研究》，华中科技大学出版社 2016 年版，第 128 ~ 129 页。

小型用户群难以转为获得向大型用户群许可的技术，最终致使知识产品公司的涨价行为得以成功实现。据此可以推断出，上述两个用户群分处于两个不同的地域市场。

第四章 技术许可垄断案件的相关技术市场界定

第一节 相关技术市场概述

一、相关技术市场维度的引入

在传统反垄断法实务中，反垄断执法机关通常选择从相关商品市场维度来界定从事商品生产和销售的经营者参与竞争的市场范围。但随着专利技术以及计算机软件与传统商品的充分结合，仅从单一的相关商品市场维度进行市场界定已经难以充分地呈现经营者真实的竞争状态。因此，需要引入新的分析工具来辅助界定经营者参与市场竞争的范围。在 1995 年美国《知识产权许可的反垄断指南》中，美国司法部和联邦贸易委员会正式引入了相关技术市场的界定维度并指出“技术市场是由被许可的知识产权及其紧密替代品构成的。如果知识产权与使用该知识产权的商品被分别进行交易，则执法机关可以根据技术市场来分析该许可协议的竞争效果”。[①] 技术市场分析维度的引入表明反垄断执法机关逐渐认识到，与技术许可相

① 这里的被许可知识产权的紧密替代品是指与被许可知识产权具有紧密替代关系的替代技术或商品，可有效地限制与被许可知识产权有关的市场支配地位的滥用。参见 U.S. 1995 Antitrust Guidelines for the Licensing of Intellectual Property, Section 3.2.2。

关的经营者竞争行为不只会在相关商品市场范围内产生反竞争效应，这种反竞争效应同样会影响相关技术市场的竞争秩序。随后不久，欧盟委员会也在其 2001 年发布的《关于横向合作协议适用〈欧盟运行条约〉第 81 条的指南》中引入了专门用于分析专利技术竞争范围的相关技术市场概念。该指南认为，“当知识产权独立于与之相关的商品而被销售[①]时，相关技术市场也需要被界定。技术市场由被许可的知识产权及其紧密替代品构成，而紧密替代品则是指消费者将其作为被许可知识产权替代品的其他技术”。[②]在 2012 年 Apple 诉 Samsung 一案[③]中，Apple 公司也沿用了这一分析维度。Apple 公司和 Samsung 公司均为欧洲电信标准协会（European Telecommunications Standards Institute, ETSI）的成员，而该组织则参与制定了包括移动通信标准（Universal Mobile Telecommunications Standard, UMTS）在内的移动无线运营技术标准。[④]在制定 UMTS 标准的过程中，三星提出将自有的多项专利纳入标准。在本案中，Apple 控诉 Samsung 欺骗和诱导制定 UMTS 标准的 ETSI 标准化组织采用 Samsung 自有的必要专利并随后拒绝以公平、合理且非歧视（Fair, Reasonable, and Non-

① 原文使用的是 market 一词，意为销售、交易，但结合上下文不难将其理解为单独参与市场竞争，也即技术许可。

② Guidelines on the applicability of Article 81 of the EC Treaty to horizontal cooperation agreements（2001/C 3/02），2.2（b）47. 另外，欧盟委员会在随后发布的《技术转让协议成批豁免条例》（772/2004 号条例）中进一步指出，无论是与特定商品还是特定生产程序相结合，技术都是一种投入品（input）。因此，技术许可既可以影响投入品市场，也可以影响输出品市场。例如，两个销售竞争性商品的经营者交叉许可与这些商品生产相关的技术就有可能限制相关商品市场的竞争。这也可能会限制技术以及其他可能投入品市场的竞争。Commission Regulation（EC）No 772/2004 of 7 April 2004 on the application of Article 81（3）of the Treaty to categories of technology transfer agreements, para. 20.

③ Apple Inc. v. Samsung Electronics Co., Ltd., Not Reported in F.Supp.2d（2012）.

④ 第三代合作伙伴计划（3rd Generation Partnership Project, 3GPP）是一个成立于 1998 年 12 月的标准化机构。目前其成员包括欧洲的 ETSI、日本的 ARIB 和 TTC、中国的 CCSA、韩国的 TTA 和北美洲的 ATIS。

Discriminatory Terms, FRAND）的方式许可该专利的行为违反了反垄断法。但 Samsung 认为 Apple 公司提交的相关市场界定的证据存在问题，不应界定相关技术市场，而应遵循美国联邦第九巡回法院（U.S. Court of Appeals for the Ninth Circuit）的先例从相关商品市场的维度进行界定。正如第九巡回法院在 Newcal Industries 诉 Ikon Office Solution 一案[①]中所指出的，"若要依据谢尔曼法提出有效的控告，原告必须提出理由并证明被告在相关市场内具有市场力量"。Apple 公司提出了足够的证据证明 Samsung 行为及其反竞争效应影响了与 UMTS 标准中 Samsung 公司自有的每个必要专利具有竞争关系的技术所构成的不同技术市场。随后，Apple 公司进一步指出每个 Samsung 公司自有的 UMTS 标准中的必要专利均单独构成一个反垄断法意义上的相关技术市场。但 Samsung 公司仍辩称，在 Newcal 案中第九巡回法院要求相关市场应是实物产品的市场。法院回应称 Samsung 公司对 Newcal 案的理解过于狭隘。在该案中，第九巡回法院区分了由产品或生产者界定的市场和由消费者界定的市场，并最终将相关市场界定为一个服务市场。[②]Apple 公司的立场与其他法院的先例是一致的，均认为在必要专利被标准化组织采纳后，技术市场可以作为相关市场被界定。例如，第三巡回法院（U.S. Court of Appeals for the Third Circuit）就总结认为一个反垄断主张的相关市场可以是专有技术市场，并指出一个专利被纳入标准，使相关市场的范围与该专利的范围一致。[③]加州北区法院（U.S. District Court, Northern District of California, San Jose Division）也持类似的观点，认为"反垄断控诉中的技术市场由被许可技术构成"。[④]因此，相对于界定相关商品

① Newcal Industries, Inc. v. Ikon Office Solution, 513 F.3d 1038, 1044（9th Cir.2008）.

② Newcal Industries, Inc. v. Ikon Office Solution, 513 F.3d 1038, 1045（9th Cir.2008）.

③ Broadcom Corp. v. Qualcomm Inc., 501 F.3d 297（3rd Cir. 2007）.

④ Hynix Semiconductor Inc. v. Rambus Inc., No. CV-0020905 RMW, 2008 WL 73689, at *2（N.D.Cal. Jan.5, 2008）.

市场，当知识产权被独立于商品被交易时，从技术市场维度进行相关市场界定能够更准确地反映经营者竞争行为的市场范围。

二、相关技术市场维度分析的特殊价值

由于越来越多的经营者在技术与创新领域展开竞争，反垄断执法机关也逐渐开始重视技术领域内的竞争问题。相关技术市场分析维度不仅是反垄断政策上的重要发展，而且也顺应了全球经济发展的大趋势。但在实践中，相关技术市场的适用范例仍然较少，这与反垄断执法机关对反竞争效应的理解不无关系。传统的反垄断理论更为关注静态的市场秩序和竞争行为。但随着专利技术在产业竞争中的作用越来越大，静态的市场秩序和竞争行为无法准确反映真实的市场竞争状况。例如，在美国联邦贸易委员会诉 Lundbeck 一案[①]中，美国联邦贸易委员会状告 Lundbeck 公司收购药物 NeoProfen 的行为违反了美国《克莱顿法》第 7 条，但由于联邦贸易委员会并未从相关技术市场维度进行市场界定分析，最终导致未能证明 Lundbeck 的行为实质性减少了相关商品市场的竞争并败诉。在该案中，被告 Lundbeck 先后于 2005 年和 2006 年收购了当时仅有的两种治疗动脉导管未闭症（Patent Ductus Arteriosus, PDA）[②]的专利药，分别为 Indocin Ⅳ和 NeoProfen。其中 Indocin Ⅳ已于 1986 年获得美国食品及药物管理局（Food and Drug Administration, FDA）批准，进入零售市场，而 NeoProfen 则是在该收购完成后才获得食品及药物管理局批准。由于垄断了治疗动脉导管未闭症的药物，Lundbeck 开始大幅提高药物的销售价格。Indocin Ⅳ在被收购前的售价是 77.77 美元 / 针，在收购完成后仅两天 Lundbeck 就将 Indocin Ⅳ的价格提升了近 1300%，到 2008 年其单价已高达 1614.44 美元 / 针，而

---

① FTC v. Lundbeck, Inc., 650 F.3d 1236, 1237-1243（8th Cir. 2011）.

② 动脉导管未闭症（patent ductus arteriosus, PDA）是小儿先天性心脏病常见类型之一。

NeoProfen 的售价也高达 1522.50 美元。联邦贸易委员会从相关商品市场的角度分析认为，由于 Indocin Ⅳ和 NeoProfen 均被用于治疗动脉导管未闭症，因此两者在功能上具有相互替代性，并据此认定两者处于同一商品市场。但法院没并未采信联邦贸易委员会的观点。根据七名新生儿科医师的证词，他们在治疗动脉导管未闭症的过程中对两种药物的选择完全是基于这两种专利药在临床上的优缺点，并不涉及两者的相对价格。据此，法院认为 Indocin Ⅳ的价格提升并不会促使医生在制订治疗方案时转而选择 NeoProfen，反之亦然。基于这一判断，法院认为 Indocin Ⅳ和 NeoProfen 的需求交叉弹性低，两者并不处于同一相关商品市场。虽然联邦贸易委员会辩称法院过于重视临床医生的证词，而忽视了医院而非医生才是动脉导管未闭症治疗药物的消费者，而医院会受到价格提升的影响。但由于缺乏相应的证据，这一观点也未被法院所采信。随后联邦贸易委员会试图利用合理替代性分析来证明功能相同的商品应被置于同一相关市场中，但法院援引 Henry 诉 Chloride 案中的观点，认为功能相同的商品，也可能处于不同的相关市场，这取决于案件事实。[①] 在本案中，一方面由于医生并不承担治疗费用，因而造成了其并不受到药物价格变化的影响；另一方面，不同医生对两种药物安全性、副作用等性质的认知存在差异，也造成了两种药物之间的合理替代存在障碍。最终法院判决认为，由于联邦贸易委员会无力证明相关商品市场是由食品及药物管理局批准的治疗动脉导管未闭症的药物所构成的，因此联邦贸易委员会也无法证明 Lundbeck 收购 NeoProfen Ⅳ的行为实质性地减少了市场竞争。

如前所述，界定相关市场是分析技术许可垄断案件的关键步骤。合理地分析相关市场能够揭示许可人滥用行为的反竞争效应的程度，而一个不

① 在该案中，法院就将流动销售的电池与固定店面销售的电池认定为处于不同的相关市场。Henry v. Chloride, Inc., 809 F.2d 1334, 1342-43 (8th Cir.1987) .

完整的相关市场分析可能导致不准确的市场范围以及对反竞争效应的错误判断。在联邦贸易委员会诉 Lundbeck 一案，联邦贸易委员会单一的分析维度使得其对 Lundbeck 垄断高价行为的指控缺乏基本的依据。此时，联邦贸易委员会应该调整其分析维度，从相关技术市场维度出发进行相关市场界定。虽然法院并未采信了联邦贸易委员会提交的关于 Indocin Ⅳ和 NeoProfen 处于同一相关商品市场的证据，但是联邦贸易委员会仍可以提出理由证明 Indocin Ⅳ和 NeoProfen 是两个具有竞争关系的专利药品，而 Lundbeck 通过收购 NeoProfen 不恰当地利用其在相关技术市场内获得的市场支配地位①实施垄断高价，损害消费者福利。②引入相关技术市场分析维度的目的并不是要获得有利于反垄断执法机关的结果。通过分析经营者滥用行为对未来市场竞争的影响，反垄断执法机关和法院能够能准确地评估经营者竞争行为是否违反反垄断法，并能及时采取补救措施。一旦出现联邦贸易委员会诉 Lundbeck 案中的天价药品，不仅消费者的利益将长期受到损害，动脉导管未闭症治疗药品的后续研发也将受到严重影响。而目前的相关市场分析模式忽略了对未来潜在的反竞争效应的评估，而这种未来潜在的反竞争效应需要从相关技术市场维度进行分析和推敲而获得。如果反垄断执法机关或法院能够合理地界定技术许可垄断案件中的相关技术市场，即可以避免因遵循传统商品市场界定方法而导致的错误结果。因此，

① 直到 2010 年，才有 Indocin Ⅳ和 NeoProfen 以外的治疗 PDA 的药物获得食品及药物管理局的批准进入市场。Bedford Laboratories (TM) First to Manufacture Generic Indomethacin for Injection USP, visited at: http://www.redorbit.com/news/health/1824018/bedford_laboratoriestm_first_to_manufacture_generic_indomethacin_for_injection_usp/.

② 除了对当前 PDA 药物市场的竞争造成损害，联邦贸易委员会还可以基于案件事实主张 Lundbeck 对两项专利的收购可能导致研发市场上的反竞争效应。因为 Lundbeck 通过获取两项治疗 PDA 的主要专利，削弱了治疗动脉导管未闭症药物研究和开发基础，阻碍了潜在竞争性产品的进入。联邦贸易委员会尤其要指出 Lundbeck 的相关市场应该包括针对特定的新的或改进药物的研究和开发项目。联邦贸易委员会应首先确定哪些专利或技术能够有助于 NeoProfen 和 Indocin Ⅳ，接着联邦贸易委员会应该确认哪些企业可能参与到研发市场，他们通常有能力和意愿从事紧密替代品的研发。

在反垄断执法和司法过程中应恰当地适用相关技术市场分析维度，以促进市场竞争、维护竞争秩序。

三、相关技术市场与相关商品市场的竞合

值得注意的是，虽然相关技术市场的引入能够弥补相关商品市场维度在评估未来潜在反竞争效应上的缺陷，但这两种分析维度的界限并不总是绝对的。在某种特殊情形下，两者也有可能发生竞合。例如，经营者生产了一种用于农业生产的大型联合收割机，其中既包含经营者的自有专利技术，也包括他人许可其使用的专利技术。当消费者购买该收割机时，将被视为已获得使用该收割机所包含专利的权利，也即当一个与专利技术结合的商品被销售或转让时，作为该商品重要组成部分的专利技术将构成默示许可（implied license），[①] 以避免消费者在正常使用该商品时构成专利侵权。若此时经营者涉嫌滥用其在联合收割机市场上的支配地位实施反竞争行为，反垄断执法机关既可以界定联合收割机及其替代品所构成的相关商品市场，也可以界定收割机所结合专利技术及其替代品所构成的相关技术市场，从而构成了相关技术市场与相关商品市场的竞合。针对这种因默示许可而产生的界定维度的竞合问题，美国《知识产权许可的反垄断指南》规定，"在这种情况下，无须为了获取相关竞争效应而单独分析相关技术市

---

① 我国专利法中并未明确规定默示授权，类似侵权问题的解决通常适用首次销售原则（first sale doctrine），关于该原则的规定载于 2009 年第三次修订的专利法第 69 条第 1 款。首次销售原则是指专利产品经过首次合法销售之后，会使得专利权人对于该专利产品的专利权耗尽。所谓合法销售是指消费者是从专利权人或被授权人手中购买该专利产品，因此，该消费者之后对该专利产品的使用、销售和修理等行为都不会构成专利侵权。默示许可是指根据专利权人的许可，专利被许可人将仅用于专利商品或专利方法的组成部分销售或转让给第三方的行为构成专利权人默示许可第三方有权生产、使用以及销售该专利商品。首次销售原则的适用取决于专利产品或其主要组成部分是否由被许可人生产、使用或销售，由于方法专利无法与有形商品直接结合，因此方法专利无法适用首次销售原则。然而，如果专利权人或被许可人销售一个用来实施方法专利的发明内容的商品，那么该销售行为则可以适用默示授权原则。

场”。[①] 鉴此，当相关技术市场和相关商品市场产生竞合时，仅需从相关商品市场维度界定相关市场的范围。

第二节 受技术许可协议反竞争效应影响的技术市场类型

如前所述，技术市场由被许可技术以及其他在技术特性、专利许可费率、预期用途等方面被认为具有可互换性或可替代性的技术组成。界定相关技术市场的方法遵循与界定相关商品市场相同的原则。[②] 因此，相关技术市场界定的基本逻辑与相关商品市场并无二致，不同之处仅在于相关技术市场设计的交易客体为无形的知识产权而非传统的有形商品，而紧密替代包含相关技术及商品。但相较于传统的相关商品市场维度，反垄断执法机关和法院在从相关技术市场维度分析和界定技术许可垄断案件的市场范围时显得更为生疏。不同于传统有形商品，种类繁多的被许可技术在技术特征以及技术应用程度等方面均存在一定差异。因此，在界定相关技术市场时，区分受技术许可协议反竞争效应影响的技术市场类型，更有利于准确界定相关市场范围。具体来说，受技术许可协议反竞争效应影响的技术市场类型主要可分为未来商品技术市场和当前商品技术市场。前者主要是指以有助于技术或产品研究、测试或改进的研究工具专利[③] 或者供下游产品或技术使用的基础型技术构成的市场范围。被许可人在取得这类技术的

① U.S. 1995 Antitrust Guidelines for the Licensing of Intellectual Property, Section 3.2.2, footnote 19.

② Guidelines on the application of Article 81 of the EC Treaty to technology transfer agreements (2004/C 101/02), para. 22.

③ 周围:《研究工具的可专利探析》，载《法学评论》2014 年第 6 期，第 106 页。

专利许可时，该技术领域尚不存在特定的终端商品或仅存在利用该技术为研发工具开发的其他技术或产品。在此种情形，作为其他用途基础的技术专利仅存在于实际交易的技术市场。而后者是指由处于技术链条下游，商业化应用程度较高的技术组成的市场范围。这类技术在市场上存在特定的、可与之结合的终端商品，故称为当前商品技术市场。（见表 2）

表 2　受技术许可协议反竞争效应影响的技术市场

被许可技术类型	技术应用程度	市场类型
基础型技术	无特定终端商品可结合	未来商品技术市场
应用型技术	有特定终端商品可结合	当前商品技术市场

一、未来商品技术市场

未来商品技术市场主要由尚无特定终端商品的基础型技术构成，这些技术无法直接应用于当前已经存在的终端商品，而是力求经过技术的完善与研发，与未来终端商品进行结合并实现商业化应用。例如，在 Ciba-Geigy 与 Sandoz 合并案[①]中，涉及两种在研究和临床试验阶段覆盖整个基因治疗技术领域的专利组合。由于在提交合并申请时，尚未有基因治疗产品被食品及药物管理局批准用于商业销售，因此联邦贸易委员会将涉案的基因治疗技术市场列为未来商品技术市场。虽然直到 2000 年第一项商业化的基因治疗产品才如愿获得食品及药物管理局的批准，但在该案中联邦贸易委员会认为这两个经营者的专利组合所呈现的基因治疗技术可以被用于排挤发展未来基因治疗技术商品的竞争者，从而遏制基因治疗技术市场的后续创新与研发。具体而言，联邦贸易委员会称 Ciba 和 Sandoz 的合并将会控制研发基因治疗产品的关键投入品，形成对基因治疗产品商业化和

① Ciba-Geigy and Sandoz, 123 F.T.C. 842 (1997) .

后续研发不可或缺的知识产权组合。涉案市场是由尚无特定终端商品的基因治疗技术构成的基因治疗技术市场，掌握基因治疗技术不能与当前已存在的医疗器械进行结合并产生商业化的产品，其目的在于后续的研发对未来基因治疗产品产生的促进。换言之，这些基因治疗技术是研发产生商业化基因治疗产品的重要投入品，这对于从事基因治疗技术研发的经营者而言需求弹性较小。如果没有 Ciba 和 Sandoz 合并后所形成的专利组合的授权，就无法研发自己的产品。而且，并不排除 Ciba 和 Sandoz 合并后利用其基因治疗专利组合的市场支配地位实施损害竞争的行为的可能。因此，联邦贸易委员会在 Ciba-Geigy 案中进行的技术市场分析是合适的。

二、当前商品技术市场

相较于由商业化应用前景不明确的基础型技术所构成的未来商品技术市场，构成当前商品技术市场的应用型技术在市场范围内上已存在终端产品。如在美国联邦政府诉 American National Can 和 KMK Maschinen AG 一案[①]中就涉及由广泛用于牙膏等商品的层压管技术构成的当前商品技术市场。在该案中，ANC 和 KMK 均拥有层压管制造技术及配套的生产设备，并且在美国境内生产和销售层压管成品。1987 年年底，ANC 和 KMK 签订了一系列协议以消除两者在美国境内层压管及其生产设备的竞争。根据协议，ANC 以略低于 1500 万美元的价格收购了 KMK 在美国的子公司 Swisspack，虽然该子公司所拥有的层压管生产设备市场价值仅为 5 万美元。作为回报，KMK 退出美国层压管市场。就在 ANC 收购 Swisspack 的同一天，ANC 和 KMK 签署了许可和技术援助协议（License and Technology Assistance Agreement, LTAA）。根据这项协议，KMK 将其

① United States v. American National Can Co. and KMK Maschinen AG, No. 96 1458 (D.D.C. filed Jun. 25, 1996) (Complaint) .

层压管制造技术独家许可给 ANC。作为交换，ANC 停止层压管制造设备的生产，仅从 KMK 处购买相关设备，另外 ANC 在美国市场仅使用 KMK 许可的技术进行经营活动，不得在美国境内获得或使用第三方的层压管技术或制造设备。在这些协议存续期间，这些协议实质性地减少了层压管成品、层压管生产设备以及层压管技术市场的竞争。几年之后，ANC 被法国 Pechiney SA 公司旗下制造层压管生产设备的子公司 Cotuplas SA 收购。被收购之后，ANC 从母公司处获得了其生产所需层压管生产设备和技术。在此期间，ANC 开始利用与 KMK 的 LTAA 协议阻止 KMK 的技术与设备在美国市场的竞争活动。ANC 与 KMK 的协议主要涉及层压管成品市场、层压管生产设备以及层压管制造技术市场，其中层压管成品市场是下游商品市场，层压管生产设备市场是上游投入品市场，而层压管制造技术市场即属于当前商品技术市场。虽然由于本案最终达成了和解协议，导致联邦贸易委员会的证据并未在庭审过程中进行质证，但当前商品市场分析维度的引入还是保障了对涉案技术许可协议反竞争效应的完整评估。在本案中，层压管生产技术是制造当前商品重要的投入品。这些技术被通过许可协议进行交易。但这些专利技术的市场是高度集中的，对这些专利技术而言没有紧密替代品。在这种情况下，层压管生产技术可构成一个单独的技术市场范围，而假定垄断者也可以将价格提升至竞争水平之上并潜在地获利。但是，当市场界定分析仅限于相关商品市场维度时，该协议对层压管技术创新与研发的遏制将会被忽略，因此引入当前商品技术市场的分析是十分恰当的。无独有偶，在美国联邦政府诉微软案[①]中也出现了当前商品技术市场的分析。由于联邦贸易委员会诉称，微软公司利用其在个人电脑操作系统市场的市场支配地位试图垄断互联网浏览器市场，因此法院将涉案相关市场界定为个人电脑操作系统软件市场和互联网浏览器软件市场。这是

① United States v. Microsoft Corp, No. 98-1232 (D.D.C. filed May 18, 1998) .

因为，个人电脑操作系统和互联网浏览器是个人电脑的重要组成部分，是个人电脑这一当前商品的重要投入品。消费者对操作系统和互联网浏览器的需求也主要源于对个人电脑的需求。虽然微软的搭售行为可能显著影响个人电脑市场，但仅从相关商品市场维度进行分析可能不足以评估这种搭售行为的反竞争效果。因此，需要引入当前商品技术市场的分析。

三、未来和当前商品技术市场的界限

以被许可技术是否具有可结合的特定终端商品，将受技术许可协议反竞争效应影响的市场类型区分为未来商品技术市场和当前商品技术市场，能够细化相关技术市场的界定过程，针对不同类型的技术市场采用更为恰当的界定方法。但由于市场竞争与技术的更新均处于不断发展和变化过程中，因此在反垄断实务中，一些被许可技术有时也难以被划入其中的某个类别。例如，在 Summit 和 VISX 案合并[①] 中，Summit 公司和 VISX 公司是经食品及药物管理局批准销售 PRK 设备的仅有的两个经营者，PRK 是一种用激光改变角膜的眼外科手术，它使许多人不需要戴眼镜或隐形眼镜。Summit 公司和 VISX 公司将各自持有的 PRK 专利许可授权给了一家合伙企业。然后再由这家合伙企业将这些有关 PRK 的专利全部独占许可给 Summit 公司和 VISX 公司使用，从而形成了一个关于 PRK 专利技术的专利联营。Summit 公司和 VISX 公司销售或出租 PRK 设备给眼科医生，并向那些医生授予实施 PRK 手术的分许可证。该专利联营协议要求 Summit 公司和 VISX 公司每实施一次 PRK 手术要向该合伙企业支付 250 美元。而 Summit 公司和 VISX 公司又向它们各自的分许可证的被许可人每次收取 250 美元。由于专利联营协议要求每个企业支付这笔费用，因此 Summit 公司和 VISX 公司都没有减少这种许可费的诱因。联邦贸易委员会质疑

① In re Summit Tech., Inc. and VISX, Inc., No. 9286 (FTC filed Mar. 24, 1998) .

Summit 公司和 VISX 公司的专利许可协议涉嫌垄断市场。由于该协议具有显著的反竞争效应，因此联邦贸易委员会自 1992 年专利联营成立伊始即展开调查。在此期间，虽然有广泛的临床试验，但 PRK 手术始终未能完成最后的商业化应用。直到 1995 年，基于该技术的矫正设备才获得食品及药物管理局的批准并由 Summit 公司向市场进行投放。鉴此，在 1992 年到 1995 年，与 PRK 相关的被许可技术市场是一个未来商品技术市场，但随着食品及药物管理局于 1995 年批准基于 PRK 技术的矫正设备进入市场，与 PRK 相关的被许可技术市场就成了目前商品技术市场。因此，当前和未来产品技术市场之间的界限并不总是清晰且确定。

第三节　传统界定方法在相关技术市场中的具体适用

与界定相关商品市场类似，假定垄断者测试和合理替代性分析同样可被用于相关技术市场的界定和分析。但由于专利技术与有形商品在本质特征上存在诸多差别，盲目套用传统界定方法容易产生错误的市场范围。因此，界定相关技术市场时，传统界定方法需结合技术的自身特征进行具体适用。

一、假定垄断者测试在相关技术市场中的适用与困境

（一）假定垄断者测试与专利价格

将反垄断法应用于知识产权的市场界定已经经历了数十年的历史。[①]

① SCM Corp. v. Xerox Corp., 645 F.2d 1195（2d Cir.1981）.

随着科技水平日益繁荣，工业生产中存在大量具有相似功能或能够实现相同目的的专利技术。技术的潜在需求方可以根据自身需求、技术特征以及技术的许可价格与专利权人展开技术许可的协商。若某项专利的议定许可费比例或数额过高，超出被许可人心理预期，就会促使被许可人转向其他的专利权人寻求技术授权。被许可人在寻求专利授权过程中所反映的基于价格的需求弹性符合假定垄断者测试运行的基本原理。因此，1995 年美国《知识产权许可的反垄断指南》也规定，“为了识别技术的紧密替代品并进而明晰相关技术市场，在数据充分的情况下，执法机关将利用假定垄断者测试界定假定垄断者能够实施小幅但显著且非暂时性价格上涨的最小技术和商品集合范围”。[①] 这个方法在概念上类似于《横向合并指南》中界定商品市场的方法。[②] 这种基于密切替代性的商品市场界定方法是在长期的理论与实践结合过程中产生的。但正如在规制滥用市场支配地位案件时面临的基准价格困境，在界定相关技术市场时适用假定垄断者测试同样会面临难以确定基准价格的问题。这是因为在确定涉案技术的紧密替代品时，不仅取决于技术之间在功能上是否等效，而且还取决于其许可价格。根据美国 1995 年《知识产权许可的反垄断指南》的规定，“执法机关认识到许可技术通常是难以用金钱量化的。在这种情况下，执法机关将通过识别买家（buyer）用于替代许可技术的其他成本相当的技术和商品来界定相关市场”。[③] 这里所指的成本（cost）不应从专利许可人的角度将其理解为专利技术的研发成本，而应从被许可人（专利许可协议中的“买家”）的角度将其理解为专利技术作为交易客体所具有的“商品”价格。只有替代技术的价格与许可技术相当时，两者才能够互相的具有经济替代性。若涉案

① 1995 Antitrust Guidelines for the Licensing of Intellectual Property, Section 3.2.2.

② Michael L. Katz & Howard A. Shelanski, Mergers and Innovation, 74 *Antitrust Law Journal* 1, 39 (2007).

③ 1995 Antitrust Guidelines for the Licensing of Intellectual Property, Section 3.2.2.

技术的价格仅为替代技术的一半，那么即使对涉案技术实施小幅但显著且非暂时性的价格上涨，被许可人仍不会转而寻求其他具有近似功能的高价替代技术。因此，若要在技术许可垄断案件中适用假定垄断者测试来界定技术市场范围就必须确定涉案专利的价格。而为获取客观的估值结论，通常需要对专利权的相关信息进行检索、收集并利用不同估值方法进行反复推算。关于估算专利价值的基本理论，学界或业界各有不同归纳与计算理论。总的来说，大致上可分为成本法、市场法、收益法以及经验法。

1. 成本法（cost approach）。成本法主要是通过取得或制作受评价标的历史成本来作为专利权价值。这种估值方法建立在三个基本假设上：首先，没有一位谨慎的被许可人愿花费更多的总成本来创造一个具有同等效用与功能的专利；其次，供需变动将致使成本增减，直到所需专利的供需成本达到均衡为止；最后，外部因素所造成的增益或损失必须归诸专利技术。相较于其他估值方法，成本法的原理较为简单。具体操作时并不需要考虑到市场状况或其他因素，只需就标的技术的成本估算即可。因此在专利权价值的评估过程中，主要采用成本法对自行研发的专利技术进行评估。而可列入计算的成本项目包括工程师投注于研发费用、研发设施的日常维护费用、文职人员与技师提供支援的日常费用、此研发活动所涉及的薪金及福利、研发过程中所用的原料或材料、外部估值与验证人员服务费用或检验支出、模型制作、概念创作、咨询、初步消费者测试、包装设计、广告推广、商业计划、手稿与记录、媒体广告等支出费用等。其计算公式为：技术交易总成本 = 搜寻成本 + 技术成本 + 谈判成本 + 决策成本 + 技术执行成本 + 结构改变成本。

成本法后又延伸发展出重置成本法（replacement cost）。该方法又被称为新替换成本法，是借由取得或制作受评价标的的相同或类似资产所需成本，通过重置资产的机会成本并调整折旧差异后，计算出专利权的价值。换言之，将研发此技术的所有成本或费用支出根据账册所列予以汇整，衡量经营者在过去一定时间内所作研发的支出金额款项，将此投入金额支出资本化的会计处理后的所得结果，即为估算价值。亦即把研发专利的费用详细地加以统计，再利用消费者物价指数（consumer price index）加以调整，折算成现值作为重制成本。以当前费用为标准，在参考以往成本的基础上，计算创造与目标技术功能或效用相同的技术资产所需成本，其计算公式为：经济价值 = 市场价值 − [再生成本 −（实体折旧 + 功能折旧 + 技术废旧 + 经济淘汰）]。无形资产估值困难，而成本法利用已投入的有形资产进行估价，只需将所有固定人力成本、设备成本与经营成本相加，即可简单算出此项专利技术的价值，所计算出的专利权价值最为准确。但仅以成本法计算专利权的价值，常常会忽略了技术的经济寿命，对于技术折旧的风险及其所带来的影响往往无法给予有效的考量。

2. 市场法（market method）。市场法是利用市场调查的数据来选择一个或数个性质相同或类似且具有相似获利能力的专利，将其与尚待估值的技术加以比较，由其成交价格与交易条件来进行比对，以便估算资产价格的方法。采用市场法估值，需考量市场的活跃程度，搜集技术交易市场中既有、相同或类似标的的交易资料与技术价格，而且其交易条件皆为公开，价格信息取得容易，只要有兴趣的交易者皆可随时进出市场，自由参与交易。[①] 估值时应考量评价标的与参考标的之间的差异，对于待估值的技术则是利用对应比较的概念，将其与现有的交易资料与技术价格进行比较，以求出该技术的适当价格。因市场法侧重于从获利的角度进行评估，最符合经济学理论对于价值的定义。加上市场法会参考市场上相同或是类似的交易来作为估算价值的基础，因此常常在许可交易时被用来评估专利

① Mohammad S. Rahman, "Patent Valuation: Impacts on Damages", 6 U. *BALT. INTELL. PROP. L. J.* 145 (1998).

技术的价值。①

市场法将专利权分为商业价值②（business value）、技术价值③（technology value）、知识产权价值④（IP value）、市场价值（market value）四个方面。每个方面都有各自的判断指标，例如商业价值会判断市场结构与规模结构、预期市场与市场接受度等，最后计算技术总价值、商业总价值与知识产权应用总价值于整体市场各个比率，将所得比例乘以市场总值，即为该专利权的市场价值。市场法的优势在于能够对专利权的影响因素作全面性的考量，以取得趋近于实际价值的市场价值。

利用市场法进行估值须依序进行⑤，第一，需调查合适的交换市场，以便于取得相同或是相类似专利权的信息，例如技术类型、用途、可能利用行业与销售日期等；第二，必须确认数据取得的科学性和准确性；第三，选择有相关性的比较对象，并对各个比较对象加以对比分析；第四，对于可作为参考范例的专利权交易或许可记录，使用比较因素来进行比较并且加以调整，以符合客观需求；第五，将上述分析所得的各种价值调和成为一个单一的价值估计或某一特定范围的价值估计。

若需在诉讼案件中采用市场法评估涉案专利的价值，专利权人可通过侵权产品的整体市场价值来判断，亦称为市场整体价值规则（entire market value rule，EMVR）。⑥此原则源于美国联邦最高法院要求追究侵权所获得

---

① 需要注意的是，若技术所涉市场属于新领域或新技术时，则无可供参酌的先前市场行情，故不宜采用。

② 商业价值包含市场结构与规模结构、预期市场与市场接受度、市场扩散力与促销力等指标。

③ 技术价值包含技术条件、产品信用、有利条款结构及交叉许可关系等指标。

④ 知识产权价值包含技术创新及竞争力结构、技术支援与风险结构、技术实用性及科学引用能力等指标。

⑤ Robert P. Schweihs, "Valuation of Intellectual Property is the Focus of the New Accounting Guidelines", 14 *Intell. Prop. & Tech. L. J.* 6, 5 (May 2002).

⑥ Merritt J. Hasbrouck, "Protecting the Gates of Reasonable Royalty", 11 J. *Marshall Rev. Intell. Prop. L.* 193, 202 (2011).

的利润时，必须区分专利与非专利功能所产生的利润，相关的证据必须可靠具体而非主观臆测。而且应用这个方式必须举证专利技术对于侵权专利产品的整体市场价值有何贡献。若因专利独占实施的特性而难以取得市场上相同或类似之参考数据时，这种方法就难以奏效。因此，市场法通常用于复验估值结果的合理性。

3. 收益法（income aproach）。收益法是以技术未来收益为基础的知识产权估值方法，采用以现金流量折现方式计算，因而又称为净现值法（net pesent value）。收益法以市场参与者拥有该资产所创造的收益、现金流量或成本节省、转化的现值来估算无形资产的价值。这种方法以现值（present value）为基础来考量该知识产权未来的预期收益。该收益现值为假设性数据，需以未来预期财务信息，例如预估收入毛利营业利润等推算。收益法是在假设多种变数下所产生的估值方法，亦即通过预测资产在未来的经济寿命期间内，按周期可以获得的预期收益，再选择合适的折现率折现计算。由于其利用估值决定未来的获利能力与创造的现金流量，然后再以适当的折现率来计算其现值，故又称为折现现金流量法。收益法计算方式进一步可再细分为：①

（1）假设收益损失法（postulated loss of income approach）。这种方法将假设专利权人在未拥有该专利权的情况下，其所受到的收入损失。由于此时的收入将会因不享有该专利权的排他性保护而减少，而该可能减少的金额即为该专利权的价值。

（2）残余盈余法（residual earnings approach）。这种方法用企业的总收入剔除该专利权之外所有可以用来生产的资产所产生的利润，剩余部分即为该专利权的价值。

① Brian M. Daniel, Scott D. Philips, & David Tenenbaum, *Financial Aspects of Licensing Agreements: Valuation and Auditing* (1997) , p.97.

（3）超额盈余法（excess earnings approach）。这种方法是以归属该专利权的税前、折旧前、摊销前的盈余部分扣除其他必要报酬后的现金流量折现值总和来估算的，亦即所估计的未来盈余扣除正常盈余之后，即属超额盈余。此超额所得可能来自于该专利权的产品溢价、运输成本的减少或销售数量增加等因素。由于各种因素影响程度有别，因此专利权人必须能适时增强某些因素与消除其他因素，以便达到一个最适化的现金流量，使专利权价值最大化。

（4）许可费节省法（relief from royalty approach）。许可费节省法将该专利权人视为许可人，其将专利权许可他人后可获取的许可费数额即为此该专利权的价值。反之，若该专利权人并未拥有专利权，因而必须寻求获得他人许可时，其所需支付的许可费数额即为该专利权的价值。许可费节省法将拥有专利权后因此所节省的许可费支出视为其价值，故属于间接收益法。计算方法分为四个步骤：[①] 首先，决定许可费的计算基础，例如净销售额、单位生产量或支付许可费的营运利润，并以此作为计算基础；其次，分析专利权的经济寿命，即受专利制度保护期间可带来经济收入。例如，专利权一般有效期限为 20 年，则 20 年即为该专利权的经济寿命期间；再次，依据产业标准来决定许可费的比例，再视实际获利能力、市场潜力与排他许可等因素来逐步调整；最后，决定折现率，以获得许可费的现值。

由于成本法无法表现出专利权的未来价值，而在专利技术缺乏一个类似活跃的市场时，市场法也并不实用。因此，利用许可协议中将来可取得的许可费加以折算现值是最可靠的方法。[②] 但采用收益法使仍需考量以下

① Gordon v. Smith & Russell, *Valuation of Intellectual Property and Intangible Assets* (3rded., 2000), p.271.

② Gordon v. Smith & Russell, *Valuation of Intellectual Property and Intangible Assets* (3rded., 2000), p.271.

几项因素：首先，考量直接由专利权所衍生的将来收入，亦即其必须将收入中无关此知识产权的收入剔除；其次，可获致收入的持续时间，亦即该知识产权可为所有人带来收入的时间；再次，实现此收入所伴随的风险；最后，利用此三项因素即可把该知识产权的价值计算出来，然后再以贴现金流量法（Discounted Cash Flow Method，DCF Method）[①] 换算为现值。

4. 经验法（rules of thumb）。经验法认为一项产品的销售利润由许多因素决定，包含技术、营销管理与其他公司内部资源相互组合而成。而依经验来看，技术的贡献度占了产品销售利润的 25% ～ 33%。经验法则系基于众多的买方与卖方的协商之下，总会有理性、可支撑双方达成共识的原则存在。有研究报告指出，即便某一技术可以提升利润 80%，被授权人仍不愿意支付超过总销售利润 15% 的许可费。[②]

依产业别不同，有该行业的管理许可费比例。举例来说，电子行业的许可费比率通常为 0.5% ～ 15.0%；而药品产业或生物科技产业的许可费比率则通常为 0.1% ～ 40.0%。[③] 通常利用经验法计算许可费，而许可费通常是以销售价值或营业额表示，计算公式为：许可费 = 支付许可人的价款 / 产品售价，或约定许可费比率 = 许可人所得利润率 × 被许可人销售利润。业界常见以净利润的 25% ～ 33% 来计算专利许可费。由于净利润仅直接

---

① 此法是收益法的进一步改良。贴现金流量法考量现金支付期间与实际支付的风险，把未来的现金换算成现在的价值，即以合理的贴现率将未来数值换算回现值。对于买方而言，必须预测未来所有的现金流量，根据所有的成本与投资，配合风险与资产配置估值未来的投资报酬，超过的价值则按比例分配给买方与卖方。计算公式为：现金流量（DCF）=CF/（1+K）N。其中 CF 表示该产品在第 N 期所获得的净利（1+K），N 则为第 N 期的折现，K 则表示折现系数。K 的确定必须考量通货膨胀、资金市场的利率高低，以及所预期的风险等因素。该专利权的合理价值应把其产品生命周期内，不同时间点的每期现金流量相加，该加总数即为预估未来的净现值。

② Stephen A. Degnan & Corwin Horton, *A. Survey of Licensed Royalties*, 32 LES NOUVELLES 91, 95（June 1997）.

③ William J. Murphy, John L. Orcutt & Paul C. Remus, *Patent Valuation: Improving Decision Making Through Analysis* 253（2012）.

反映生产成本，包括原料劳工事业费用及设备折旧，估值时并未包含潜在发展可能性在内。此计算方式虽然简便，然未考虑到投资风险和所需知识产权本身，只就其研究时统计的个别公司的投资回报率作为决定因素，亦未考虑该专利的增量可能。①25% 标准因为应用便利而被广泛使用。② 后来在 Uniloc 诉 Microsoft 案中受到司法批判，美国联邦上诉巡回法院（Court of Appeals for the Federal Circuit, CAFC）认为以侵权人利润的 25% 作为合理许可费的判决基准具有根本性的缺陷，包括无法厘清专利与被告产品间的特殊关系、无法说清当事人之间的特殊关系以及 25% 标准的本质上是任意定出的，无法适用在假设性协商的基础，③ 因此，依 25% 标准提出的证据是不被接受的。④

（二）专利估值方法的局限性

由于现行常见的专利估值方法在估值原理、估值资料公开程度、技术衡量性等因素不同而各有其优缺，目前并无一个被一致公认采用的专利估值方法。前述五种常见估值方法各有其应用的局限性。

成本法以专利研究阶段投入的成本为衡量标准，然实际上专利研发阶段的投入成本与专利的产出价值并非直接相关。由于并未考量专利的获利状况，应用成本法估值往往会忽略专利权产值的重要因素，而估值出来的资产和金额产生的贡献又没有一定的关系。市场法是以专利在市场上的客观售价作为评量基准。一般而言，参考客观市场价值较能反映出专利的公

---

① Steven J. Shapiro, "Pitfallsin Determining the Reasonable Royalty in Patent Cases", 17 *Washington & Lee Law School J. Legal Econ.* 75, 84 (2010).

② Edward Torous, "Unknotting Uniloc", 27 *Berkely Tech L. J.* 381, 382 (2012).

③ Uniloc USA Inc. v. Microsoft Corp. 632 F.3d 1292 (Fed. Cir. 2011).

④ Roy J. Epstein, "The 25% Rule for Patent Infringement Damages After Uniloc", 1 *Duke L. & Tech. REV.* 1, 1-2 (2012).

平价值。然而市场价格是通过市场的供需机制而产生，实务上专利权具有排他性，故在公开市场上欲寻找相同或相似的参考专利价格，非常困难。因估值结果的价值高低取决于被选取的对比标的，而对比标的的交易价格受到交易双方的市场地位、交易动机等因素影响，一般来说在评价时通常会选择至少三个对比标的进行比较，以避免个别交易中之特殊因素对对比标的产生过大的影响；此外，当某一样项专利产品，能广为运用到各个不同的产业或是市场时，其专利权的总价值估算则必须合并各不同市场价值，并且再参照各种影响价格的不同可能性，以计算其最大获利价值。收益法是以专利在未来可能带给企业总效益作为估值基础，将市场余额或现金流量折现等方式纳入考量，由财务角度而言，为相对完美的估值方法。然而收益法的模型当中需要非常多专家意见进行参数假设。一旦涉及假设即可能因主观因素介入而失准。经验法则因未对个案进行了解估值，亦未考量各种不同产业或技术来比较其差异性与风险性，比如产品的实施风险、投入与产出风险、市场风险、维护专利的风险，或是对于技术上的区分，皆无法作客观之比较。

（三）评估专利价格的考量因素

《知识产权许可的反垄断指南》和《关于横向合作协议适用〈欧盟运行条约〉第 81 条的指南》中也均未提供明确的关于如何估算技术许可协议中专利技术具体价格的方法。而且，实务中订立许可协议的双方通常并不单独计算专利的价格，而是将其与诸多许可条款一起纳入专利许可费中进行统筹议价。因此，也有学者认为，“量测购买者（被许可人）对于某一技术价值之评估，最直接的方式便是分析授权契约条款中约定之授权金”。[①]

---

① 黄靖元:《美国反托拉斯法专利授权案件市场界定之研究》，世新大学法学院 2006 年硕士学位论文，第 110 页。

而对于专利许可费而言，许可协议双方在技术许可实务中通常根据具体案例的自身质量、商业价值等几个方面进行评估。具体来说：

第一，应考量专利的自身质量。这是影响专利商品价格的重要因素，只有高质量的专利技术才可能在技术许可中获得高额的许可费。对专利质量评估主要应从专利的技术特征、专利技术的进步性以及专利的时间因素等方面展开。首先，应考量专利的技术特征。专利的技术特征包括专利的种类（属于发明专利、实用新型专利还是外观设计专利）、专利的商业化研发程度（属于基础型技术还是应用型技术）以及对现有的技术生态的影响（属于核心专利还是改进技术）。明确专利的技术特征有助于进一步评估专利技术的价格。其次，应评估专利技术的进步性。这种进步性与申请专利过程中的新颖性不同，主要是比较专利技术与订立技术许可协议时现有技术之间的实质性差异。专利技术的进步性越大，证明其价值越高，理论上可获得的专利许可费也相应地越高。最后，应注意专利的时间因素。专利的时间因素包括专利的剩余的受保护期限以及许可协议的许可期间。专利剩余的受保护期限越长意味着许可协议可包含的许可期间就越长，专利的合法垄断权持续时间也越长，同时也能够带来更多的经济收益，其价值就越大。

第二，应评估专利技术的商业价值。除了专利本身具有高质量外，是否具有较高的商业价值也直接关系到其价格的高低。专利技术的商业价值主要是指专利本身的商业化程度以及对商品的积极影响。专利本身的商业化程度是指专利技术在技术链条中所处的位置，是否已经达到商业化应用和量产的程度抑或还需要进一步的研发。专利对商品的积极影响则是指使用专利技术对有形商品所带来的提升，尤其是对于制造或销售上的贡献，例如生产成本的降低或者销售额的提升等。若采用某专利技术的商品在市场上的销量大幅提升则表示专利技术具有强大的商业价值，能够为专利权人或被授权人带来丰厚的商业利益。因此，专利的商业价值与其许可价格呈现正向关系。

第三，应分析专利技术的适用情况。专利技术在涉案之前的适用情况也可以作为衡量其许可费价格的重要依据，主要包括专利的现存许可费、许可协议的范围及种类、类似技术的许可费。现有（established）的许可费是涉案前专利许可人授权第三人使用该技术时所议定的许可费，该许可费的数额可作为判断专利价格的主要依据。许可协议的许可范围与种类对许可费的影响也是直接的。一般而言，独占许可（exclusive license）的许可费通常比排他许可（non-exclusive license）的许可费高；没有限制或限制较少的许可费也会比有严格区域限制或其他限制的许可费高；近似技术许可费也能够为评估专利的价格提供一定佐证，但是这种参考还需要考虑近似技术与涉案专利在技术层面的相似性、在许可协议上的差别[①]以及两者的市场环境的差别。[②]

通过分析这些因素不难发现，基础型技术的商品价格估算难度大于应用型技术。这主要是因为基础型技术往往处于技术链条的前端，虽然适用范围比较广泛，但均难以直接应用于商业化生产，从而导致其商业化应用前景并不明朗，缺乏足够的事实证据来支撑其价格评估过程。以研究工具[③]专利为例，在以研究工具专利为客体的许可协议中，由于研究工具专利具有技术内容的前端性（up-front）以及专利估值的复杂性（complexity）

① 类似技术为非专属授权而系争技术为专属授权、类似技术的授权有地域限制而系争技术的授权没有地域的限制、类似技术的授权中专利权人与被授权人是合作关系而系争技术的专利权人与被授权人是竞争关系、类似技术及系争专利的授权是否包含交叉授许可、类似技术及系争专利的授权是否包含前期许可费（upfront payment）。

② 即使两者在技术层面具有一定相似性，但在经济规模上存在较大差异，也不能将两者认定为近似技术的授权。DataQuill Ltd. v. High Tech Computer Corp., 2011 WL 6013022, *17+（S.D.Cal. Dec 01, 2011）.

③ 研究工具专利是指科研机构和研究人员从事科技研发活动而使用的，有助于技术或产品研究、测试或改进的物质、装置或方法。参见周围:《研究工具的可专利性探析》，载《法学评论》2014 年第 6 期，第 106 页。

等特征，造成了这类技术的专利许可费难以估算。研究工具专利作为特定产业领域技术革新和科技进步的基础型技术，处于整个技术研发链条的前端。任何特定产业的科技进步均与研究工具专利密切相关，或由其衍生而来或有其辅助之效。但技术内容的前端性会造成研究工具黯淡的商业化应用前景，难以直接形成可销售的终端产品，从而影响对研究工具专利价值的评估和计算。而应用型技术的商业价值更为明显，有明确的可结合的终端产品，其商品价格更容易评估。

但值得注意的是，利用事实因素辅助评估和计算所得的专利许可费价格仍不能直接应用于假定垄断者界定测试。这是因为专利技术的交易与流转是以技术许可协议为法律载体的，而技术许可协议中除了包含有专利许可使用费及其支付方式的许可费条款之外，通常还包含有关于核心概念和关键术语的解释条款、关于专利技术具体实施内容的实施条款、关于技术指导的技术服务条款等内容。而这些条款也具有相应的价值且难以评估和不可量化。例如，交叉许可就是一种难以量化价格的许可协议安排。所谓交叉许可是指在特定的技术领域中，专利许可协议双方协商议定将自有专利互相许可给对方使用。交叉许可的目的在于许可人以自有专利技术的使用权为对价条件，以换得被许可人所持有专利技术或研究成果的使用权。虽然交叉许可协议双方通常认为这两种技术是同等价值的，但交叉许可协议安排中的每项专利的具体价格仍然难以量化。除了专利的具体价格，由交叉许可带来的经营和议价过程中所节约的隐形成本也必须一并纳入考量。另外，还有部分技术许可条款是不可量化的，较为典型的是回馈授权条款。所谓回馈授权是指“被许可方就其对许可技术所作的后续改进或通过使用标的技术所获得的新技术，应当向许可方报告、转让或授权”的许可协议安排。[①] 在回馈授权条款中，专利许可人将专利技术许可给具有后

① 宁立志、陈珊:《回馈授权的竞争法分析》，载《法学评论》2007 年第 6 期，第 25 页。

续研发能力的被许可人，不仅有可能获得基于其自有专利的改良技术，而且还可以分散因后续研发而带来的研发风险；而被许可人也能够获得技术研发中所需的专利并节约了大量的研发成本。这种互惠的回馈授权能够促使许可双方共同去进行技术革新，并且将取得的成果进一步相互许可使用，达到激励创新、活跃市场的目的。但需要注意的是，被许可人使用专利权人专利进行后续研发所应支付的对价为协议订立阶段尚不存在的技术改良或创新。例如，在 Lansmont Corporation 诉 SPX Corporation 案①中，Lansmont 公司将自有的振动控制仪技术以及相关软件（vibration controller technology and related software）许可给 SPX 公司使用，同时并签订了关于 SPX 公司后续研发成果的分配及回馈授权条款（assignment and grant-back license agreement）。因此，只有在被许可人基于许可专利获得了实质性研发成果或者在许可期限内一无所获的情况下，才能估算这个协议安排的价格，这在实践中显然是不可量化的。此外，在许多高科技产业中，许可协议的签订并不是双方合作的结束。专利许可人向被许可人提供技术实施所需的配套设备并对被许可人的技术人员进行相关培训以便被许可人更好地使用许可专利。这类关于技术指导、技术人员培训的技术服务条款的价格同样难以估算。

因此，实践中的技术许可协议内容是作为一个整体被协议双方进行讨论和议价的。因此，很难将许可协议中的每一向条款单独进行评估。若强行拆分，也可能导致错误的估值结果。例如，在 Western Electric 公司诉 Stewart-Warner 公司一案②中，专利许可人 Western Electric 公司在一揽子许可协议中愿意给予被许可人 Stewart-Warner 公司优惠的许可价格以换取对该专利技术的回馈授权，然而在讨论拆分一揽子许可合同，分别订立许可合同的方案时，Western Electric 公司却拒绝给予 Stewart-Warner 公司“以回授换降

① Lansmont Corporation v. SPX Corporation, 2014 WL 1267003, N.D.Cal., Mar. 27, 2014.

② Western Electric Co. v. Stewart-Warner Corp., 631 F.2d 333 (1980).

价”的条件。由于一揽子许可不仅可以减少双方交易费用，降低交易成本，还可保证 Western Electric 公司技术方案的完整性，提高被许可人在实施技术方案时的经济收益，因此，Western Electric 公司更倾向于采用一揽子许可的方式订立合同，而不同意将自有专利拆分再单独许可给 Stewart-Warner 公司。这说明相对于拆分后进行单独许可，一揽子的许可方式更符合专利权人的利益。即使将一揽子协议进行拆分也不能准确获得具体条款的价值。

综上所述，假定垄断者测试在理论上可以被应用于相关技术市场的界定。而且相较于基础型专利，应用型专利的价值更容易被评估。但在实践中，专利的价格并不单纯由专利技术本身所构成，还囊括了许可协议中的其他条款。这些条款不仅在许可协议中具有各自的价值，而且会对专利许可费率产生实质性影响。更为关键的是，这些条款难以从许可协议中剥离，这也导致无法准确地获知某项专利技术的具体价格。在这种情况下，虽然假定垄断者对涉案专利实施小幅但显著且非暂时性价格上涨会导致被许可人萌生转而寻找其他替代性技术的意愿，但仍有诸如技术实施条款、技术服务条款在内的许可条款会对被许可人的选择施加影响。相反，即使假定垄断者对涉案专利实施小幅但显著且非暂时性价格上涨，被许可人也会因为其他许可协议条款的变化转向其他技术。例如，在前述 Western Electric 公司诉 Stewart-Warner 公司案中，许可方式的改变就可能导致被许可人选择其他专利权人以寻求技术授权。换言之，技术许可中的专利技术及其紧密替代品之间的价格弹性较小，这也导致建立在需求价格弹性原理基础之上的假定垄断者测试在实践中难以真正地在相关技术市场界定中适用。

二、合理替代性分析在相关技术市场中的具体适用

（一）确定合理替代性分析的需求者

由于专利技术的具体价值难以从许可费金额中准确估算和剥离，利用

价格上涨来判断专利技术及其替代品之间需求弹性的假定垄断者测试在技术许可活动中难以实施。如前所述，当价格反应不敏感时，即可采用合理替代性进行辅助分析。具体到技术许可中，这种界定方法类似于商品功能的替代性分析。但有学者认为，合理替代性分析在相关技术市场中的适用也会遭遇挫折。[①] 尤其是对于基础型技术来说，由于缺乏可结合的商业化终端商品，就难以确定消费者会发现哪些商品具有相同或近似的功能。例如，消费者难以判断同为基础型技术的老鼠基因和生物酶是否具有相同的功能。由于基础型技术的后续研发充满了未知与风险。直到这些技术经过商业化开发，被应用于工业生产并结合特定的终端商品时，消费者才可能判断两者是否具有紧密替代性。

然而，根据美国《知识产权许可的反垄断指南》的规定，“执法机关认识到许可技术通常是难以用金钱量化的。在这种情况下，执法机关将通过识别买家（buyer）用于替代许可技术的其他成本相当的技术和商品来界定相关市场”。[②] 据此可知，在适用合理替代性分析时，《知识产权许可的反垄断指南》并未将买家的范围限定于“消费者”。这是因为，在技术许可中，普通消费者往往并不会成为专利技术的直接买家，其对于技术的需求更多地反应为对于与特定技术相结合的终端产品的需求。而通常在技术许可协议中，被许可人才是执法机关用以判断技术间可替代性的参考对象。这种规定并不仅仅存在于相关技术市场的界定过程中，我国《国务院反垄断委员会关于相关市场界定的指南》第 3 条也规定，“相关商品市场，是根据商品的特性、用途及价格等因素，由需求者认为具有较为紧密替代关系的一组或一类商品所构成的市场。这些商品表现出较强的竞争关系，在反垄断执法中可以作为经营者进行竞争的商品范围”。在这里，国务院反

① Azam H. Aziz, “Defining Technology and Innovation Markets: The DOJ’s Antitrust Guidelines For The Licensing of Intellectual Property”, *Hofstra Law Review*, Winter,1995.

② U.S. 1995 Antitrust Guidelines for the Licensing of Intellectual Property, Section 3.2.2.

垄断委员会采用了更为明确的"需求者"概念，从而囊括了普通消费者和特殊商品买卖关系中的经营者买家。在华为公司诉美国交互数字技术公司一案[①]中，美国交互数字技术公司就辩称终端消费者是其所拥有的大量3G无线通信技术WCDMA、CDMA2000、TD-SCDMA标准必要专利的需求者，因此界定相关商品市场的时候应考虑终端消费者所需要的商品的功能，而且电信终端设备是不能仅依靠某项必要专利的许可就可以生产出来的，因此任何一项标准必要专利都不可能在电信终端商品市场获得垄断权。虽然无论在立法宗旨还是价值判断上来看，保护消费者始终是反垄断法的根本目的，但这并不意味着合理替代性分析必须将普通消费者作为需求替代当然的分析主体。正如《国务院反垄断法委员会关于相关市场界定的指南》第2条就明确规定，任何竞争行为（包括具有或可能具有排除、限制竞争效果的行为）均发生在一定的市场范围内。界定相关市场就是明确经营者竞争的市场范围。科学合理地界定相关市场，对识别竞争者和潜在竞争者、判定经营者市场份额和市场集中度、认定经营者的市场地位、分析经营者的行为对市场竞争的影响、判断经营者行为是否违法以及在违法情况下需承担的法律责任等关键问题，具有重要的作用。鉴于此，界定相关市场应该考虑与案件相关的竞争行为及其所处环境。在华为公司诉美国交互数字技术公司一案中，争讼的焦点在于美国交互数字技术公司是否利用其市场支配地位滥用其标准必要专利损害市场竞争，而具体的竞争行为发生于美国交互数字技术公司与华为公司的标准必要专利许可行为中，而并未参与到本案竞争行为的普通消费者无意也无力获得美国交互数字技术公司拥有的标准必要专利。因此，本案合理替代性分析的需求者应该是华为公司。对于以许可协议为交易载体的技术许可垄断案件，许可协议双方通常是此类案件的主要参与者和竞争行为的主要实施者。根据具体案情，协议双方均有可

① (2013) 粤高法民三终字第306号。

能成为合理替代性分析所依赖的用以判断技术间可替代性的需求者。据此，前述因消费者难以判断技术的，尤其是基础型技术的功能而难以在相关技术市场中实施合理替代性分析的观点就难以成立，而以具有涉案技术领域一般常识的被许可人为技术需求替代性的分析对象更利于识别和判断与涉案技术具有紧密替代性的技术，从而更易于分析和界定合理的相关技术市场范围。

（二）合理替代性与专利技术的功能

合理替代性分析通常是指利用商品在功能上的比较和测试来判断商品之间是否具有合理互换性，从而认定商品是否应被纳入同一相关市场的方法。这种分析方法最早是在1968年美国《合并指南》中被正式提出的。适用于传统有形商品的合理替代性分析一般会从商品的品质、价格以及功能等各方面进行考察。但在相关技术市场界定的具体适用时，由于技术的无形性特点，执法机关通常难以确定技术的物理性质。加之专利技术在具体价值上的确定困境，因此，执法机关在实务中利用合理替代性界定相关技术市场范围主要应根据专利技术的功能来进行分析。虽然如前所述，由于缺乏明确的商业化应用前景，基础型技术的功能比应用型技术的功能更加难以确定，但在理论上任何一项技术都应有特定的功能。而且一项技术要获得专利授权不仅需要详细披露申请技术的技术细节，而且还要通过专利主管机关的实质性审查。尤其在获得授权后，专利技术的技术方案、有益效果以及产业应用都将成为面向社会公开的专利信息。这些信息都将成为判断专利技术功能的直接依据。

第一，权利要求包含的功能信息。专利文件包含说明书文字、附图和申请专利范围，其中申请专利范围是为了描述专利发明的保护范围。每项权利要求的类型和所确定的保护范围应当清楚。按技术方案的类型划分，一项独立的权利要求可分为方法权利要求或产品权利要求。无论写成哪种形式的权利要求，都必须从整体上反映技术方案，记载解决技术问题的必要技术特征，而不能只概括地描述该技术所具有的功能和该功能所能够达到的效果。如果写成方法权利要求，应当按照方法流程的步骤详细描述该技术所执行的各项功能以及如何完成这些功能；如果写成产品权利要求，应当具体描述该产品的各个组成部分及其各组成部分之间的关系，并详细描述该产品的各项功能是由哪些组成部分完成以及如何完成这些功能。[①] 另外，当某一技术特征无法用结构特征来限定或者技术特征用结构特征限定不如用功能或效果特征来限定更为清楚，且该功能或者效果能通过说明书中充分规定的实验或者操作直接和肯定地验证的情况下，还可以采用功能或者效果特征来限定权利要求的范围。但是，不得利用功能或者效果特征任意扩大权利要求的保护范围，尤其不允许出现纯功能性的权利要求。对于权利要求中的功能性特征，应当理解为覆盖了所有能够实现所述功能的实施方式。[②]

第二，实用性要件中包含的功能信息。除了在权利要求中可能包含专利技术的功能信息，在专利的实用性要件审查中同样能够知悉专利技术的功能。由于专利制度旨在鼓励促进科技进步、产业发展的专利发明人，因此一项技术要通过专利部门的审查，获得专利保护必须具备新颖性、非显而易见性以及实用性三项实质性要件。其中实用性要件是指发明应具备一

① 由于构成申请专利范围之技术特征的描述或限制条件，会限制专利权利范围，因此专利申请人在描述技术特征时，应在兼顾专利范围明确性的情况下，尽可能以简洁之描述方式撰写，使专利能受到较大的保护。

② 我国《专利审查指南》规定，对于权利要求中所包含的功能性限定的技术特征，应当理解为覆盖了所有能够实现所述功能的实施方式。对于含有功能性限定的特征的权利要求，应当审查该功能性限定是否得到说明书的支持。如果权利要求中限定的功能是以说明书实施例中记载的特定方式完成的，并且所属技术领域的技术人员不能明了此功能还可以采用说明书中未提到的其他替代方式来完成，或者所属技术领域的技术人员有理由怀疑该功能性限定所包含的一种或几种方式不能解决发明或者实用新型所要解决的技术问题，并达到相同的技术效果，则权利要求中不得采用覆盖了上述其他替代方式或者不能解决发明或实用新型技术问题的方式的功能性限定。此外，如果说明书中仅以含糊的方式描述了其他替代方式也可能适用，但对所属技术领域的技术人员来说，并不清楚这些替代方式是什么或者怎样应用这些替代方式，则权利要求中的功能性限定也是不允许的。另外，纯功能性的权利要求得不到说明书的支持，因而也是不允许的。

定功能且能够在生产经营活动中据以实施。换言之，若一项科研成果只是方法论意义上的抽象理论，缺乏在生产经营活动中的实用价值，则无法成为专利法上适格的保护客体。根据美国《专利法》第 101 条的规定，“任何新颖且有用的方法、机器、产品或组合以及改良物并符合法律规定的发明或发现均可被授予专利”。虽然该法条并未对实用性要件做直接规定，但从语义内容不难理解，“任何新颖且有用的方法、机器、产品或组合以及改良物”通常被解释为“需要在生产实践活动中能被广泛实施和反复利用”。而在美国早期实务中，对实用性要件的审查标准并不完全一致。在 Lowel 诉 Lewis 一案中，[①]Story 法官确认了对实用性的广泛性要求，即只要该发明具有一些益处，不致对社会福利、善良政策或良好道德造成危害即可。因为若一项专利并无特别的实用性，市场机制会将其自动淘汰。直到一个半世纪后，联邦最高法院才在 Brenner 诉 Manson 一案中缩限了实用性要件的审查标准。[②] 对于该案涉及的化学方法，法院认为仅具有“作为科学研究的对象”的作用是不够的，实用性要件是指必须具有已知的实际用途（practical utility）。因此，法官主张一项发明在其可用形式下应具有特别的积极作用，因为专利“不是狩猎证，也不是对探索的奖励，而是对成功结论的补偿”。[③] 随后，联邦最高法院还引用了 In re Ruschig 一案的观点，认为“专利系统必须与商业世界而非哲学领域相联系”。[④] 鉴此，设置实用性要件审查的目的在于鼓励具有实质效用的发明专利。美国在 2001 年修正原有的实用性审查基准（Guidelines for Examination of Applications for Compliance With the Utility Requirement）时，即采 Brenner v. Manson 一案的观点，要求发明本身必须对社会有积极效果，并发展到具有现实可加

① Lowell v. Lewis, 15 F.Cas. 1018, at 1019 (C.C.D. Mass 1817) .

② Brenner v. Manson, 383 U.S. 519, 148 U.S.P.Q. (BNA) 689 (1966) .

③ Brenner v. Manson, 383 U.S. 519, 148 U.S.P.Q. (BNA) 1042 (1966) .

④ Application of Ruschig, 343 F.2d 965, 970, 52 C.C.P.A. (Pat.) 1238, 1245 (Rich, J.) .

利用之特定功能，才算符合社会要求，具备了实用性要件。随着生物和基因技术研发的繁荣，美国在 2005 年 In re Dane K. Fisher 一案中修正了原有实用性审查准则，针对基因序列的专利实用性，提出具体、实在和可信的（Specific、Substantial & Credible）三项实用性审查要件。[①]“具体”和“可信”是指发明必须具有明确的、已经验证的具体用途，排除那些含糊不清或未经证实的潜在用途。例如，将某种化合物的实用性描述为“可用于治疗某种未知的疾病”，则该化合物的实用性就显得不够具体、可信，因而不符合实用性的要求。而“实在”则是指该权利要求能够在真实世界中被使用，希望借此防止局部或特性不明确的基因技术及成果取得专利，使基因专利的申请有较明确的规则。具体认定实用性程序可分为：（1）要求审查员详阅申请专利范围并解释实用性以及实用性的三要件的基本含义；（2）检视申请专利是否满足具体、实在和可信的实用性要件。若申请人主张具体且实在的实用性但欠缺可靠性抑或根本未主张具体、实在的实用性时，审查员将依美国专利法第 101 条及第 112 条的规定，以欠缺实用性和揭露内容无法引导他人利用该发明为由核驳其申请。此时申请人须举证证明该发明具体的实用性或提供资料证明其所主张的实用性在审查时已属明显；（3）任何因欠缺实用性而被驳回的申请应详细解释为何该发明不满足具体、实在和可信三要件；（4）对于熟悉该项技术者而言，依据相关证据若可证明该发明具有明确、具体及可靠的实用性，则缺乏实用性的核驳理由不应成立。综上，实用性要求申请专利本身的发明内容应具有具体以及特定的用途，而权利要求则要求准确、清楚地描述该发明本身以及如何制造、使用，即如何实现特定用途。

① In re Dane K. Fisher and Raghunath V. Lalgudi, 421 F.3d 1365 (Fed. Cir. 2005).

第五章　技术许可垄断案件中的相关研发市场界定

第一节　相关研发市场概述

一、研发领域的竞争及其特征

对未来技术的不断探索和创新不仅可以提升产业整体科技水平，促进产业结构的转型升级，为社会经济的发展提供持续助力，而且还能够为从事创新研发的经营者在后续的经营活动中带来一定的竞争优势。例如，某些国家对于研发治疗罕见病症的药品从专利保护期限以及市场化阶段等多个方面都给予了强化保护。但值得注意的是，未来产品和技术研发领域的竞争与基于已有产品、技术的竞争有着较大不同。创新研发过程与已有产品和技术的生产经营过程存在一定差别，这也导致未来产品和技术研发领域的竞争呈现出与已有产品、技术的竞争不同的特征。

第一，未来产品和技术研发领域的竞争属于非价格竞争。价格竞争是传统商业活动中常见的竞争模式。尤其是在商品差异性不足、替代弹性大的竞争关系中，市场经营者通过对产品或技术价格的调控与竞争对手展开竞争，以获得利润。因此，可以通过考察产品价格之间的弹性来界定竞争行为的边界。即使是在价格难以评估的技术市场，专利或技术的价格仍然是客观存在的竞争内容的考量因素。但未来产品和技术研发领域的竞争是人类基于现有知识对现有技术的改造或技术的研发，具有很强的不确定性和创造性，难以通过价格的变化影响竞争行为。

第二，未来产品和技术研发领域的竞争集中于研发投入阶段。反垄断法不仅重视配置效率，对意图利用价格工具人为控制资源配置的行为予以纠正，同时也十分关注生产效率。生产效率是指在相同投入时追求产出的最大化，抑或在相同产出中追求投入的最小化。然而，不同于传统商业活动中对投入产出的均衡关注，未来产品和技术研发领域的竞争侧重于经营者对研发活动的投入，具体包括从事创新研发活动经营者的数量规模、对研发活动投入的资源以及研发活动对经营者的研发诱因，而对于投入是否能有效率地形成产出则缺乏控制。因此，根据传统经济学观点，这种竞争追求的目标为投入的最大化。①

第三，未来产品和技术研发领域的竞争不存在任何交易行为。②这一特征与非价格竞争特征具有紧密的关联。由于技术许可领域的竞争主要以专利许可协议为载体，由专利许可人滥用其市场支配地位实施限制和排除竞争的行为，也即在这种维度的竞争活动中，都存在具体的交易主体和客体，并围绕技术许可协议进行具有反竞争效应的技术许可交易，而在研发竞争中并不存在特定的许可人和被许可人，也不存在特定的专利许可行为。这是因为，未来产品和技术研发领域的竞争并非建立在技术许可与授权的基础上，而是基于研发人员及其创新研发活动而形成的研发竞争，这种研发竞争是经营者为了在未来竞争中获得竞争优势以及市场支配地位而

---

① 但这种所追求的投入最大化并非毫无止境，而是追求所谓的创新效率（innovation efficiency），即在何种经济条件下，应有多少经营者投入重复的研发活动才能实现特定商品、技术或科技水平持续有效地进步。

② Ronald W. Davis, "Innovation Markets and Merger Enforcement: Current Practice in Perspective", 71 *Antitrust Law Journal* 677, 678 (2003).

预先采取的竞争行为。因此，在研发竞争中仅存在竞争参与者，即未来商品的供给者，而不存在特定的被许可人和实际消费者。尽管如此，反垄断法对技术许可垄断行为的规制并不局限于现存商品或技术的授权许可行为。基于预防和制止垄断行为以及保护市场公平竞争的立法宗旨，避免经营者的竞争行为产生限制竞争的结果，纵使参与研发的经营者尚处于技术研发阶段，其不当限制竞争行为仍可能受到反垄断法的介入。

二、反垄断语境下的研发市场概念

研发竞争同样与具体的市场关系密切相关。虽然研发成果尚未最终获得，但研发成果预期功能的可替代性使得参与研发的经营者们为了争夺未来市场的经营优势而形成了特定的竞争关系，从而构成了基于未来产品和服务的研发市场。① 虽然在研发过程中不存在任何交易行为，但经营者们为了加快研发进度、获取研发成果，往往会采取一些有利于自身研发活动的行为，如获得研发所需关键技术的授权或与有前期研发基础的竞争对手进行合并。一旦这些有利于自身研发活动的行为涉嫌排除、限制研发竞争，受限于研发成果尚不存在，反垄断机关难以适用相关商品市场和相关技术市场维度判断该案所涉及垄断行为的违法性。美国司法部和联邦贸易委员会在 2017 年《知识产权许可的反垄断指南》修订稿中使用了研发市场（Research and Development Markets）的概念来描述受许可安排不利影响的开发或改进产品或过程的竞争范围，并指出“经营者间的许可安排或合并可能会对研发产生一定的竞争影响，而这些影响通过传统的商品市场或技术市场难以被准确识别”。② 这说明反垄断法对专利许可垄断行为的

① Richard J, Gilbert, Steven C, “Sunshine. Incorporating dynamic efficiency concerns in merger analysis: the use of innovation markets” , *Antitrust Law Journal*, 1995 (2) : 569.

② 2016 Proposed Update Antitrust Guidelines for the Licensing of Intellectual Property, Section 3.2.3, p.13.

规制并不局限于现存产品或技术的授权许可行为。换言之，基于预防、制止垄断行为以及保护市场公平竞争的立法宗旨，避免经营者的竞争行为产生限制竞争的结果，纵使参与研发的经营者尚处于技术研发阶段，其不当限制竞争行为仍可能受到反垄断法的规制。[①] 而美国联邦贸易委员会也在 2010 年《横向合并指南》中明确将"减少创新竞争"作为启动一项执法行动的理由，[②] 使研发市场成为准确获得潜在反竞争效应的重要补充手段。

在很长的一段时间里，由于潜在竞争理论[③] 在使用过程中坚持从市场集中度、市场进入的难度、具有进入市场所需能力的经营者数量、目标市场内参与合并经营者的市场份额以及效率五个方面考量市场可能受到的损害，与界定研发市场时所关注的内容有一定相似性，所以有很多学者认为研发市场不过是美国反垄断执法机关对于潜在竞争理论的一次提炼和再解释，并非是解决研发领域的竞争问题而提出的全新理论。但值得注意的是，潜在竞争理论主要被用于分析受经营者集中所影响的相关商品市场，其分析是建立在实际合并行为与真实收益之上的，其本质上仍是传统结构分析中的一种特殊工具，而研发市场则是针对经营者之间没有实际交易与收益的案件。相应地，潜在竞争理论也无法处理因为减少创新进而延缓新

---

① 2016 Proposed Update Antitrust Guidelines for the Licensing of Intellectual Property, Section 3.2.3, pp.10-11.

② 1984 年《合并指南》承认涉及潜在竞争者的收购可能对竞争产生不利影响，并将此作为启动一项执法活动的理由。研发市场原理与潜在竞争理论有一定相似性，但后者主要被用于分析受经营者集中所影响的相关商品市场，其分析是建立在实际合并行为与真实收益之上的，无法处理因为减少创新进而延缓新产品或新技术的成功研发而对竞争造成的损害。而研发市场理论主要针对产品或方法的研发以及该研发的密切替代活动，适用于经营者之间没有实际交易与收益的合并案件。

③ 与供给替代性相对，潜在竞争是指生产者转而生产与被研究企业的产品相竞争的另一种产品，但不是在短期内也没有重大投资。因此，潜在竞争不是界定相关市场时考虑在内的因素，但在评估市场力量时仍十分重要。See Jones & Sufrin, *EC Competition Law*, Oxford University Press, 3rd edition, 2007, p.79.

产品或新技术的成功研发而对竞争造成的损害。[①] 因此，2010 年《横向合并指南》为解决研发竞争中的垄断问题提供了明确的理论基础，并且也催生了研发市场和潜在竞争理论两个创新分析模式分野的局面。

三、相关研发市场的源流

事实上，美国反垄断执法机关早在 1945 年联邦政府诉 Aluminum 案中就展现出了对研发激励和潜在反竞争效应的关注。第二巡回上诉法院在判决中曾指出，“拥有不受挑战的经济力量会削弱主动性、阻碍节约并且抑制活力；对竞争的免疫是一种麻醉剂，而竞争则是对工业进步的激励”；[②] 但直到美国国会于 1984 年颁布《国家合作研究法案》时，才出现最早的关于界定研发活动相关反垄断市场的描述。由于现实状况中鲜有大量经营者投入相同技术的研发计划，若仅考虑案发当时从事相同或近似研发计划的经营者，法院极有可能会直接认定共同合资研发行为具有违法性。因

① 在美国 2010 年《横向合并指南》中，美国联邦贸易委员会和司法部就如何评估涉及潜在竞争问题的合并进行了解释。这是自 1984 年《合并指南》之后就被长期搁置的问题。虽然 2010 年《横向合并指南》在很大程度上遵循了 1984 年《合并指南》的内容，但对于潜在竞争理论的适用仍然进行了显著的修正。潜在竞争理论适用于一个拥有若干潜在市场进入者的高度集中度市场。由于最高法院认为《克莱顿法》第 7 条不仅适用于实际竞争者之间的合并，同样也适用于潜在竞争者之间的合并。因此，法院在受理潜在竞争起诉时进一步将潜在竞争理论区分为已察觉的潜在竞争和实际潜在竞争。1984 年《合并指南》承认一个涉及潜在竞争者的收购可能对竞争产生不利影响，并因此作为执法活动的基础。一份联邦贸易委员会的报告指出在 1996 ~ 2007 财年间，执法机关发起了总计 17 项，占总数 6% 的请求来调查潜在竞争问题。在过去数十年间，执法机关已经实施了数十起涉及潜在竞争问题的合并案件。其中大部分是通过和解方式解决的，但也有少数案件引发了诉讼。具体案件参见 Press Release, Federal Trade Commission, FTC Challenges Thoratec's Proposed Acquisition of HeartWare International (July 30, 2009); United States v. Microsemi Corp., Case No. 8:09-cv-00275-AG-AN (C.D. Cal. Dec. 18, 2008); Press Release, Federal Trade Commission, FTC Sues Ovation Pharmaceuticals for Illegally Acquiring Drug Used to Treat Premature Babies with Life-Threatening Heart Condition (Dec. 16, 2008); Complaint, Polypore International, Inc., Docket No. 9327 (FTC Sept. 9, 2008)。

② Unied States v. Aluminum Co. of America, 148 F.2d 416, 427 (2d Cir. 1945) .

此，美国国会为避免法院可能会以本身违法原则审查合作研发，遂于《国家合作研究法案》中明示，应对共同研究及发展投资采用合理原则加以审查，尤其是评价该研发合资对相关研究、发展产品、方法及服务市场中竞争所产生的影响。该市场应涵盖有能力且具有研发诱因而从事相关研究的所有经营者，而不论该经营者案发时是否正在进行相关研究。

研发市场概念首次被应用于司法实践是在 1990 年联邦贸易委员会诉 Roche 合并案[①]中。在该案中 Roche 公司和 Genentech 公司在维他命 C、人类生长激素（human growth hormone）以及基于 CD-4 的艾滋病治疗三个领域的研发活动中产生了重合。联邦贸易委员会指控两者的合并可能会减少这三个领域内研究、发展、生产以及销售活动的竞争。[②]随后，美国司法部对 Allison Transmission 公司、General Motors 公司和 ZF Friedrichshafen 公司的合并案[③]提出质疑时，在反垄断执法程序中首次使用了研发市场的概念。在该案中，由于参与合并的三个经营者均为商用和军用大中型车辆自动变速箱的制造商，司法部认为申请合并经营者的生产设备是该产业从事创新所必需的专业设备，该合并将会损害商用和军用大中型车辆自动变速箱的创新研发市场。紧接着司法部在 1994 年又以同样的理由反对了 Flow International 公司和 Ingersoll-Rand 公司的合并提案。[④]司法部认为两者在研发和技术创新领域的竞争会受到合并的负面影响。

不久之后，美国联邦贸易委员会也开始对影响创新竞争的合并案件展开调查。1995 年，联邦贸易委员会对 Wright Medical Technology 公

---

① In re Roche Holdings, Ltd., 113 F.T.C. 1086（1990）.

② 该案最后以 Genentech 公司剥离其维他命 C 业务，Roche 公司剥离其人类生长激素业务而达成和解协议。

③ United States v. General Motors, Civ. No. 93-530（D.Del.Nov.16,1993）.

④ United States v. Flow Int'l & Ingersoll-Rand Co., Civ. No.94-71320（E.D. Mich. Apr. 14, 1994）.

司与 Orthomet 公司合并案展开了调查。[①]Wright Medical Technology 公司与 Orthomet 公司主要从事骨科植入物的制造和研发。Wright Medical Technology 公司在手部植入物领域处于领先地位且占有 95% 的市场份额。而 Orthomet 公司尚不拥有投入市场的竞争性产品，但其在展开调查之时正积极参与该领域的研发工作。联邦贸易委员会认为该合并可能会影响生产制造用于手部的获食品及药物管理局批准的骨科植入物市场以及研发过去用于或意图用于手部的骨科植入物市场等两个相关市场。根据传统反垄断原理，联邦贸易委员会认为合并可能会影响第一个市场是因为 Orthomet 公司属于该市场的一个潜在竞争者。而关于第二个市场，联邦贸易委员会认为 Wright Medical Technology 公司和 Orthomet 公司是研发市场上的实际竞争者，而且该合并会消除 Wright Medical Technology 公司和 Orthomet 公司之间对顾客手部植入物的研发竞争。联邦贸易委员会要求两者在完成合并之前需要将 Orthomet 公司的研发项目转让或许可给第三方参与具有替代性的研发活动的经营者。虽然联邦贸易委员会指出，由于 Orthomet 公司正积极从事与手部植入物有关的研究项目，从而成为手部植入物市场的潜在竞争者，但当联邦贸易委员会在该案中适用研发市场维度进行分析时，并没有基于其他存在于现有市场中的事实或潜在竞争者的数量、合并双方重复研发工作的程度等内容做出最后的决定，也即在本案中合并对研发市场的影响并不是联邦贸易委员会附条件同意两者合并的决定性因素。尽管如此，联邦贸易委员会仍然在本案中公开承认了合并可能会对研发市场造成一定负面影响。

美国司法部和联邦贸易委会在 2000 年发布的《竞争者之间合作的反托拉斯指南》(Antitrust Guideline for Collaborations Among Competitors) 为

① Complaint, Wright Med. Tech., 119 F.T.C. 344 (Mar. 23, 1995) .

涉及研发市场的合作行为设置了不同于涉及其他市场的安全港条款。[①]“没有特殊情况，执法机关不会基于研发市场中的竞争影响来挑战一个包含三个及以上的独立控制的竞争者合作拥有所要需的专门设备或诱因，从事与某个竞争者合作研发活动构成相近替代品的研发活动”。[②]与此不同的是，《竞争者之间合作的反托拉斯指南》对其于他合作者的安全港条款规定为，“当合作者的市场份额或参与者集中度不超过每个受竞争影响的相关市场的20%”。[③]

2001年联邦贸易委员会对Genzyme公司与Novazyme公司的合并案展开了调查。在该案中，Genzyme公司是一家合并前销售额就超过1亿美元的大型生物科技公司。同时，Genzyme公司也在庞贝氏症治疗方法的研究中处于领先地位。庞贝氏症是一种导致神经肌肉衰弱的基因疾病，会显著减少生命预期和质量。在合并前，市面上还没有治疗庞贝氏症的特效药品。而参与合并的Novazyme公司是一家小型的生物科技公司且没有任何产品处于临床实验阶段或进入零售市场，同时也缺乏商业规模生产设施以及持续基金去承担临床治疗或生产，但Novazyme公司却拥有一个正在进行的治疗庞贝氏症的研究项目。鉴于此，联邦委员会认为，由于仅有两个从事庞贝氏症研究的公司，那么Genzyme公司和Novazyme公司的合并可能会将正在进行庞贝氏症治疗研究的公司从两个减少为一个。由于疾病过于罕见，Genzyme公司在与Novazyme公司合并前向食品及药物管理局提交了孤儿药的申请。一旦被认定为孤儿药，除非有新产品被证明优

① 事实上，在1995年《知识产权许可的反垄断指南》中就已经建立了针对相关研发市场的反垄断安全港条款，规定该限制不具有明显的反竞争性或除许可协议各方外，存在四个及以上的独立控制的经营者拥有所需要的专门设备或诱因，从事与许可协议各方的研发活动构成相近替代品的研发活动时，不会触发反垄断执法机关的调查。Section 4.3, 1995 Antitrust Guidelines for the Licensing of Intellectual Property, at 23.

② U.S. 2000 Antitrust Guideline for Collaborations Among Competitors, Section 4.2.

③ U.S. 2000 Antitrust Guideline for Collaborations Among Competitors, Section 4.3.

于前者，否则该药品成功上市后将获得七年排他使用的特殊授权。联邦贸易委员会认为 Genzyme 公司有更少的研发诱因去推动 Novazyme 公司原研究项目的进度。一方面，Novazyme 公司的产品一旦上市就可能会损害 Genzyme 公司的孤儿药排他权；另一方面，Novazyme 公司的产品也可能会蚕食 Genzyme 公司的产品份额。因此，联邦贸易委员会面临的问题是该合并是否可能实质性损害研发庞贝氏症药物的竞争并因此而终止该合并。经过了漫长的调查周期，联邦贸易委员会最终于 2004 年以 3 票反对、1 票支持的投票结果停止了对本案的调查。[①] 投票结果反映了联邦贸易委员会对于使用何种合适的分析框架去评估该合并及其潜在的创新效应具有根本的分歧。时任联邦贸易委员会主席 Timothy J. Muris 撰写了反对方的主要意见。他在参考了联邦委员会早期调查报告的基础上总结认为，“合并会改变独立创新研发的数量，但经济理论和实践证据均不能证明合并会影响创新。必须检查合并完成后的经营者是否会减少研发诱因以及合并后是否有能力促使创新研发的成功”。[②]

值得注意的是，虽然在 2010 年美国《横向合并指南》中并未对研发市场概念作进一步解释，但美国司法部和联邦贸易委员会仍在该指南中承认“竞争会刺激经营者进行创新”并认为“一项合并可能会通过鼓励合并后的经营者将其创新投入减少至合并前的水平从而削弱创新活动中的竞争”。无独有偶，在 2014 年发布的《关于技术转让协议适用〈欧盟运行条约〉第 101 条的指南》中，欧盟委员会虽未采用“研发市场”的概念，但明确指出，“某些许可协议可能影响创新的竞争。但是在分析这种影响时，委员会通常会将协议对竞争影响的检测限定在现存商品和技术市场。在这

---

① Jones Harbour 委员投了弃权票。Statement of Commissioner Pamela Jones Harbour Genzyme Corporations's Acquisition of Novazyme Pharmaceuticals Inc. File No. 021-0026.

② Statement of Chairman Timothy J. Muris in the matter of Genzyme Corporation / Novazyme Pharmaceuticals, Inc.

些市场的竞争可能受到延缓改进产品或取代现存商品的新产品的协议的影响。在这种情况下创新是一种在评估协议对商品市场和技术市场的影响时必须被纳入考量的潜在竞争来源。但是在少数情况下，单独分析创新活动中的竞争效应也是十分必要的。特别是在协议影响创造新产品的创新活动以及可能在早期识别研发指针的情况下。在这种情况下可以分析是否达成协议后，会有足够数量的研发竞争指针存在以保持有效的创新竞争”。[①]

第二节　相关研发市场的界定方法与适用困境

引入研发市场的目的在于捕捉到在传统反垄断分析中难以发现的对现存市场中创新研发活动的负面影响。而这种影响可能对参与合并的经营者不直接发生竞争的市场范围或者对不被认为是潜在竞争者的市场造成损害。[②] 自 1995 年《知识产权许可的反垄断指南》发布之后，美国司法部和联邦贸易委员会已经针对许多众多合并提案从研发市场维度对合并可能潜在的影响创新研发展开了调查，并在如何界定研发市场以及识别在研发市场中的潜在损害等问题上积累了一定的经验。通过对这些案例的长期研究和分析，Richard J. Gilbert 和 Steven C. Sunshine 认为，“因合并所导致的经营者研发诱因的改变和创新速度的变化会对消费者福利造成潜在的伤害”。[③] 因此，引入研发市场概念的目的在于捕捉到在传统反垄断分析中难

---

① Guidelines on the application of Article 101 of the Treaty on the Functioning of the European Union to technology transfer agreements (2014/C 89/03), Section 26.

② Richard Gilbert & Steven Sunshine, Incorporating Dynamic Efficiency Concerns in Merger Analysis: The Use of Innovation Markets, 63 *Antitrust Law Journal* 569, 599 (1995).

③ Richard Gilbert & Steven Sunshine, Incorporating Dynamic Efficiency Concerns in Merger Analysis: The Use of Innovation Markets, 63 *Antitrust Law Journal* 569, 570–71 (1995).

以发现的对现存市场中创新研发活动的负面影响。而这种影响可能对参与合并的经营者不直接发生竞争的市场范围或者对不被认为是潜在竞争者的市场造成损害。①

一、相关研发市场的界定方法

根据1995年美国《知识产权许可的反垄断指南》，美国司法部和联邦贸易委员会认为如果反垄断执法机关不能合理地识别出那些拥有所须研发能力和研发诱因的经营者，那么将无须界定研发市场。②因此，研发市场界定的关键在于识别从事涉案研发活动的必需能力或设备，决定有多少经营者拥有这种能力或设备并评估如果研发市场集中度增加时，他们对在相关领域内研发诱因的消长变化。虽然《知识产权许可的反垄断指南》对研发市场做出了较为细致的规定，但该指南并没有提供界定研发市场的具体方法。就在《知识产权许可的反垄断指南》发布后不久，时任美国司法部反垄断局副总检察长的Richard J. Gilbert和Steven C. Sunshine联合撰文，详细阐述了一种利用假定合并以评估研发活动的研发市场的界定方法并认为这种方法能够识别案件中被传统反垄断分析忽略的潜在反竞争效应。这种方法与1992年《合并指南》中界定相关商品市场的方法在本质上有一定的相似性，主要是利用假定垄断者小幅但显著且非暂时性的削弱一组研发活动或一定区域内③的研发投入来进行相关市场范围的判断。④这种界定方法的原理与《合并指南》中的假定垄断者测试法基本相同，差别仅在于

① Richard Gilbert & Steven Sunshine, Incorporating Dynamic Efficiency Concerns in Merger Analysis: The Use of Innovation Markets, 63 *Antitrust Law Journal* 569, 599 (1995).

② 1995 Antitrust Guidelines for the Licensing of Intellectual Property, Section 4.3.

③ 在Gilbert和Sunshine的界定方法中，研发竞争的地理市场范围在没有贸易壁垒或法律障碍的情况下一般推定为全世界。

④ 除了界定相关研发市场，该方法也涉及对市场集中度、激励研发投入的竞争效应以及联合研发效率的评估。

相关商品市场是分析小幅但显著且非暂时性的价格上涨，而研发市场是基于小幅但显著且非暂时性的创新投入削减来进行分析。具体来说，该方法分为以下五个步骤：①

1. 确定参与合并的经营者之间重叠的研发活动。与利用假定垄断者测试分析相关商品市场范围时需明确涉案商品一样，适用该方法时首先应明确了经营者提出合并申请时正在参与何种研发活动。随后，应识别参与合并的经营者分别从事的研发活动有哪些是互相重叠的。这里的“重叠”是指这些研发活动将要开发的商品或技术是否会在未来商品市场中具有竞争关系或者是否会影响未来商品市场中的商品质量或价格。

2. 寻找重叠研发活动的替代性研发活动。该步骤的目的是识别能够合理替代参与合并经营者正在从事的研发活动的替代性活动。这相当于美国 1992 年《合并指南》中对供给替代性的评估。在研发市场的界定中，界定对象是针对新商品或新技术的研发活动，而非特定的商品或服务。因此，只需寻找从事替代性研发活动或拥有从事该研发活动所需的专门设备或技术的经营者即可。换言之，即考察研发市场中可能的供给替代和潜在竞争者。若此时该研发活动具有一定规模的替代性研发活动，那么假定垄断者小幅但显著且非暂时性地削减自身的研发投入将是无利可图的。假定垄断者削弱自身的研发投入不仅会增加其在研发竞争中失败的风险，而且有可能诱使其他替代性研发的参与者加大其研发资源的投入，从而导致假定垄断者失去研发优势，难以成功地研制出新产品或新技术。然而，研发市场的竞争者不仅包括当前拥有研发所需特定设备并以参与替代性研发的经营者，在可预期的短时间内可获得这些设备的经营者也应被视为潜在竞争

---

① Richard J. Gilbert & Steven C. Sunshine, Incorporating Dynamic Efficiency Concerns in Merger Analysis: The Use of Innovation Markets, 63 *Antitrust Law Journal* 569, 594 (1994-1995). 相关研发市场的范围在第三个步骤就已经被界定完毕，第四步和第五步是对于许可或合并行为对市场内总体创新研发水平的影响进行的评估。

者。即使此时不存在太多的替代性研发活动，若有大量的潜在竞争者可在合理的短时间内获得从事研发必需的设备，也可能导致假定垄断者小幅但显著且非暂时性地削减自身研发投入的行为变得无利可图。

3. 评估下游市场的实际和潜在竞争者。对创新研发进行投入能够扩大假定垄断者在下游市场中的市场份额并带来更多利润。如果下游市场的竞争激烈，那么小幅但显著且非暂时性地削弱研发投入将造成假定垄断者的利润损失甚至竞争机会的丧失。如果通过削弱研发投入不足以抵销假定垄断者在下游市场中的损失，那么该经营者通常不会选择削弱研发投入，从而保证了研发活动中的竞争状态。换言之，在这种情况下，即使该参与合并的经营者在研发活动中具有垄断地位，合并仍不会对研发活动的投入产生负面影响。当分析识别了一系列假定垄断者利用小幅但显著且非暂时性研发投入降低行为仍能获利的研发活动后，一个研发市场范围就被界定了。该市场范围是由假定垄断者可以小幅但显著且非暂时性削减研发投入仍能获利的一组研究活动所组成。

4. 评估研发集中度和研发投入的诱因。在确定了研发市场范围之后，还应进一步分析参与合并经营者的研发市场份额是否足以影响市场内总体研发水平，并考虑是否受到下游商品市场的竞争影响及其他可能影响该合并对竞争产生影响的特殊因素。参与合并经营者所在研发市场的市场份额应考虑该经营者对研发新商品或技术所投入的研发经费以及其他可能使该经营者研发成功的因素。当然，对合并后经营者研发市场份额的合理评估取决于每个案件的具体情况。例如，当研发经费被用于具体某项新产品或新技术的研发时，该研发经费可以用于评估合并后经营者的研发市场份额。在其他情况下，研发计划或研发设备的水准与获得创新研发成果的可能性具有更强的相关性。但当经营者与市场内参与研发活动的其他经营者获得研发成果的可能性都一样时，那么执法机构便赋予各经营者均等的市场份额。[①]

5. 评估研发效率。分析技术许可或合并可能对研发产生的影响的最后一步是评估研发效率的后果。这显然不足以对合并或其他联合行为将会降低研发投入的可能性作出最终结论。相关的竞争关系是联合是否会对创新产生负面影响，因为创新只是一种投入。分析必须考虑是否合并或其他联合行为能够提供增强创新价格以及可能性的效率优势。这需要评估利用互补研发设备和研发经济规模的潜力以及消除冗余研发项目的潜力。

二、相关研发市场界定的适用困境

将研发市场概念应用到产业实务中后，其关注的问题主要表现为合并对经营者研发诱因的直接影响以及对从事研发活动的竞争能力，也即研发竞争的关注。例如，在 Genzyme 合并案中，联邦贸易委员会委员 Pamela J. Harbour 就认为，“对创新的垄断消除了创新的竞争，削弱了在创新领域所有的重要竞争，并且减少了研究方法的多样性”。[②] 她还表明“对创新的垄断会消除研发市场上所有的竞争和多样性，因此这种反竞争的假设似乎是恰当的”。[③] 利用研发市场概念能够审慎和具体地分析技术垄断案件，从而将减少创新并因此损害消费者福利的合并从其他合并案件中分离出来。[④] 美国《知识产权许可的反垄断指南》也考虑对个案进行事实为依据的调查。美国司法部和联邦贸易委员会在界定研发市场目前或可能潜在竞争者时将

---

① 经营者合并对于研发产生的负面影响更容易出现在参与合并的一方经营者在相关研发市场拥有较高市场份额并单方行使市场力量时。由于经营者从事创新研发并获得研发成果的过程会对彼此现存的竞争关系产生显著的影响，因此，经营者之间很难通过共谋的形式限制研发活动。

② Statement of Commissioner Pamela Jones Harbour Genzyme Corporation's Acquisition of Novazyme Pharmaceuticals Inc. File No. 021-0026, at 3.

③ Statement of Commissioner Pamela Jones Harbour Genzyme Corporation's Acquisition of Novazyme Pharmaceuticals Inc. File No. 021-0026, at 3.

④ Michael Katz, Howard Shelanski, Mergers and Innovation, 74 *Antitrust Law Journal* 1, 12 (2007).

所有相关证据（all relevant evidence）纳入考量。[①] 一旦一个研发市场被界定，侧重点将转移到计算参与者的市场份额以及估算相关市场的集中度上。执法机关考虑市场参与者研发经费的份额和第三方市场参与者在合并竞争的重要意义的前景。[②] 如果他们可以得出结论，认为提议的合并可能在研发市场产生一个显著的反竞争效应风险，那么执法机关就将考虑提出合并促进竞争的理由，比如，合并互补的研发项目可以增加创新成功的步伐和可能性或者减少研发的成本。[③] 执法机关也会评估是否交易会伤害其他相关市场的竞争。[④] 但即便如此，《知识产权许可的反垄断指南》引入的研发市场概念以及由 Gilbert 和 Sunshine 提出的界定方法仍受到了反垄断学界与实务界的广泛质疑和批评。这种质疑主要认为当前理论和实践中尚未形成完整的逻辑链条来证明合并会减少创新、损害社会福利。

目前，还没有实证证据证明竞争的减少将导致研发的减少或新产品产出数量的减少。与之相反的是，“研发活动的竞争可能导致研发投入的重复，造成研发资源的浪费。消除冗余研发支出的合并能够降低获得相同研发成果的研发成本，甚至以更低的成本获得更多的知识”。[⑤] 另外，“研发合作可以促进思想的交流和资源的分享”。[⑥] 因此，研发的减少并不必然对消费者造成损失。在 Genzyme 案中，美国联邦贸易委员会主席 Timothy Muris 也认为在研发和创新领域，合并与垄断之间在理论和实务中都缺乏

---

① 1995 Antitrust Guidelines for the Licensing of Intellectual Property, Section 3.2.3, at 11.

② 1995 Antitrust Guidelines for the Licensing of Intellectual Property, Section 3.2.3, at 11.

③ 1995 Antitrust Guidelines for the Licensing of Intellectual Property, Section 4.2.

④ 1995 Antitrust Guidelines for the Licensing of Intellectual Property, Section 3.2.3, at 10-13.

⑤ Dennis W. Carlton & Robert H. Gertner, 2003. “Intellectual Property, Antitrust, and Strategic Behavior,” NBER Chapters, in 3 Innovation Policy and the Economy 29, 38 (Adam Jaffe, Joshua Lerner & Scott Stern eds., 2003).

⑥ Dennis W. Carlton & Robert H. Gertner, 2003. “Intellectual Property, Antitrust, and Strategic Behavior,” NBER Chapters, in 3 Innovation Policy and the Economy 29, 38 (Adam Jaffe, Joshua Lerner & Scott Stern eds., 2003).

必然的联系，因而拒绝假设该合并可能对创新研发活动具有反竞争效应。同时，他认为联邦贸易委员会的分析应该注意对“合并不会损害创新”等具体事实的搜集。① 而且在该案中，由于庞贝氏症治疗药物研发的复杂性以及根据孤儿药品法案（Orphan Drug Act）② 获得的针对第一个获得食品及药物管理局批准上市的超长独占期意味着不可能有两个药物同时被独立的制药公司研发成功。③

另外，保持研发市场的竞争状态的减少是否会提升新产品或新技术的研发速度或者是否会使新的或改进的产品或技术进入市场的效率升高？经济学理论认为，在某些特定的假设下，从事新产品或新技术研发的经营者之间的竞争会对研发活动起到激励作用，但对于那些不涉及专利竞赛的经营者而言是不存在的。一般而言，赢得竞争的经营者几乎都不会降低其研发投入。但即使身处专利竞争中的经营者比未参与竞争的经营者更有诱因去加大研发投入，增加的竞争也不会使消费者获利。事实上，在研发新产品和新技术的竞争中，每一个参与人都力求加快研发进度，比竞争对手更早地获得研发成果。此时，这些竞争对手将导致研发支出超过社会最优水平。例如，可使创新研发成果更早面市的研发支出大幅增加，从经营者的角度来看是最优，因为这会增加经营者赢得研发竞争的机会并有可能使其成为新发明的合法垄断者。但是增加的成本可能超过新产品提早面市带给消费者福利。④ 研发竞争同样可能导致经营者追求风险更高的研发技术。⑤ 因此，即使研发竞争会提升获得研发成果的速度，但这种速度的提升并不

---

① Statement of Chairman Timothy J. Muris in the matter of Genzyme Corporation / Novazyme Pharmaceuticals, Inc., at 12.

② Orphan Drug Act, 21 U.S.C. Section 360aa–ee.

③ 相较于常见药品，用于治疗罕见疾病的孤儿药可以从食品及药物管理局处获得长达 7 年的排他期。

④ Michael Katz, Howard Shelanski, Mergers and Innovation, 74 *Antitrust Law Journal* 1, 12 (2007), at 28.

⑤ Jean Tirole, The Theory of Industrial Organization 398–98 (1998).

必然增加消费者福利。

第三节 相关研发市场界定困境的成因

虽然反垄断执法机关逐渐接受并开始在实践中使用研发市场来阻止减少研发市场竞争、损害消费者福利的合并，但在法律实践中想要准确界定研发市场，仍必须依赖于合理透明且可预见的创新研发活动。然而在产业实务中，创新研发活动通常是难以察觉的。在药品、医疗器械和生物制药产业中的交易是反垄断创新分析的典型领域。在这些产业中，研发周期长且透明并且与知识产权关联密切。但在创新活动频繁且不可预测的产业，研发活动的竞争影响更多的是作为界定商品市场或技术市场的考量因素，很少具有独立评估的价值。在这样的市场中，创新是一种现象，使公共干预变得多余，即使市场中真实存在有垄断者在创新过程中行使其垄断权力，但想要准确界定研发市场仍然十分困难。当专利许可或合并可能影响某个新技术或新产品的研发时，互相竞争的研发活动通常需要借助可能被影响的新产品或新技术来界定相关市场。为了识别具有紧密替代性的产品或技术，执法机关通常会考察与被开发的相关产品、技术有关或参与竞争的经营者或与研发项目有关的经营者。而判断哪个研发项目可以被纳入研发市场的范围主要取决于能否准确地知悉创新成果的特征。若在专利许可或合并完成之时，十分接近成功获得创新成果，那么研发成功的可能性以及创新成果被获批上市的可能性是非常大的。基于这一前提，那么创新成果的替代性技术或产品也更容易识别，进而研发市场范围的准确性也相对较高。但专利许可或合并并不总是发生于创新成果的特征已经较为明显的阶段。因此，在研发初期阶段能否利用研发市场来分析合并或技术许可对创新研发的影响也成为反垄断实务中普遍关注的执法难题。模糊且难以识别的创新成果特征会增强替代研发活动范围的不确定性。

一、研发市场界定的学理缺陷

不可否认，在知识经济全球化的时代背景下，创新研发是维持国家经济健康和促进持久繁荣的关键所在。“过去五十年的每一项研究表明创新对发展的推动作用是远超过任何其他经济效能的。”[①] 但是，何种市场条件最利于促进创新被认为是近年来经济学界讨论最为激烈的问题，这也是研发市场界定结果科学性遭到普遍质疑的症结所在。

Joseph A. Schumpeter 认为，集中度对促进创新是至关重要的。[②] 过于分散的市场结构会造成研发行为的无序，造成社会总体研发成本的增加，形成无谓损失(deadweight loss)。[③] 已故美国联邦最高法院斯卡里亚(Antonin G. Scalia) 大法官在 Verizo 诉 Trinko 案中认为，至少在短期内，收取垄断价格的机会能够诱导经营者承担风险承担，产生创新和经济增长。为了保护创新的动力，除非它伴随着反竞争行为的要素，否则拥有市场力量不会被认定为非法。[④]

与这些观点针锋相对的是，有许多学者对 Joseph A.Schumpeter 的观点提出了质疑，如 Kenneth J. Arrow 就认为，“由于创新的成本非常高，竞争对手可以从已拥有的不会产生其他成本的技术中获得经济利益，垄断者具有强烈的抑制进一步创新的抑制因素”，[⑤] “对发明的激励在垄断条件下将比

① Michael A. Carrier, “Two Puzzles Resolved: Of the Schumpeter-Arrow Stalemate and Pharmaceutical Innovation Markets,” 93 *Iowa L. Rev.* 393, 399 & n. 8 (2008) .

② Joseph R. Schumpeter, *Capitalism, Socialism, and Democracy*, pp.81-106.

③ 无谓损失又为福利净损失 (welfare loss)，是指由于市场运行未处于最优状态而产生的社会成本，主要由市场竞争偏离均衡时损失的消费者剩余和生产者剩余所构成。

④ Verizon Communications Inc. v. Law Offices of Curtis V. Trinko, LLP, 540 U.S. 407 (2004) .

⑤ Kenneth J. Arrow, Economic Welfare and the Allocation of Resources for Invention, in Essays in the *Theory Of Risk Bearing* 144, 158 (3d ed. 1976) .

竞争条件下更为减少”。[①] 同样地，F. M. Scherer 和 David Ross 也认为，“过高的市场集中度容易限制主动独立研发项目的数量并且抑制经营者通过加快研发而获得市场地位的积极性从而延缓进步”。[②]Michael E. Porter 也表示，“竞争对刺激改进和创新有直接作用”。[③]Richard T. Rapp 则认为“现有实证研究也不能确定集中度和创新的密切关联”。[④] 提出这些观点的主要依据在于：

第一，竞争对研发诱因的刺激作用。因此，如果针对某种未来技术或商品的研发项目过少，那么处于研发竞争中的经营者就可能缺乏足够的研发诱因去进行有效率地研发。换言之，如果目标市场内的现存经营者未面临潜在竞争者进入市场、参与竞争的威胁，那么创新研发的速度可能受损。这些经营者同样有诱因去反竞争地减少他们的研发工作。[⑤]

第二，项目的多样性有助于保护消费者自主选择的权利。专利许可或合并完成之后，如果涉案经营者将两个研发项目减少为一个或者意图延迟特定产品的开发，这将剥夺消费者的从创新和竞争中可能的利益，也即在不同产品之间选择的权利。

第三，保持研发项目的数量能够增加研发成功的可能性。研发总是充满风险和失败的，数量更多的研发项目可以在一定程度上提高成功的可能性。维护种类的原因与寻求维持研发资源的最小数目具有非常紧密的关

① Kenneth J. Arrow, Economic Welfare and the Allocation of Resources for Invention, in Essays in the *Theory Of Risk Bearing* 144, 157 (3d ed. 1976) .

② F. M. Scherer & David Ross, *Industrial Market Structure and Economic Performance* 660 (3d ed. 1990) .

③ Michael E. Porter, *The Competitive Advantage of Nations* 143 (1990) .

④ Richard T. Rapp, The Misapplication of the Innovation Market Approach to Merger Analysis," 64 *Antitrust Law Journal* 19, 38-30 (1995) .

⑤ Richard J. Gilbert, Steven C. Sunshine, Incorporating Dynamic Efficiency Concerns in Merger Analysis: The Use of Innovation Markets, 63 *Antitrust Law Journal* 569, 592f. (1995) .

联，这增强了未来商品市场中获得竞争力的机会。任何保持未来商品市场竞争的政策同样也是保护未来产品潜在竞争的政策。除了将更多的产品推向市场，以更低的价格和更好的服务出售，保持商品市场的竞争性也将增加市场参与者持续创新的研发诱因。创新是一种重复博弈，特别是在目标市场中的现存企业受到实际或潜在竞争者的压力时。

作为一种高风险的投资行为，创新研发始终面临不断重复的博弈过程，尤其是在市场中的现存经营者受到实际或潜在竞争者的竞争压力时。反垄断政策关注的本质仍是市场力量的发挥。这种发挥可能意味着要提升价格至竞争水平之上或降低产品质量以及提供给客户的服务水平。市场力量也可以影响创新研发活动的研发速度和研发成果的种类等内容。换言之，市场力量在某些特殊情况下仍能产生有利于竞争的结果。但反垄断法实施与垄断行为的竞争效应之间应存在稳定的因果联系。而理论和实践均未表明实质性的市场力量普遍有利于技术进步。[①] 鉴此，技术研发或新产品引进的市场条件存在很大的个案差异，市场集中度与创新效率的关系需要依据具体案情进行分析。事实上，反垄断法所真正关注的是专利许可或合并对创新的整体影响，这种整体影响通过对具体案件市场条件的分析和评估更容易获得准确的结论。研发市场涵盖了产品或技术的研发竞争，研发的预期成果决定了相关市场的边界。然而研发市场的界定范围主要取决于未来产品或技术的特征。这种不确定性与调查时研发活动所处的阶段关系最为密切，但这也是与相关商品市场和相关技术市场广泛而稳定的适用特点相悖的。换言之，反垄断语境下基于研发竞争而形成的研发市场在相关市场界定的基本规则下能够满足理论上的自洽，但实践中对于创新成果特征准确认知的乏力使研发市场概念难以承担起创新分析的工作。要准确

---

① Phillip Areeda & Donald Turner, *Antitrust Law: An Analysis of Antitrust Principles and Their Application*, 407d (1995) .

恰当地评估专利许可或合并可能对研发竞争过程造成的负面影响，还是需要从具体市场条件和案情事实入手进行动态分析。①

二、研发市场界定的技术障碍

如前所述，虽然反垄断执法机关逐渐接受了研发市场的概念，并且反垄断政策也开始被用于阻止减少研发市场竞争、损害消费者福利的合并，但在法律实践中想要准确界定研发市场，仍必须依赖于合理透明且可预见的创新研发活动。然而在产业实务中，创新研发活动通常是难以察觉的。药品、医疗器械和生物制药产业的交易是反垄断创新分析的典型领域。在这些产业中，研发周期长且透明并且与知识产权关联密切。但在那些创新发生频繁、不可预测的以及产品开发隐蔽且快速的产业，研发活动可能会影响到常规商品市场的评估但很少有独立评估的价值。在这样的市场中，创新是一种现象，使公共干预变得多余，即使市场中真实存在有垄断者在创新过程中行使其垄断权力，但想要准确界定研发市场仍然十分困难。②

依照 Richard J.Gilbert 和 Steven C.Sunshine 引入的界定方法所划定的研发市场边界通常是较为宽泛的。但执法经验表明，研发市场的界定结果通常不像该方法所预想的那么广阔。例如，联邦贸易委员会在 1995 年 Sensormatic 和 Knogo 合并案中就界定了研发市场。参与合并的 Sensormatic 公司和 Knogo 公司均为生产销售被零售商用于防偷窃行为的

① 例如，在 Genzyme 案中，经调查发现，Novazyme 公司首席执行官 John Crowley 的子女也不幸患有庞贝氏症。Muris 主席表示，“这个事实能够将任何关于合并可能导致研发降低的想法驱散。”而 Novazyme 公司的研究团队也承诺在合并完成后会保持独立的研发项目并暗示不会减少对该项目的创新研发投入。See Statement of Chairman Timothy J. Muris in the matter of Genzyme Corporation / Novazyme Pharmaceuticals, Inc., at 15-17.

② 当然，除了制药及其相关产业之外，其他结构性现象和市场进入壁垒可以创造一个可预测的与创新相关的竞争结构，从而更有利于市场参与者的策略行为以及反垄断分析。

商品电子防盗系统及组件（EAS）的经营者。①两者均参与到新的标签系统的研发过程中，这个系统可以通过在商品及其包装上应用标签的方式减少零售商手动的粘贴 EAS 组件。联邦贸易委员会认为该合并会影响生产、研发一次性标签的相关市场。②与医药产业的合并案中一样，联邦贸易委员会界定了一个相对狭窄的研发市场范围，侧重于具体的研发一次性产品或探测盗窃者以及排除所有零售商可以使用的潜在技术的研究路径。这是因为影响经营者行为和经营决策制定的竞争限制通常取决于特定的经济背景，而研发市场的界定也应该遵循该经济背景下的产业特征或具体案由。例如，由于当地分销商以及监管壁垒等问题的存在，市场范围通常具有地域性。③

当一个专利许可协议或一项合并动议可能影响某个新技术或新产品的研发时，互相竞争的研发活动通常需要借助可能被影响的某个新技术或新产品来界定相关市场。为了识别具有紧密替代性的产品或技术，执法机关通常会考察与被开发的相关产品、技术或参与竞争的经营者或与研发项目有关的经营者。而判断哪个研发项目可以被纳入研发市场的范围主要取决于能否准确地知悉创新成果的特征。若在专利许可或合并完成之时，十分接近成功获得创新成果，那么研发成功的可能性以及创新成果被获批上市的可能性是非常大的。相应地，此时创新成果的特征也基本确定。基于这一前提，那么创新成果的替代性技术或产品也更容易识别，进而界定研发市场范围的准确性也相对较高。

但值得注意的是，创新成果特征的识别在更多的情况下面临着极大的困境，这主要是由于技术许可或合并并不总是发生于创新成果的特征已经

① Decision and Order, Sensormatic Elecs., 119 F.T.C. 520 (Apr. 21, 1995).

② Complaint 11, Sensormatic Elecs., 119 F.T.C. 520 (1995).

③ Richard J. Gilbert, Steven C. Sunshine, Incorporating Dynamic Efficiency Concerns in Merger Analysis: The Use of Innovation Markets, 63 *Antitrust Law Journal* 75, 81. (1995).

较为明显的阶段。因此，在研发初期阶段能否利用研发市场来分析合并或技术许可对创新研发的影响也成为反垄断实务中普遍关注的执法难题。而模糊的、难以识别的创新成果特征带来的直接后果就是替代研发活动存在不确定性。根据 Gilbert & Sunshine 界定方法，执法机关在认定参与合并的经营者之间重叠的研发活动之后，需要识别现存市场内与该研发活动具有紧密替代关系的其他研发活动。在这个界定过程中，主要依赖于反垄断执法机关的实证调查，而非经济计量分析。造成这个问题的原因在于获得创新成果在事实上并不当然等同于开发新产品过程的研发。换言之，创新可以出现在任何事先以任何不可预知的方式中。根据对前述案例的梳理不难发现，识别所有的有能力实施与涉案研发市场相关的替代性研发行为的经营者是很困难的，甚至是不可能的。事实上，很多重要的创新来自于未被识别的经营者，这就给反垄断执法机关的研发市场工作增加不确定性和复杂性。

例如，在 1995 年 American Home 公司和 American Cyanamid 公司合并案[①]中，涉案的 American Home Products 和 American Cyanamid 在案发时正处于疫苗研发的临床试验或接近临床试验阶段。[②]因此，联邦贸易委

① Complaint, Am. Home Prods., 119 F.T.C. 218 (1995).

② Press Release, Fed. Trade Commission, American Home Products Settles FTC Charges in American Cyanamid Acquisition (Nov. 10, 1994). 市场中仅有三个从事相关研究的经营者。American Cyanamid 和另外一个经营者正处于临床前测试阶段，而 American Home Products 则处于Ⅱ期和Ⅲ期临床试验阶段。医药公司在向食品及药物管理局递交上市申请并获得批准之前需要经过三个临床试验阶段。Ⅰ期临床试验是初步的临床药理学及人体安全性评价试验，观察人体对于新药的耐受程度和药代动力学，为制定给药方案提供依据；Ⅱ期临床试验是治疗作用初步评价阶段，其目的是初步评价药物对目标适应症患者的治疗作用和安全性，也包括为Ⅲ期临床试验研究设计和给药剂量方案的确定提供依据，此阶段的研究设计可以根据具体的研究目的，采用多种形式，包括随机盲法对照临床试验；Ⅲ期临床试验是治疗作用确证阶段，其目的是进一步验证药物对目标适应症患者的治疗作用和安全性，评价利益与风险关系，最终为药物注册申请的审查提供充分的依据。试验一般应具有足够规模的样本量进行随机盲法对照试验。

员会认为该合并可能会对轮状病毒（rotovirus）治疗疫苗的研发市场具有负面效应。最终联邦贸易委员会要求参与合并的双方必须剥离 American Cyanamid 的研究项目才能同意两者合并。合并完成后，American Home 的产品虽然在 1998 年上市，但由于存在安全隐患而被迫下架。随后一个在调查之初没有被识别出来的 Merck 公司加大了其在该领域的研发投入和研发力度并成功研制出治疗轮状病毒的疫苗，最终于 2006 年获得食品及药物管理局的批准成功上市。①

无独有偶，在 1997 年美国联邦贸易委员会对 Baxter 公司与 Immuno 公司的合并案展开了调查。② 由于 Baxter 公司和 Immuno 公司是美国为数不多的寻求食品及药物管理局批准上市的纤维蛋白封闭剂公司，因此联邦贸易委员会认为纤维蛋白封闭剂市场的市场集中度过高。③ 当 Immuno 公司的产品于 1998 年率先进入市场后，联邦贸易委员会要求 Immuno 公司向 Baxter 公司进行技术许可以作为允许合并的条件。然而，在合并完成后，有 Aventis、Omrix 等多家公司的纤维蛋白封闭剂产品陆续进入市场，均不是联邦贸易委员会在 Baxter 案中识别的竞争者。换言之，联邦贸易委员会对纤维蛋白封闭剂市场结构的判断存在明显的错误。由于制药产业内的创新研发成果必须获得 FDA 的批准和多年的临床试验才能成功，因此，即将面世的新药产品的潜在竞争者可能都是出于临床试验阶段的制药公司。这也是研发市场的适用主要集中于制药产业的原因。但这种方法并不能普遍地适用于其他产业，而创新成果特征难以识别的问题也依然存在并导致

① Michael A. Carrier, Two Puzzles Resolved: Of the Schumpeter-Arrow Stalemate and Pharmaceutical Innovation Markets, 93 *Iowa Law Review* 393, 433（2008）.

② Press Release, Federal Trade Commission, FTC Decision in Baxter/Immuno Acquisition to Preserve Competition in Two Markets for Plasma Products Ensuring Lower Prices for Consumers and Continued Research and Development（Dec. 19, 1996）.

③ Michael A. Carrier, Two Puzzles Resolved: Of the Schumpeter-Arrow Stalemate and Pharmaceutical Innovation Markets, 93 *Iowa Law Review* 393, 488（2008）.

研发市场的界定陷入困局。

第四节 相关研发市场界定的技术调和

欧盟和美国的执法机关已逐渐认识到这个问题并在某些案例中进行了尝试。例如，在Ciba案中，联邦贸易委员会就认为，“当研发作为未来市场的重要因素被评估时，必须用一个比涉及现存市场案例中更加广泛的方式进行分析”。[①] 而当涉案创新成果的特征难以直接被识别时，专利许可或合并对创新产生何种影响的分析就不应固执地选择相关市场理论，而是应将分析重心置于对具体案件的市场条件。例如，在Glaxo Wellcome案中，联邦贸易委员会在分析两者合并对慢性阻塞性肺病治疗方法的研发所产生的影响时，分别分析了经营者减少当前研发活动的诱因和能力以及对该领域整体潜在研发的影响。这种分析内容不同于传统的以创新成果为核心的研发市场界定方法。而实践表明，这种做法可以更细致地检查结合后研发活动的影响，因为它能够真正地将创新条件从接近未来商品市场条件的特定情景中剥离。当分析研发慢性阻塞性肺病治疗方法活动的市场条件时，联邦贸易委员会将多种处于不同研发阶段的治疗方法研发项目纳入考量，即对于治疗领域创新潜力进行了长期的总体评估。因此，在研发活动初期，当创新成果的特征、研发成功的可能性乃至于未来市场的市场环境都存在大量不确定性而涉案的市场行为可能出现的反竞争效应时，应该采用一个更动态的分析方法。例如，对于那些直到创新研发的最后阶段才可能知道针对某种特定疾病的创新药品特征细节的研发项目而言，在创新研发活动的早期阶段，针对某种特定疾病的不同研发项目也可能被视为具有

① Complaint, Ciba-Geigy Ltd., Dkt. No. C-3725 (F.T.C. Apr. 8, 1997) .

竞争关系。虽然可能在研发成功后，两个研究项目所产生的创新成果之间并无明确的紧密替代关系，但在漫长的研究过程中，两者仍会互相施加竞争压力。因此，如果分析针对评估经营者是否具有反竞争性地降低研发或影响整体的研发条件的诱因，以狭窄的研发市场界定来评估研发竞争并不是最佳选择。

另外，反垄断执法机关还可以通过调查涉案经营者是否具有特定的研发能力和研发基础来辅助判断削弱创新对涉案市场竞争的影响。一般而言，如果专利许可人或参与合并的经营者拥有很强的研发能力或研发基础，那么就极有可能削弱创新以及创新在涉案市场中维护竞争的作用。在 Ciba 案[①]中，联邦贸易委员会分析和界定了几项产品的研发市场，甚至还涉及了整个基因技术的研发市场。这是因为除了参与合并的经营者，还有一些经营者在该领域的不同应用中正在实施开拓性的研发活动。由于这些领域具有广阔的技术前景和商业机会，因此经营者对于这些领域的创新活动具有非常强烈的研发诱因。但由于参与合并的 Ciba 公司和 Sandoz 公司控制了其他经营者难以获得技术组合并足以支持其将基础性的基因治疗研究成果转化成商业化产品。由于有第三方进行的产品开发需要这些关键技术的许可，合并经营者可能创造一个“瓶颈”并严重削弱第三方实施基因治疗研发的诱因和能力，基因治疗的创新潜力也将因此受到威胁。由于这些经营者都是具有竞争关系的经营者且竞争受损的主因是关键技术的许可问题，本案的相关市场似乎是一个相关技术市场。联邦贸易委员会认为参与合并的经营者在合并之前具有充分的诱因授权其他经营者使用他们的技术。而且由于创新成果的特征尚不能被完全识别，因此这些许可协议极有可能使这些经营者之间形成多层次的合作关系。这种更深远的合作能够满足一个单纯的技术许可不能实现的需求。单一的相关技术市场维度可能

① Complaint, Ciba-Geigy Ltd., Dkt. No. C-3725 (F.T.C. Apr. 8, 1997) .

无法真正捕捉到这种多样的未来许可要求和额外的合作形式。此外，相关技术市场维度无法注意到经营者之间创新竞争的减少，例如研发项目的缩减。在1994年Pasteur Mérieux和Merck的合并案[①]中，两个在该领域处于领先地位的经营者试图汇集目前市场上的疫苗抗原和技术并展开合作。由于两者合并后研发获得的未来疫苗和技术显然使其他经营者无法获得关键投入品，一旦两者在该领域的合并完成就极有可能减少两者在未来潜在疫苗研发的竞争活动。然而，经调查显示许多其他同领域的经营者，如各种生物公司、独立研究中心和公立学术机构都具有足够的研发能力和研发基础，从而成为创新成果的合格潜在提供者。因此，如果案发时尚无法准确识别创新成果及其特征，还可以评估在同一技术领域经营者之间竞争是否会减少同一技术领域关键投入品的其他提供者出现的可能性。在这种情况下，经营者的竞争能力并不依赖于正在开发的具体产品或技术，而可以分析经营者所拥有的资产设备等研发能力或研发基础，以识别可被纳入研发市场的具有独特研发潜力的经营者。

研发市场并非专利或产品进行实际交易的场所，而仅包含经营者所投入的研发、创新活动。因此，研发市场并不存在具体交易的主体与客体，亦没有具体的交易行为。[②]当专利许可或合并对研发产品或技术的竞争产生不利影响，且其无法通过分析商品市场或技术市场来加以衡量时，执法机关和法院才会进一步地分析对研发领域的竞争影响。[③]研发市场是由诸多为获得未来竞争优势而进行的研发行为而构成的。因此，研发市场也被认为是"为了保护未来产品的竞争，而并非一个稳妥适当的相关市场分析

① Case No. IV/34.776 – Pasteur Mérieux/Merck, OJ L 309/1 (1994).

② Ronald W. Davis, "Innovation Markets and Merger Enforcement: Current Practice in Perspective", 71 *Antitrust Law Journal* 677 (2003).

③ U.S. 1995 Antitrust Guidelines for the Licensing of Intellectual Property Section 3.2.

维度”。[1] 市场行为对创新研发造成的影响，需以经营者所从事的研发活动作为判断的依据。但研发活动仅包含经营者对创新的投入，而并不包含创新的成果。因此，研发活动也可能在最后研制出完全无关的产品或技术，这对以研发投入作为参考指针的分析方法形成了极大的不确定性。而这种不确定使得研发市场难以成为相关商品市场或相关技术市场那样稳定的界定维度。基于这一前提，研发市场的适用一直是反垄断法实践中的难题。

在适用相关研发市场维度分析技术许可、合并等市场行为对创新研发活动的影响时，应避免研发市场界定的固有缺陷，避免陷入美国反垄断执法机构在研发市场界定实践中遇到的种种难题，而且应将对研发投资、创新活动的影响作为考量因素，从动态角度准确识别垄断行为对市场竞争的损害。这具有十分重要的现实意义，这种科学和灵活的分析方法能够弥补从静态维度评估特定技术垄断行为负面效应时的缺陷，是对相关市场界定的一种外部完善。

① Laurence B. Landman, “Did Congress Actually Create Innovation Markets?”, 13 *Berkeley Technology Law Journal* 730 (1988).

第六章 相关市场界定与反垄断法的现代化

第一节 现代化进程中的相关市场界定

现代化作为一种不可抗拒的世界潮流，是人类社会始终追求的目标，而法治的现代化更是世界各国国家治理现代化的核心内容。与民法、刑法等历史久远的传统部门法相比，反垄断法在世界范围内仍属于一个新兴的法律门类，在追求与实现现代化的过程中仍在不断摸索。反垄断法的雏形源自英美普通法对居间人共谋和独占行为的规制。直到 1890 年美国国会通过并颁布《谢尔曼法》才标志着人类社会正式将实施垄断以及试图垄断、联合或共谋限制贸易的行为纳入法律规制的范畴。《谢尔曼法》致力于规范以托拉斯（trust）形式订立合约、实行合并等限制贸易的行为，并将垄断或试图垄断州际商业和贸易的任何一部分的联合或共谋犯罪的行为视为违法。《谢尔曼法》的适用范围涵盖整个美国的领土以及在各州的法律下、抑或在国外的法律下受承认的公司、社团等主体。虽然《谢尔曼法》首次提出了具有限制垄断、保护竞争意义的法律条文，但颇为遗憾的是，整部法案缺乏明确的解释和可操作的方法，对垄断行为的认定和判断标准的设置也较为简单。这一阶段的反垄断法仍处于现代化进程的起始阶段。

为了消除广大消费者和经营者对于反垄断法的恐惧以及破解当局对

反垄断法适用乏力的局面，美国国会于1914年又陆续出台了《克莱顿法》和《联邦贸易委员会法》，对《谢尔曼法》的解释和实施予以进一步规范。其中，《克莱顿法》进一步具象了垄断违法行为的种类，主要规制涉及价格歧视、排他性交易及搭售协议或安排、企业兼并与收购及企业间互派董事四个方面的非法商业行为。而根据《联邦贸易委员会法》的规定则建立了隶属于联邦政府的联邦贸易委员会作为负责反垄断法执法工作的具体行政执法机关。至此，近代反垄断法的基本框架已经在美国初步形成。此后，各国反垄断法基本延续了美国反垄断法的架构，设立了统一的行政执法机构负责反垄断法的实施，并利用成文法和司法体系予以辅助。但此时美国反垄断法距离现代化的目标尚有不小的差距。这主要是因为在反垄断法实施过程中，合法与非法商业行为之间的判断标准尚不清晰，缺乏坚实的理论基础以及切实可操作的分析工具。

不久之后，这种情况随着哈佛学派等经济学团体的出现以及结构主义等理论的兴起得到了明显的改善。如前文所述，哈佛学派主要强调市场结构对市场绩效的决定性作用。哈佛学派认为，“在一个部门内过高的生产集中程度会导致糟糕的市场结果，但规模效益显著的部门除外；适度集中的寡头市场和带有某些原子市场的市场结构，可以实现按照竞争要求所期望的市场结果。因此，具有决定性的结构的边界不是位于原子市场和寡头市场之间，而是位于较高集中度的寡头市场和适度集中的寡头市场以及某些原子式结构的市场之间”。[①] 哈佛学派对美国反垄断法的实施产生了深远的影响，尤其是其中针对“产品差异”[②] 以及“市场进入

① 王忠宏:《哈佛学派、芝加哥学派竞争理论比较及其对我国反垄断的启示》，载《经济评论》2003年第1期，第72页。

② 过高的产品差异程度通常并不会带来很好的市场结果，因为消费者常常只有在两个十分近似的产品之间进行选择，所以可供消费者选择的产品数量并不会随产品差异程度而相应地扩大；有效竞争所要求的并不是特别高的产品差异程度，而只是要求适度的产品差异。王忠宏:《哈佛学派、芝加哥学派竞争理论比较及其对我国反垄断的启示》，载《经济评论》2003年第1期，第72页。

限制”[①]的观点最终在美国司法部1968年发布的《合并指南》中被提炼成相关市场的概念。

在苏联解体之后，急剧变化的欧洲局势对欧盟一体化的进程产生了巨大影响。面对这些变化，欧盟委员会采取了一系列应对措施，其中欧盟竞争总署主任的Dieter Ehlermann提出成员国反垄断执法机构应加强与欧盟委员会的信息沟通，以提高其执法能力，从而在竞争法的实施方面承担更多责任。[②]此外，欧盟竞争总署还呼吁成员国加强对反垄断私人诉讼制度的建设。由于成员国对欧盟频繁变动的竞争法体系普遍表现出不适应和抵触，初期的应对措施并未获得预期的收效。随后，竞争总司经过漫长的调研和反思，于1999年正式发布了《欧盟竞争法现代化白皮书》,[③]并围绕白皮书重构了欧盟竞争法，[④]从而推动了欧盟竞争法实体规则与程序制度上的现代化。时至今日，欧盟竞争法已成为一个相当成熟的法律体系，为众多竞争法制后发国家所学习和借鉴。虽然市场竞争的理念已被各国政府普遍接受，竞争法律制度也已广泛建立，但随着科技与市场竞争行为的深度融合以及全球化进程对反垄断法实施的影响，反垄断法的法律目标和实施方式也面临新的挑战。不仅在欧盟层面，欧盟各成员国也纷纷调整其国内竞争法律制度以应对新的竞争挑战。如2008年10月28日，法国颁布了

---

① 高度的市场进入障碍，与中等的和较低的市场进入障碍相比，对市场结果具有负面影响；通过高度市场进入障碍得到保护的高度集中的生产部门比带有中等程度市场进入障碍的高度集中生产部门，一般来说会导致更为糟糕的市场结构。因此，要获得有效的市场结构就必须消除市场进入的障碍，其中主要是人为的市场进入障碍。参见王忠宏:《哈佛学派、芝加哥学派竞争理论比较及其对我国反垄断的启示》，载《经济评论》2003年第1期，第72页。

② Claus-Dieter Ehlermann, “Implementation of EC competition law by national anti-trust authorities” , 17 *European Competition Law Review* 88 (1996) , pp.88-95.

③ European Commission, White Paper on Modernisation of the Rules Implementing Articles 85 and 86 of the EC Treaty, Commission Programme No. 99/027 (1999) .

④ Ian Forrester, “Modernization of EC Competition Law” , 23 *Fordham International Law Journals* 1028 (2000) .

旨在推动法国经济增长、促进就业和提高居民购买力的《经济现代化法》。该法案共有175个条款，重点是通过多项改革举措提高法国企业的生产积极性、促进市场竞争和经济增长以及增强法国企业在国际上的竞争力等。其中，有关竞争政策的规定于2009年1月1日开始实施。这些政策对法国的竞争主管机构和企业合并控制制度进行了相应改革。根据该法的规定，法国将成立新的竞争管理局，取代原来的竞争委员会主管法国的竞争事务。竞争管理局将作为一个独立的执法机关拥有自己的调查人员，可以就涉及竞争的任何问题发表意见，并有权采取必要的措施维护和促进市场竞争。此外，《经济现代化法》还就企业合并控制制度作出了新的规定。首先，竞争管理局有权独立地完成第一阶段和第二阶段的企业合并反垄断审查，废除了原有的经济部和竞争委员会的两部门审查制度。其次，第一阶段的审查期由原来的5个星期变为25个工作日，第二阶段的审查期变为65个工作日。并且，在符合规定条件的情况下，竞争管理局和当事人都可以要求中止审查程序。最后，法国经济部保留了重要的执法权，有权要求对正在审理的合并案件进入第二阶段的审查；基于公共利益的理由，如产业发展、企业竞争力和稳定就业，有权对第一阶段通过的合并案件进行重审，并可以做出否决决定。

而作为世界上拥有最成熟反垄断法律制度的国家，美国在21世纪之初也开始针对信息技术、网络技术的发达而做出调整。美国国会于2002年成立了反垄断现代化委员会，试图对当前反垄断政策和法规进行评估，以更好地适应以创新、知识产权和技术变革为核心特征的高科技市场的崛起。该委员会于2007年公布了名为《美国反垄断现代化委员会报告与建议》(Antitrust Modernization Commission Report and Recommendations)① 的

① U.S. Antitrust Modernization Commission, Antitrust Modernization Commission Report and Recommendations 2007.

评估报告。在该报告中，反垄断现代化委员会认为反垄断法并不需要针对高科技市场进行任何区别对待，现有政策对于培育创新、开放和竞争的高科技市场仍然发挥着非常重要的作用。尽管如此，美国政府在随后的反垄断执法中仍对反垄断的政策目标进行了适当调整，从原来的保护消费者和促进市场有效竞争转向更加强调保护创新。

在总结多年执法经验的基础之上，美国司法部和联邦贸易委员会2010年联合发布了修订版的《横向合并指南》以指导并购交易反垄断审查，其突出特点之一是降低了相关市场界定的重要性，增加了对并购交易是否会减少创新的影响分析。虽然自20世纪70年代以来，以芝加哥学派为代表的行为主义和以哈佛学派为代表的结构主义随着美国政治的不断更迭以及美国国内经济的不断发展而交替影响美国反垄断法的实施，但相关市场概念作为反垄断法实施过程中必不可少的分析工具，被美国历代反垄断实施指南沿用并为世界各国反垄断执法指南所借鉴。应当说，相关市场概念的出现是反垄断法在实现现代化过程中取得的重大成果，是早期反垄断实施经验的集中体现。利用相关市场概念，反垄断执法机关将涉案垄断行为所涉及的事实市场范围逐步抽象、提炼为一个基于特定规则而拟定的市场范围，实现了从“原始”事实认定到拟制事实认定的过渡。在此期间，世界各国反垄断实务还针对相关市场概念延伸出同质产品认定法、需求替代认定法、供给替代认定法、子市场理论、假定垄断者测试、临界损失分析法等界定方法，不仅提升了相关市场界定的准确性，而且还大幅增加了对垄断行为违法性的认识，维护了反垄断法实施结果的科学性。因此，相关市场概念的出现及其界定方法的革新应当是反垄断法在现代化过程中取得的重大成果。

第二节　相关市场界定的历史局限

从反垄断法的现代化视角进行审视不难发现，相关市场概念的提出并不是反垄断法现代化进程实现的最终标志。相关市场的界定方法虽历经沿革，但仍存在许多不足和缺陷。以前述“玻璃纸谬误”为例，美国最高法院在审理该案时认为玻璃纸价格的小幅下降即会引起其他软性包装材料的消费者转而购买玻璃纸产品。这种观点忽视了玻璃纸市场长期被Du Pont公司垄断并享有超竞争利润的客观事实。由于案发时，Du Pont公司已经实施了垄断价格，因而导致玻璃纸需求弹性变大，轻微的价格波动即能诱发软性包装产品之间的替代行为，从而导致最高法院误判了玻璃纸所处的相关市场范围并错误地认为Du Pont公司并不具有市场支配地位。虽然随着反垄断经济分析的逐渐深入，“玻璃纸谬误”逐渐被反垄断机关所广泛接受并在实践中予以规避，但是相关市场的界定方法却一再陷入适用的困境。究其根本，主要是因为反垄断法实施所倚仗的产业组织理论等经济学说所提出的经营者市场行为假设对真实市场活动的拟制程度仍不充分。换言之，真实市场活动高度的复杂性和不确定性易使经济学理论的假设前提失灵，从而导致错误的界定结论。面对这种困境，各国反垄断实务部门一方面不断将新的经济学理论引入相关市场的界定过程，以求进一步完善这一尚存缺陷的执法工具。另一方面各国反垄断实务部门还从计量经济学中积极地寻找新的执法工具以便更好地识别垄断行为对市场竞争的危害。但正如欧盟委员会在Coca-Cola诉欧盟委员会案中所指出的，相关市场须逐例界定。[①] 这意味着，无论判例法和先例判断多么清晰、精确甚至充分，

① 66 Case T-125 and 127/97, Coca-Cola v. Commission, [2000] ECR II-1733, paragraphs 82, 92 and 93.

亦无论之前案件或裁决的事实与当前案件的事实是否相同，均不能理所当然地认为当前案件的结果与之前案件的结果相同，这是由于经济始终处于波动状态，需求和供应不是常量，而企业的市场影响力以及消费者偏好都随时在发生变动。2010 年 8 月美国司法部和联邦贸易委员会再次全面修订《横向合并指南》。随着反垄断法实施的全球合作不断加强，作为执法机关规制垄断行为的重要工具，2010 年《横向合并指南》不仅可以向美国国内的商业团体、司法机关和社会公众解释其内在意图，而且也为各国反垄断执法机关之间提供了相互沟通的渠道，以求增进对彼此的政策和实践情况的了解，从而共同促进决策的可预见性，增强竞争管理机构间的相互学习，更好地保护竞争和消费者权益。在今天全球化的多边世界，世界各国的竞争主管机关都在持续学习和不断发展的过程，以求努力地赶上或超越对方。

不同于在之前历代执法指南中的描述，2010 年美国《横向合并指南》明确指出，“相关市场界定不是美国执法机关进行反垄断审查的第一个步骤”。① 这一重大转变反映了美国对 20 世纪末以来至今的反垄断实践经验总结。其他国家和地区也逐渐采纳了这种方法来调整相关市场界定工作。例如，欧盟已经在其《关于为欧盟竞争法界定相关市场的委员会通知》的摘要中表明，结构分析是足够灵活的，可以适应不同的情况。② 欧盟《横向合并评估指南》也将市场份额和集中度视为市场结构的第一表征。③ 加拿大《合并实施指南》虽然也将相关市场界定视为典型的审查的第一阶段，但却使用了不同的表达方法，“在某些情况下，特别是当实证方法的使用

① U.S. 2010 Horizontal Merger Guidelines, Scetion 4.

② European Commission, EU Notice Summary, Definition of Relevant Market. 访问地址：http://europa.eu/legislation_summaries/competition/firms/126073_en.htm，访问时间：2015 年 1 月 21 日。

③ EU 2010 Guidelines on the assessment of horizontal mergers under the Council Regulation on the control of concentrations between undertakings, Section 14.

时，执法机关可能界定相关市场的同时分析分析竞争的影响”。[①] 澳大利亚《合并指南》将市场界定过程视为合并分析的有用工具，但也表明它本身不能确定或建立一个对竞争有影响的合并，并继续认为当合并不可能具有反竞争效果时，相关市场的确凿结论可能并不是必需的。[②] 同样地，法国《合并控制指南》指出，“虽然市场界定是合并审查的重要步骤，但当市场界定不是获得结论必不可少的环节时，市场的划定可能会被搁置”。[③] 英国《合并评估指南》也指出，“相关市场界定是一个有用的工具，但不是界定一个拟制的市场范围本身”。[④] 促使各国执法指南纷纷弱化相关市场在反垄断法实施中作用的原因在于计量经济学对反垄断法更为全面的渗透。通过对经济数据的掌握和运用，经济学家们无须利用相关市场这一间接的执法工具即可直接识别并判断涉案行为是否损害市场竞争或消费者福利。另外，对于垄断行为违法性的认定标准也逐渐从静态的结构标准转向动态的效率标准。基于对某个特定时段市场状态进行描述的相关市场概念已经在动态效率的执法目标下显得有些力不从心。

自美国司法部于 1982 年《合并指南》中首次提出小幅但显著且非暂时性测试法之后，反垄断法实施结果的科学性在实践中获得了大幅的提升，促使相关市场界定方法逐渐从定性分析向定量分析演变。尤其是近年来新出现的临界损失分析法和价格压力上涨测试法更是计量经济学在相关市场界定中的直接表现。过去的合并分析，初步的测试方法是使用赫芬达尔指数（Herfindahl-Hirschman Index，HHI）作为指针，对合并经营者身处的市场计算其 HHI 指数，辨别其处于何种竞争程度的市场，同时也检视合并后造成的 HHI 指数的改变情况，进而推估此合并是否可能会造成竞争的

① Canadian 2004 Merger Enforcement Guidelines, Section 3.1 & n.23.

② Australian 2008 Merger Guidelines, Section 4.3.

③ French 2009 Merger Control Guidelines, Section 301, 306.

④ UK 2010 Merger Assessment Guidelines, Section 5.2.2.

减损。虽然HHI指数的标准随着反垄断执法机关实践经验的积累和历代合并指南的不断总结处于不断变化的更新的状态，[①] 但这种基于市场集中度的方法不可避免地要界定出合并其产品的市场范围。而在面对生产异质性产品的经营者间的合并时，利用HHI指数所推估所得的市场范围则显得不够准确。

而价格压力上涨测试法（Upward Pricing Pressure Analysis，UPP）相较以往的分析工具，其最大的特点便是允许分析者不需要定义出相关市场的范围，而可以单就合并方合并前的数据便可进行计算。在价格压力上涨测试出现之前，合并审查几乎都从相关市场的界定开始。在判断相关市场的范围之后，再进一步分析结合后对市场可能产生之限制竞争效果。较临界损失法而言，价格上涨压力测试法是一种新兴的测试方法，主要以简单的公式计算来衡量企业合并后产品价格改变的方向。由于价格上涨压力测试是一种简单的初筛方法，只需通过几个可轻易从市场中获得的数据即可先判断结合后是否存在单方效果。若合并将有可能产生单方效果，则再进一步做较完整的合并分析。因此，该方法能够节省执法机关的大量执法时间，免除审理案件之初大量烦琐的调查。但是价格压力上涨测试并不是完美无缺的。价格压力上涨测试虽不需要对合并经营者的产品做市场界定，但我们发现如果经营者可以在不同区域进行差别的定价时，我们还是需要知道我们所欲估计单方效果的市场范围并使用正确的合并前价格去计算价格压力上涨测试指数。例如，某个涉案经营者可以在A、B、C三个地点进行不同价格的设定，则当涉案经营者与一个只有在A地经营销售的竞争对手欲进行合并时，应该以涉案经营者在A地点销售的产品价格作为计算基准，若错用A、B、C三地的平均售价作为计算基准，可能会导致错误

① 如根据1992年《合并指南》，当HHI数值大于1800即会被视为高度集中市场，但根据2010年《横向合并指南》，当HHI数值超过2500时，才会被认定为高度集中市场。

衡量涉案经营者在A地点的单位利润，从而计算出不正确的UPP值。

因此，即使判断标准由静态逐渐转向动态以及相关市场界定方法自身存在缺陷，但需要铭记的是价格压力上涨测试的提出不是用来替代相关市场界定，而是作为一个合并审查的初筛，提前检测出那些可能减损竞争的合并或快速地过滤掉不必要多做检测的合并，进而能让那些有问题的合并做进一步更精确的审查，在异质性的市场中可以减轻市场定义的负担，用来帮助了解市场中因合并产生的单方效果，给予更客观的衡量。

第三节　相关市场界定的制度价值

前述诸章针对技术许可垄断案件中相关市场界定的基本原理以及这些方法的经济根源进行了探索。作为间接评估这种反竞争效果的一个环节，通过界定相关市场，能够确定特定的市场范围，从而有助于市场份额计算的精度，为反垄断执法机关提供推断市场力量存在与否的依据。但同时，这种探索也揭露了相关市场界定的某些适用难题，从而使“市场界定—市场力量”范式成为反垄断实践中最富争议的问题。为了解决这一问题，法学家和经济学家除了不断地完善相关市场界定的基本方法，也提出了一些衡量市场力量和反竞争效果的替代工具和方法，以求更好地评估调查的行为或交易的竞争效果。假设反垄断执法机关和法院通过直接评估效果或给予可能存在竞争损害的初步迹象，可以获得所需的全部信息，那么这个直接的评估方法肯定优于基于市场界定的间接方法。在这种情况下，相关市场界定作为反垄断法实施过程中衡量市场力量的有效且必需的工具的制度价值将受到挑战。

关于改变或潜在地减少相关市场界定在衡量市场力量环节的比重以及用替代性工具替换它的可能性的辩论主要集中在比较替代工具较传统“相

关市场界定—市场份额”范式的优势及特性，如前述价格压力上涨测试法的引入。然而，实质性地转变相关市场的适用比重可能产生的法律影响目前尚未获得太多关注。可替代性的分析工具是否可以被加入分析框架抑或是否可被用以取代或补充相关市场界定，取决相关市场在反垄断法律制度中的制度价值。换言之，反垄断法律制度在何种程度上依赖于相关市场。

一、相关市场界定与反垄断法的内在契合

相关市场作为评测竞争影响工具的可替代性可以分为完全取代或补充性替代。完全取代相关市场的关键是要在规制原则适用、竞争效果分析等多面向进行彻底替代，而对相关市场进行补充性替代则需要区分适用相关市场和可替代性分析工具的具体情形。[①] 换言之，若要从竞争法中将相关市场完全移除，那么反垄断执法机关在查处滥用市场支配地位、垄断协议、经营者集中或行政垄断时将不得再界定相关市场来辅助分析。对相关市场进行补充性替代则是指市场界定仅从反垄断法的某些特殊领域被移除或替代，或者在某一特定类别的案件中利用特别设定的替代工具取代相关市场界定。如果完全取代相关市场被证明是不可能，那么反垄断执法机关只能依靠经济学的新理论不断地完善和修补相关市场界定的基本方法。更重要的是，完全替代和补充适用并不必然是相互排斥的，在某些情况下新的替代工具可以被用作补充或替代基于相关市场界定和市场份额的传统结构方法。而且近期的发展尤其是在合并分析中表现出，在不久的将来，基于相关市场的排他性，只有补充性地适用和部分取代可能成为可行的替代方案。

然而，相关市场界定概念嵌入竞争法的程度因司法管辖区的不同而存

---

① L. Kaplow, Market Definition and the Merger Guidelines, *Review of Industrial Organisation*, Vol. 39 (2011), pp.107-125.

在差异。以欧盟为例，相关市场界定通常在竞争法的所有领域都发挥着重要的作用，但是界定方法的差异是由界定相关市场所处案例类型的差异所决定的。《关于为欧盟竞争法界定相关市场的委员会通知》指出，相关市场界定是一个确定和界定经营者之间竞争边界的工具，相关市场界定的主要目的是确定系统识别行业所面对的限制竞争的方法。[①] 从历史上的角度来看，相关市场界定在查处经营者集中与滥用市场支配地位的案件中扮演着更为重要的角色。然而，市场界定在测量垄断协议的竞争限制程度时也已经发挥着重要的作用，如《欧盟运行条约》第 101 条增加了市场份额在横向和纵向限制违法性认定上的比重，从而要求订立合作协议的各方经营者必须仔细评估协议的经济环境，通过界定相关市场辅助判断其协议是否符合豁免资格或违反竞争法。

如果相关市场界定仅仅为了得出市场力量和最终竞争损害的特殊结论的目的，取代他可能相对简单。然而，如前文所述，相关市场及其界定远不只是评估技术许可垄断案件竞争效应的一种工具。相关市场的概念被嵌入到反垄断法的实施与运行在原理之中，以致一旦放弃了这个工具，反垄断法的实施将变得十分困难。

二、相关市场界定与反垄断法的确定性

如前所述，即使相关市场被补充性地适用和部分取代，源自相关市场界定的变化可能增加竞争法规则，并且造成反垄断执法机关和法院实施反垄断法、分析案件时的不确定性。不确定是各国反垄断法所面临的普遍性问题，解决这一难题不能够脱离反垄断法的分析方法。部分取代或补充市场定义的讨论回避了替代性工具影响现存法律确定性的问题。在技术许

① Commission Notice on the Definition of Relevant Market for the Purposes of Community Competition Law, C372 09/12/1997, pp.0005-0013, paragraph 2.

可垄断案件中，相关市场界定通常被作为精密的技术工具来分析潜在反竞争影响、认定技术许可协议的违法性抑或辅助计算违法垄断行为的罚款额度。虽然是一种间接的分析工具，但相关市场以其可操作性的原理和方法极大地提高了反垄断法实施的科学性和准确性。除了从工具角度考虑不确定性，减少相关市场界定的比重也不利于经营者形成对其经营行为合法与否的合理预估。纵使判断违反反垄断法的标准被一个特定的阈值所限定，但相关市场依然可以提供一个可预期的结果。而新的替代性工具在一定程度上是不适合通过简单、直观的阈值进行表示，更无法在一定的阈值范围内进行权衡。考虑到所需经济信息的复杂程度，新的替代性工具更加难以计算，法律的确定性也可能受到影响。

反垄断法的确定性还可以反映为一个明确的合法性预期。而相较于直接反映反竞争影响的替代性工具，相关市场界定能够为随后的反垄断调查提供一个较为明确的行为预期。直接评估竞争效应的分析工具和相关市场界定之间的区别并不总是如前述各种工具的运行机理那样明确。例如，学者 Werden 认为，许多基于反垄断 logit 模型的合并模拟均需要估计市场份额，这些明确要求对相关市场进行事先的界定，而选择用替代性工具代替相关市场界定并不总是能够准确地评估单边效果。[①] 即使产业在技术或其他领域的发展也会对相关市场的界定有所影响，如时间或运输成本的变化对相关市场边界的改变，但相关市场界定的先例价值与案件类型并无直接关联，直接测定方法则可能受到案件类型的影响，从而影响其确定性。因此，一个间接测定竞争影响的方法比直接评估竞争效应的方法更具先例意义，能够带来更直观的行为预期和确定性。

---

① Gregory J. Werden, The Antitrust Logit Model for Predicting Unilateral Competitive Effects, *Antitrust Law Journal*, Vol. 70 (2002) , pp.257-260.

三、反垄断法实施的一致性

目前，有关取代相关市场界定的讨论均出现在已经建立良好竞争法律制度的国家和地区。若要在世界范围内普遍性地讨论淡化相关市场的可能性，不仅会增加这些地区反垄断法的执法风险，而且可能会导致全球反垄断法实施的不一致。从法律与市场的关系来看，法律不仅规定了基础性的权利和义务，还为市场规定行为标准。法律创设的标准、做法及谅解体系构架了市场的运作机制，影响了市场的效果，也决定了人们会因此受到怎样的影响。通过阐明市场参与者的行为标准并实施这些标准，法律宣告和代表了这个群体的价值和利益，象征着该群体所期望的与市场的关系。因此，法律使竞争成为可能，也促进和塑造竞争，使市场更有效地运行，增进其价值，但反过来也可能损害市场的有效性。

不同于国内层面上的直接关系，法律和市场在国际层面上的关系呈现出非常不同的图景。在国内市场和地方市场中，经济行为的合法预期存在于政治制度、法律和文化的框架中，而全球市场则不然。在全球市场上不存在可以提供合理预期的竞争法。竞争标准的提供者是那些拥有足够的经济或政治实力，并可借此将其法律在境外适用的法律体系。这意味着在实践中美国和欧盟提供并实施了跨国竞争法规则，其他国家很少能同时拥有经济与政治实力使其法律能在境外适用。这种不平衡的局面是由于各国悬殊的实力以及在全球经济和政治体系中的作用所致。然而，这种局面更有可能造成冲突而不是增进全球市场的效率，它为竞争招来憎恨的潜力可能会超过它为竞争赢得支持的潜力。

反垄断法的这种单边管辖效应使得主权国家在特定条件下有权将其法律适用于境外行为，而没有义务考虑其他国家的利益。它代表了跨国竞争法领域的一种缺位，即专门用来保护全球竞争的体制尚未在这里发展出来。然而，在提供与全球竞争相匹配的、行之有效的法律框架方面，单边管辖主义可谓捉襟见肘。它所依据的法律原则是很久之前为了履行完全不同的、特别的政治职能才应运而生的。此外，在这个市场上适用的国别法并非是为了在全球市场上加以运用而设计的，相反，它们是为了适用于国内市场而制定的，反映了本国市场的需要、利益和价值观，而并不反映全球市场的需求和特点。在打击全球市场上的反竞争行为方面，单边管辖主义能力有限，很容易引发国家间的管辖权冲突，也无益于支持国内竞争法的发展。知识经济的出现以及全球化进程的深入放大了这种管辖权体制的局限性。随着全球市场的规模和深度与日俱增，因反竞争行为而遭受的损失也会增加，不同管辖单位之间冲突的机会和冲突的激烈程度都会增加。只要冲突还很少并且不太严重，人们就可能忽视管辖权单边主义那制造冲突的倾向，一旦这些冲突越发频繁并造成了越来越高的代价，就会引发人们的关注和担忧。

维护反垄断法实施一致性有两种基本方法。一种是基于多边协议。超越管辖体制的多边协议为国家设置了打击全球市场上反竞争行为的义务使得克服以管辖权为基础的体制成为可能。而另一种是则基于法律的趋同。它接受现有的管辖机制，期望国家竞争法体系可以朝着改善管辖机制的方向协调。而相关市场及其界定目前是世界各国反垄断法趋同程度最高的法律环节。相关市场界定基于同样的经济学原理、遵循同样的界定方法和模型，最大限度地淡化了反垄断法的这种单边管辖效应。通过界定相关市场能够为世界各国的经营者评估其行为的竞争违法性提供比较接近的范围条件，从而获得较为明确的行为预期。另外，还需要考虑到反垄断执法机关的知识储备和执法能力。基于经济学理论和法学规则而形成的反垄断法并不是存在于真空中，它被不同的执行者和机构使用和执行。如果反垄断执法机关并不具备纳入新工具的能力，那么评估部分取代或补充市场界定则是不完备的。新的评估工具需要经济学的专门知识，而许多各国反垄断执法机关的执法能力并不完全一致，若没有足够数量的优质经济学家，对精密工具的适用将难以物尽其用，也很难保证反垄断法实施的一致性。

第四节 《关于禁止滥用知识产权排除、限制竞争行为的规定》与我国反垄断法的现代化

根据前文对相关商品市场、相关技术市场以及创新因素的分析，不难发现技术许可领域垄断案件中相关市场的分析维度与一般垄断案件中的分析维度有所差异。实施反垄断法的目的之一是规制经营者滥用市场支配地位妨害市场竞争秩序、破坏市场交易环境的行为。在技术许可领域垄断案件中，某个技术许可协议是否被视为反竞争行为，关键是应依据相关市场界定的范围而认定。正如第二章所述，相关市场的界定对反垄断法实施中市场力量的评估、责任归属以及损害的计算等环节均产生着重要影响，并且可能进而对市场经营者的经营决策产生影响。[①] 鉴此，相关市场是分析并识别经营者之间竞争界限的工具，通过界定相关市场可以系统性地识别经营者所涉及的竞争限制，并为反垄断法实施提供相应的科学判断依据。

虽然相关市场界定被广泛应用于反垄断法执法和司法活动中，但相关市场界定方法却更多地受到经济学理论的广泛影响。根据供需法则，某一商品的价格越高，将会吸引越多的经营者投入生产，而价格越低则有越多消费者愿意购买。供需双方的均衡点即是该商品在完全竞争市场的价格。

① Rodger D. Young, "Legal Attributes of High Technology Markets: The Outcome Determinative Role of Market Definition", *American Law Institute-American Bar Association Continuing Legal Education*, ALI-ABA Course of Study April 22, 1999, SD 72 ALI-ABA 23.

此时在同一市场上有无数的经营者提供同质化的产品，而消费者可轻易获取有关产品价格及质量的任何信息。在完全竞争市场上，任何销售者即使仅企图微幅抬高价格，都将导致消费者转而购买其他产品。这就要求经营者需将其产品售价维持在竞争的水平，而价格上的竞争亦同时刺激其寻找降低生产成本的方法。①

然而现实中绝大多数真实的市场活动皆不符合完全竞争市场的市场条件，仅构成不完全竞争市场。因此在这些市场上，每个经营者对于自身所出售的产品或多或少都拥有若干程度的市场力量，即使产品间具有近似功能上的替代性，仍不能忽视其本质上的差异。因此，经济学普遍认为市场经营者对市场力量的持有应是普遍的而非例外。②但从反垄断法实施的角度而言，它关心的不是抽象的市场模型，而是具体市场上的竞争状况，必须通过分析具体市场的竞争状态、界定相关市场的范围，以此评估涉案经营者的市场力量。

一、我国技术许可垄断案件相关市场界定维度的确定

当技术许可协议可能对价格、产量、质量、现存或潜在的商品及服务产生负面影响时便将触发反垄断法的关注。通常技术许可协议对竞争的影响可从由该协议而影响的相关商品市场中充分地取得，这时执法机构和法院将只需界定及分析该产品的相关商品市场即可。但在其他情况，则可能需要界定其相关技术市场或相关研发市场。我国国家工商总局于 2014 年 4 月 7 日公布的《工商行政管理机关禁止滥用知识产权排除、限制竞争行为

---

① Brian Golden, "The Evolution of Horizontal Mergers and The 1992 Merger Guidelines", *New England Law Review*, Fall, 28 New Eng. L. Rev. 159 (1993).

② Gregory J. Werden, "Demand Elasticities In Antitrust Aanlysis", *Antitrust Law Journal*, 66 *Antitrust Law Journal* 363 (1998).

的规定》[①] 对我国反垄断法实施中若干概念进行了规范和限定，其中第 3 条还专门涉及了滥用知识产权、危害市场竞争的垄断行为相关市场，“本规定所称相关市场，包括相关商品市场和相关地域市场，依据《反垄断法》和国务院反垄断委员会《关于相关市场界定的指南》进行界定，并考虑知识产权、创新等因素的影响。在涉及知识产权许可等反垄断执法工作中，相关商品市场可以是技术市场，也可以是含有特定知识产权的商品市场。相关技术市场是指由行使知识产权所涉及的技术和可以相互替代的同类技术之间相互竞争所构成的市场”。从《关于禁止滥用知识产权排除、限制竞争行为的规定》第 3 条的内容不难看出，我国反垄断执法机关基本沿用了欧美各国对于界定知识产权许可垄断案件中相关市场问题的框架。

首先，对技术许可领域垄断案件中的技术许可协议所造成的影响涉及包含特定知识产权的商品时，就需要界定相关商品市场。具体而言，许可协议中的限制性条款可能会对使用该技术所生产的最终商品或中间商品市场产生影响，或者对与该技术一起作为基础藉以生产其他产品的上游商品市场产生影响。因此，许可协议所影响的商品市场不但包含功能相同、相似的各项商品，还包含许可协议所涉商品的上、下游商品以及与各该商品有关的技术或专利。在界定这类相关商品市场时，执法机关基本可以沿用传统相关市场的界定方法。一方面，可以利用假定垄断者测试识别相关市场的边界。通过在特定的时间区间内将涉案商品的基准价格小幅但显著且持续性地提升 5% ～ 10%，来观察消费者是否会转而购买其他的商品以替代涉案商品。在适用假定垄断者测试界定技术许可垄断案件中相关商品市场的范围时，应注意基准价格的选择问题以及由于知识产权而产生的产品差异性和消费者偏好问题。另一方面，还可以比较涉案商品的功能、质量

① 载 http://www.saic.gov.cn/gzhd/zqyj/201406/t20140610_145803.html，最后访问日期：2015 年 2 月 23 日。

等因素，从而将可与之互相替代的商品纳入相关市场范围之中。但由于这种方法很大程度上依赖于执法机关在执法过程中对涉案商品及其替代品信息的收集和判断，具有很强的不确定性。因此，这种方法通常被用于辅助认定那些对价格反应不敏感的涉案商品的市场范围。

其次，当技术许可垄断案件涉及基础型技术时，分析基础转变为涉案技术。《关于禁止滥用知识产权排除、限制竞争行为的规定》第3条也认为此时应从相关技术市场维度界定相关市场的范围。此时，相关技术市场是由被许可的专利技术及近似且足以替代此技术的相关技术，且可以显著抑制该许可技术的市场力量所组成。[①] 当该专利技术可与使用该专利生产的产品可以分别销售时，执法机关和法院即可针对技术市场分析其受许可协议的影响程度。一般而言，相关技术市场的范围应包含被许可使用、予以转让或购买取得的专利技术以及与该专利技术密切相关的其他技术。通常在考虑某专利所生产产品的技术市场范围时必须将其他生产同类产品、消费者认为功能相同的其他产品所含专利或技术、与该项产品竞争的其他产品以及用以生产该种产品之专利或技术纳入考量范围。由于技术的流转主要以许可协议而非传统买卖合同为载体，这就导致对相关技术市场的界定不能直接套用传统的市场界定方法。这是因为技术许可协议中除了涉及技术的授权使用内容，还包含有技术实施条款、技术服务条款在内的其他许可条款。这些条款的存在使每一份许可协议都具有区别于其他许可协议的差异性，而且这种差异性还直接影响到许可协议对价格上涨的敏感程度。因此，在界定相关技术市场时，有可能会面临着假定垄断者测试等传统界定方法失灵的问题。为了克服这一难题，在界定相关技术市场时，应在明确技术需求者的前提下，从权利要求和实用性要件中包含的功能信息来判断专利技术之间是否具有紧密替代性。

---

① U.S. 1995 Antitrust Guidelines for the Licensing of Intellectual Property, Section 3.2.

最后，根据《关于禁止滥用知识产权排除、限制竞争行为的规定》第3条的内容界定相关市场还需要注意时间因素的影响。一方面，知识经济全球化时代背景下的市场条件产生了很大的变化，科技的发展与新兴技术的快速更迭，也使判断商品密切替代性的问题需要考量更为复杂的因素。同样地，在界定相关技术市场时，须将可与许可技术近似替代的技术及产品纳入考量。而不同技术与产品间是否具有替代性，则应视其相互间是否有相似的功能和效用而定。由于专利技术和软件程序通常不具有实际的形态，在以其用途、功能和效用等因素来判断替代性技术及产品时，容易导致应用上的困难。另一方面，时间因素与商品的关联越发密切。时间是衡量供给替代的生产技术转换可能的重要因素。竞争上对某项资源的利用需视其可以有效转换的时间因素而定，[①] 亦即潜在经营者愿意花多少时间在资源的变动上。而取得市场内有关供给量及价格的信息、短期与长期中成本利润的考虑皆与时间因素息息相关。[②] 就商品而言，商品的换代周期及使用期限亦会影响特定期间内的产量及价格。一般而言，商品的换代周期生命周期越短，其调整供给以响应市场需求的能力越大，相关市场的范围也越大，其换代周期较短，替代品也就越多。此外，时间越长，消费者越有可能移动至较远的市场购买相关商品。随着时间的增长，经营者也可能将商品运送到其他的地区销售。因此，时间因素与地理市场范围的界定也有着密切联系。

二、《关于禁止滥用知识产权排除、限制竞争行为的规定》对相关研发市场的取舍

除了相关商品市场和相关技术市场，对于创新研发过程中垄断行为的

---

① George J. Stigler, *The Organization of Industry*, University of Chicago Press, 1983, p.11.

② George J. Stigler, *The Organization of Industry*, University of Chicago Press, 1983, pp.8-11.

界定，《关于禁止滥用知识产权排除、限制竞争行为的规定》并未采纳美国的立法例，直接将相关研发市场确立为一种正式的维度，而是选择了与欧盟竞争法相同的策略，将创新作为相关市场界定时可予以考量的一种特定因素。

如前所述，相关研发市场是针对研究发展特定新产品或改良产品及程序以及与该研发近似替代技术所构成。当许可协议对发展新产品或改良产品、程序的竞争产生不利影响，且其无法通过分析商品市场或技术市场来加以衡量时，执法机关和法院才会进一步地分析其在相关研发市场的影响。[①] 而在评估相关研发市场时亦须将从事研发所需的各项特殊技术资源、研发经费的比例、相关产品之比例以及两个以上经营者合并对其研究部门产生的经济效益纳入考量范围。但由于创新研发活动的不确定性太强，创新成果的特征难以被识别并进而导致相关研发市场难以具体界定。鉴此，界定相关研发市场的困难来自于量化创新研发过程的难度。而对于某项研发知识的市场范围以及该市场中的潜在竞争状况亦难有明确的界定。[②] 所谓的相关研发市场并非专利技术或软件程序进行实际交易的场所，而仅有经营者所投入的研发、创新活动。因此，相关研发市场并不存在具体交易的主体与客体，亦没有具体交易行为。[③] 相关研发市场中的活动是为获得未来的竞争优势而预先采取的竞争行为。因此，相关研发市场也被认为是“为了保护未来产品的竞争，而并非一个稳妥适当的相关市场分析维度”。[④] 对于市场行为对创新研发造成的影响，需以经营者所从事的研发活动作为

① U.S. 1995 Antitrust Guidelines for the Licensing of Intellectual Property Section 3.2.

② Clovia Hamilton, “Adequacy of the 1995 Antitrust Guidelines for the Licensing of Intellectual Property in Complex High-Tech Markets”, 7 *Comp. L. Rev. & Tech. J*, 26 (2002).

③ Ronald W. Davis, “Innovation Markets and Merger Enforcement: Current Practice in Perspective”, 71 *Antitrust Law Journal* 677 (2003).

④ Laurence B. Landman, “Did Congress Actually Create Innovation Markets?”, 13 *Berkeley Technology Law Journal* 730 (1988).

判断的依据。此处所指研发活动仅包含经营者对创新的投入，而并不包含创新的成果。因此，对于相关商品的研发与创新，也可能在最后研制出完全无关的产品或技术。此种结果上的不确定性，对以研发投入作为参考指针的分析方法形成了极大的不确定性。基于这一前提，相关研发市场的适用一直是美国反垄断学界研究的难题。《关于禁止滥用知识产权排除、限制竞争行为的规定》则更倾向于欧盟竞争法例。将创新过程中垄断行为的界定和评估作为界定相关市场中的一项考量因素主要是由于认识到适用相关研发市场维度在分析技术许可、合并等市场行为对创新研发活动的影响时存在固有缺陷，因此选择了一种更为科学和灵活的分析方法，从而避免了美国联邦贸易委员在相关研发市场界定实践中遇到的种种难题。另外，设置创新的考量因素对于从动态角度准确识别垄断行为对市场竞争的损害仍具有十分重要的现实意义，能够弥补从静态维度评估特定技术垄断行为负面效应时的缺陷，是对相关市场界定的一种外部完善，进一步提升了反垄断执法活动的科学性。

三、技术许可垄断案件与相关地域市场的界定

由于相关市场界定的目的之一是计算市场经营者的市场份额并最终判断该经营者是否拥有市场力量。除了界定相关商品市场和相关技术市场外，还需进一步考察包含特定技术的商品或基础型技术在不同的地理区域可能对消费者产生的可能影响。即使有两个经营者在彼此不相关的地理范围内销售具有紧密替代关系的商品，两者仍不可能互相产生竞争效果。那么在这种情况下，相关商品市场或技术市场的界定将统筹考量该商品（技术）和地理区域两项因素。

界定相关地域市场与界定相关商品市场相似，需要同时考量消费者是否可能购买不同地域的竞争产品并判断其之间的替代效果。另外，还应从供给角度，考量不同地理区域范围内的供给者是否可能及时调整其产品

销售区域并成为该地域市场的潜在竞争者。一般而言，相关地域市场通常受到运输成本、运输时间、关税和行政管制等因素的影响。但由于知识产权的无形性，使得以基础型技术为许可标的的技术许可垄断案件难以用运输成本和运输时间等传统因素进行考量。在传统的制造—运输—销售模式中，界定相关地域市场的关键在于基于地理空间上距离的不同而产生的运输成本和运输时间的差异。虽然，在知识经济全球化的时代背景下，物理空间的影响已经逐渐减少，技术的许可和转移通常并不依赖于运输和物流环节即可为被许可人所获得。但值得注意的是，知识产权还具有地域性特点。[①] 在不同的法域，知识产权的存在及适用必须符合当地的法律。因此，在技术许可市场中，其许可范围必然与相关专利权所及的地域范围相关。例如，在华为公司诉交互数字公司一案中，两审法院均认为本案的相关地域市场的范围为全球必要专利许可市场中的中国市场和美国市场。这是由于各国的专利制度相互独立且内容均有所差异，虽然交互数字公司在各国所获取的相关必要专利在技术方案上保持一致，但相关的专利权却是相互独立的，其存在的基础以及行使的范围均不相同，因此彼此之间并不构成竞争关系或者替代关系。因此，根据《关于禁止滥用知识产权排除、限制竞争行为的规定》第 3 条的内容，在界定相关地理市场时，应多加注意。在技术许可垄断案件中应基于知识产权的地域性以及技术许可协议的具体实施情况来界定相关地域市场。

综上所述，《关于禁止滥用知识产权排除、限制竞争行为的规定》的

---

① 知识产权的地域性是指各国主管机关依照其本国法律授予的知识产权，只能在其本国领域内受法律保护。例如，计算机软件在中国知识产权制度中受著作权法的保护，在美国则由专利法进行保护。而对于研究工具专利，中国专利法尚未承认其可专利性，仅有美国等少数发达国家由专利法予以保护。那么，中国专利局授予的专利权或中国商标局核准的商标专用权只能在中国领域内受保护，其他国家则不给予保护。外国人在我国领域外使用中国专利局授权的发明专利，不侵犯我国专利权，所以，我国公民、法人完成的发明创造要想在外国受保护，必须在外国申请专利；反之亦然。知识产权的地域性特点值得各国反垄断执法机关在界定相关地域市场时予以注意。

出台进一步巩固了我国反垄断执法机关处理技术许可垄断案件时的执法基础。尤其是第 3 条关于相关市场界定的规定不仅充分借鉴了当前各国反垄断执法指南的最新成果，而且还针对其中的创新因素等特殊问题进行了本土化改造。但相关市场界定是一项实践性、技术性很强的执法环节，在不断完善自身执法基础的前提下，我国反垄断执法机关更应积极地与域外执法机关展开合作与对话，吸收其有益的成果，同时强化自身执法队伍的知识储备和执法经验，在越发频繁的反垄断执法活动中主动破解相关市场界定难题，从而为推动反垄断法现代化的整体进程提供助力。

结 论

当前，知识竞争已成为全球经济发展的“新常态”。通过法律的途径进行合理竞争无疑是维护自身权益，提升竞争实力的最佳选择。知识产权制度为技术和知识的形成、归属和实施提供了系统而健全的保护，而反垄断法则为知识竞争过程中产生的诸多问题提供了相应的解决方案。但是，不同法律给予技术的保护也会带来一定的冲突。过分强调知识产权保护，鼓励创新可能产生相反的效果，阻碍创新，而过分强调竞争，也可能会遏制技术水平的提升。尽管以专利为代表的技术许可协议通常均具有增加社会福利、促进市场竞争的积极作用，但专利许可人滥用其市场支配地位，利用技术许可协议限制、损害市场竞争，进而扰乱市场竞争环境时，仍会受到反垄断法的责难。随着我国反垄断法的颁布实施进入第 10 个年头，反垄断法实施渐入佳境。多样化的执法活动不仅使社会公众知晓并逐步熟知了反垄断法的基本内容，而且进一步巩固了反垄断法实施的法律基础，提升了对社会主义市场经济的保护力度。但与此同时，大量技术许可垄断案件的出现也暴露了在我国早期技术许可活动中竞争文化缺失、反垄断制度缺位的事实。

反垄断执法机关和法院并不强制要求拥有专利技术的经营者主动订立技术许可协议以创造并维护良好的竞争秩序、提升技术水平，但他们将关注在没有该许可协议时，该经营者与相关市场内现在或潜在竞争者的竞争关系是否受到许可协议的影响。因此，当技术许可领域垄断案件中可能存在借由限制他人进入、显著地提升所需投入品的价格以及协调提高价格或减少产出，进而对其他市场产生限制竞争的效果的情形时，反垄断执法机构还需依照技术许可垄断案件的基本特点予以针对性审查。当前，我国反垄断法对于这类案件的规制手段仍显乏力，尤其是在相关市场界定问题上，仍主要依靠国务院反垄断委员会出台的《国务院反垄断委员会关于相关市场界定的指南》。作为我国第一部反垄断法实施指南，该指南自2009年出台以来，为我国的反垄断法实施提供了极大的规范支持。但技术许可垄断案件中的相关市场界定具有独特的难点，盲目套用该指南中的界定方法容易使我国反垄断执法机关在处理这类案件时陷入困境。值得注意的是，技术许可垄断案件中的相关市场界定问题在欧美等竞争法制发达国家都由独立于相关市场界定一般规定的专门执法指南予以指导。这不仅表明在这类案件中相关市场界定的重要性，而且也佐证了技术许可垄断案件相关市场界定的复杂性。本书从相关商品市场、相关技术市场以及相关研发市场三个维度出发，试图对技术许可垄断案件的相关市场问题予以系统剖析。通过对三个维度的分析，能够清晰地识别技术许可协议涉及的市场范围，从而为判断技术许可协议的违法性提供依据。

从相关商品市场维度来看，技术往往通过许可授权的形式与特定商品进行结合。技术的融合，使商品的功能、特性、等级、质量乃至价格都变得更为复杂。利用假定垄断者测试进行分析不仅要注意初次分析的商品以及小幅提价的基准价格，更重要的是慎重对待与商品相结合的知识产权对需求替代性的影响。当价格反应不够敏感时，还可以通过合理替代分析方法予以辅助判断。

从相关技术市场维度来看，技术的不同特点会对相关市场的界定方法产生很大的影响。若技术是有特定终端商品可以结合的应用型技术，那么就将界定当前商品技术市场。其市场范围与相关商品市场有竞争，可以适用相关商品市场的界定方法予以解决。若技术是无特定终端商品可以结合的基础型技术，那么就将界定未来商品技术市场。此时，专利许可费对假定垄断者测试的小幅价格上涨反应不够明显，需要适用合理替代分析法予以界定。这种方法主要依赖真实的市场信息，需掌握专利技术的需求者、涉案专利的权利要求和实用性要件等关键信息。

从相关研发市场维度来看，创新与技术许可垄断行为的关系尚不明朗。经济学理论对于何种市场结构更利于创新还存在争议，加之特征模糊的创新成果难以被准确识别，从而造成了美国反垄断执法机关在适用相关研发市场界定相关市场时经常产生难以信服的结论。本书通过对相关研发市场理论盲区的探究和分析，揭示了相关研发市场界定失灵的根本原因，从而提出抛弃美国反垄断法实施中坚持的相关研发市场分析维度，转而采用依托具体市场条件来展开的动态竞争分析方法。

2010年美国《横向合并指南》出台之后，反垄断学界掀起了对相关市场界定的否定思潮，认为动态分析应该取代相关市场界定。但客观上而言，虽然相关市场界定不能解决所有实践中的反垄断难题，但对于静态市场结构中的反竞争效应的识别等问题仍能够发挥重要的作用。因此，既不能过于神话相关市场界定的实践作用，也不能彻底否定相关市场的制度价值。现阶段，我国反垄断当局最为迫切的问题就是尽快厘清技术许可垄断案件的理论脉络，制定并出台针对这类案件的相关市场界定指南，为处理日益频发的技术许可垄断案件提供合理的执法工具。本书对技术许可垄断案件相关市场界定的研究只是笔者对于该问题的一种初步尝试和涉猎，希望能够促使更多的反垄断研究力量投入到对特殊案件类型的相关市场界定研究中来，早日实现我国反垄断法的现代化。

参 考 文 献

一、中文文献

（一）著作类

［1］［美］格伯尔：《二十世纪欧洲的法律与竞争——捍卫普罗米修斯》，冯克利、魏志梅译，中国社会科学出版社2004年版。

［2］［美］博登海默：《法理学：法律哲学与法律方法》，邓正来译，中国政法大学出版社2004年版。

［3］［美］赫伯特·霍温坎普：《联邦反垄断政策：竞争法律及其实践》，许光耀等译，法律出版社2009年版。

［4］［英］阿尔弗雷德·马歇尔：《经济学原理》，周月刚、雷晓燕译，中国城市出版社2010年版。

［5］许光耀：《欧盟竞争法通论》，武汉大学出版社2006年版。

［6］王先林：《知识产权与反垄断法：知识产权滥用的反垄断问题研究》（第2版），法律出版社2009年版。

（二）论文类

［1］宁立志、胡贞珍：《从美国法例看专利联营的反垄断法规制》，载《环球法律评论》2006年第4期。

[2] 宁立志、周围:《专利许可中差异化许可价格的反垄断法分析》,载《法商研究》2014 年第 4 期。

[3] 宁立志、陈珊:《回馈授权的竞争法分析》,载《法学评论》2007 年第 6 期。

[4] 周围:《研究工具的可专利探析》,载《法学评论》2014 年第 6 期。

[5] 周围:《伏击营销的商标法审思》,载《知识产权》2015 年第 2 期。

[6] 王先林:《论反垄断法实施中的相关市场界定》,载《法律科学》2008 年第 1 期。

[7] 王晓晔:《美国企业横向合并指南》,载《外国法译评》1996 年第 2 期。

[8] 王晓晔:《举足轻重的前提——反垄断法中相关市场的界定》,载《国际贸易》2004 年第 2 期。

[9] 王晓晔:《多元化目的——欧盟竞争法目的与任务评述》,载《国际贸易》2001 年第 9 期。

[10] 王晓晔:《反垄断法相关市场的界定》,载《国际商报》2009 年 9 月 1 日第 12 版。

[11] 李文柱:《欧盟竞争法中的相关市场理论》,载《国际经济合作》1999 年第 6 期。

[12] 金朝武:《论相关市场的界定原则和方法》,载《中国法学》2001 年第 4 期。

[13] 张俊文:《反垄断法中的市场界定》,载《现代法学》第 3 期。

[14] 李虹、张昕竹:《相关市场的认定与发展及对中国反垄断执法的借鉴》,载《经济理论与经济管理》2009 年第 5 期。

[15] 李剑:《反垄断法中核心设施的界定标准——相关市场的视角》,载《现代法学》2009 年第 3 期。

[16] 李剑:《双边市场下的反垄断法相关市场界定——“百度案”中

的法与经济学》，载《法商研究》2010 年第 5 期。

[17]丁茂中:《反垄断法实施中的“相关市场”界定国际比较》，载《法学杂志》2012 年第 8 期。

[18] 江山:《反垄断法中相关市场的概念及其认定》，载《国际商报》2007 年 9 月 28 日。

[19] 吴宏伟、廖娟:《互联网行业相关市场界定研究》，载《甘肃理论学刊》2013 年第 1 期。

[20] 吴韬:《互联网行业反垄断案件中的相关市场界定：美国的经验与启示》，载《电子知识产权》2011 年第 5 期。

[21] 工业和信息化部电子知识产权中心竞争政策工作组:《互联网信息服务产业中相关产品市场的界定》，载《电子知识产权》2012 年第 4 期。

[22] 徐斌:《SSNIP 市场界定方法、缺陷及其改进》，载《江西行政学院学报》2008 年第 1 期。

[23] 余东华:《反垄断法实施中相关市场界定的 SSNIP 方法研究——局限性及其改进》，载《经济评论》2010 年第 2 期。

[24] 张志奇:《相关市场界定的方法及其缺陷》，载《北京行政学院学报》2009 年第 4 期。

[25] 庄春发:《市场的迷思：论市场定义在公平交易法应用的困境》，载《产业结构与公平交易法》1994 年版。

[26] 徐士英:《反垄断法在日本实现“本土化”的启示》，载《法商研究》1999 年第 4 期。

[27] 王忠宏:《哈佛学派、芝加哥学派竞争理论比较及其对我国反垄断的启示》，载《经济评论》2003 年第 1 期。

[28]王姚瑶:《反垄断法中知识产权相关市场的界定》，载《市场周刊》2009 年第 10 期。

[29] 郜翔:《知识产权反垄断中的相关市场界定研究》，载《科技进步

与对策》2011 年第 8 期。

［30］黄靖元:《美国反托拉斯法专利授权案件市场界定之研究》，台湾世新大学法学院 2006 年硕士论文。

［31］马远超:《软件版权人滥用市场支配地位责任研究》，华东政法大学 2010 年硕士论文。

二、英文文献

（一）著作类

［1］Anderson, Simon P. and Ciliberto, Federico and Liaukonyte, Jura and Renault, Regis, *Push-Me Pull-You: Comparative Advertising in the OTC Analgesics Industry*, December 20, 2012.

［2］T. Takenaka, Patent law and theory: a handbook of contemporary research, Edward Elgar Publishing, 2008.

［3］Phillip Areeda, Donald Turner, *Antitrust Law: An Analysis of Antitrust Principles and Their Application,* 1995.

［4］Marcus Glader, *Innovation Markets and Competition Analysis: EU Competition Law and US Antitrust Law*, Edward Elgar Publishing,2006.

［5］OECD and World Bank, *Korea and the Knowledge-Based Economy*, edited by Thomas Andersson, Carl Dahlman, OECD Publishing, 2001.

［6］OECD, *A New Economy: The Changing Role Of Innovation And Information Technology* In Growth, 2000.

［7］George J. Stigler, *The Economist as Preacher and Other Essays*, The University of Chicago Press, 1982.

［8］Bryan A. Garner, *Black's Law Dictionary*, West Academic, 2014,10th ed.

[9] Alison Jones, Brenda Sufrin, *EU Competition Law: Text, Cases, and Materials*, Oxford University Press, 2014.

[10] Ben A. Wortley, *The Law of the Common Market*, Manchester University Press, 1974.

[11] Lindstrom, *Buyology, Truth and Lies About Why We Buy*, Crown Business, 2007.

（二）论文类

[1] Anish Vaishnav., Product Market Definition in Pharmaceutical Antitrust Cases: Evaluating Cross-Price Elasticity of Demand, *Columbia Business Law Review*, 2011.

[2] Louis Kaplow, Why (Ever) Define Markets?, *December Harvard Law Review*, 2010.

[3] Sandra H. Johnson, Polluting Medical Judgment? False Assumptions in the Pursuit of False Claims Regarding Off-Label Prescribing, 9 MINN J.L. SCI. & TECH. 61, 79 (2008) .

[4] George J. Stigler, The Organization Of Industry, 1968.

[5] Michael L. Katz, Carl Shapiro,Critical Loss: Let's Tell the Whole Story, *Antitrust*, Spring 2003.

[6] Jshua A. Newberg, Antitrust for the Economy of Ideas: the Logic of Technology Markets, *Harvard Journal of Law & Technology*, 2000.

[7] Gregory J. Werden, Demand Elasticities in Antitrust Analysis, *Antitrust Law Journal*, 1998. Jerry A. Hausman, Gregory K. Leonard, Christopher A. Vellturo, Market Definition Under Price Discrimination, 64 Antitrust Law Journal 367 Antitrust Law Journal, Winter 1996.

[8] Azam Aziz, Defining Technology and Innovation Markets: the DOJ's

Antitrust Guidelines for the Licensing of Intellectual Property, *Hofstra Law Review,* Winter 1995.

[9] William M. Landes, Richard A. Posner, Market Power in Antitrust Cases, *March Harvard Law Review*,1981.

[10] Kenneth D. Boyer, Is There a Principle for Defining Industries, 50 S. Econ. J. 761, 1984.

[11] Harold Demsetz, Industry Structure, Market Rivalry, and Public Policy, Vol.16, No.1 *Journal of Law and Economics*（April, 1973）.

[12] Jonathan B. Baker, Stepping Out in an Old Brown Shoe: In Qualified Praise of Submarkets, 68 *ANTITRUST Law Journal* 203, 206（2000）.

[13] Jonathan B. Baker, Econometric Analysis in FTC v. Staples, 18 J. PUB. POL'Y & MKTG. 11（1999）.

[14] Jonathan B. Baker & Daniel L. Rubinfeld, Empirical Methods in Antitrust Litigation: Review and Critique, 1 AM. L. & ECON. REV. 386（1999）.

[15] Jonathan B. Baker, The Antitrust Analysis of Hospital Mergers and the Transformation of the Hospital Industry, 51 *LAW & CONTEMP. PROBS*. 93, 101-02 & n.42（1988）.

[16] Robert Pitofsky, New Definitions of Relevant Market and the Assault on Antitrust, 90 COLUM. L. REV 1807（1990）.

[17] Scott M. Davis, Brand Asset Management: Driving Profitable Growth Through Your Brands, Jossey-Bass Inc, June 6, 2000.

[18] Sanjoy Dhose, Oded Lowengart, Taste Tests: Impacts of Consumer Perceptions and Preferences on Brand Positioning Strategies, 10 J. *Targeting, Measurement, & Analysis For Marketing* 26, 30（2001）.

[19] See, Robin Goldstein et al., Do More Expensive Wines Taste Better? Evidence from a Large Sample of Blind Tastings, 3 J. WINE ECON. 1（2008）.

[20] Deven R. Desai and Spencer Waller, Brands, Competition, and the Law, *BYU Law Review*, Vol. 2010, 2010.

[21] Michael Abramowicz, An Industrial Organization Approach to Copyright Law, *William & Mary Law Review*, Vol. 46, 2004.

[22] Paul J. Heald, Property Rights and the Efficient Exploitation of Copyrighted Works: An Empirical Analysis of Public Domain and Copyrighted Fiction Bestsellers, *Minnesota Law Review*, Vol. 92, 2008.

[23] Rock River Communications, Inc. v. Universal Music Group, Inc. 2011 WL 1598916, C.D. California, Apr. 27, 2011.

[24] Dongsong Zhang, Web Content Adaptation for Mobile Handheld Devices, 50 *Commun. ACM* 75, 77（2007）.

[25] Wayne R. Dunham, The Determination of Antitrust Liability in United States V. Microsoft: The Empirical Evidence the Department of Justice Used to Prove Its Case, *2 Journal of Competition Law and Economics* 549（2006）.

[26] J. Hugues, et al., Contributions to Middleware Architectures to Prototype Distribution Infrastructures Rapid Systems Prototyping, 2003, Proceedings, 14th IEEE International Workshop on 124（2003）.

[27] N. Ibrahim, Orthogonal Classification of Middleware Technologies Mobile Ubiquitous Computing, Systems, Services and Technologies, 2009. UBICOMM '09, Third International Conference on 46（2009）.

[28] Adam B. Jaffe, Josh Lerner and Scott Stern, Innovation Policy and the Economy, Volume 1, 122（2001）.

[29] T. Pogge, M. Rimmer and K. Rubenstein, Incentives for Global Public Health: Patent Law and Access to Essential Medicines, 246（2010）.

[30] Adam B. Jaffe, Josh Lerner and Scott Stern, Innovation Policy and the Economy, Volume 1, 122（2001）.

[31] Michael L. Katz, Howard A. Shelanski, Mergers and Innovation, 74 *Antitrust Law Journal* 1, 39(2007).

[32] Rosa M. Abrantes-Metz, Christopher P. Adams and Albert D. Metz, Empirical Facts and Innovation Markets: Analysis of the Pharmaceutical Industry, *The Antitrust Source*,(Mar. 2005).

[33] Statement of Chairman Timothy J. Muris in the matter of Genzyme Corporation / Novazyme Pharmaceuticals, Inc.

[34] Statement of Commissioner Pamela Jones Harbour Genzyme Corporations's Acquisition of Novazyme Pharmaceuticals Inc. File No. 021-0026

[35] Ronald W. Davis, Innovation Markets and Merger Enforcement: Current Practice in Perspective, 71 *Antitrust Law Journal* 677, 678(2003).

[36] Richard J. Gilbert, Steven C. Sunshine, Incorporating Dynamic Efficiency Concerns in Merger Analysis: The Use of Innovation Markets, 63 *Antitrust Law Journal* 569, 594 (1994-1995).

[37] Michael A. Carrier, Two Puzzles Resolved: Of the Schumpeter-Arrow Stalemate and Pharmaceutical Innovation Markets, 93 *Iowa Law Review* 393, 433(2008).

[38] Statement of Commissioner Pamela Jones Harbour Genzyme Corporation's Acquisition of Novazyme Pharmaceuticals Inc. File No. 021-0026.

[39] Richard T. Rapp, "The Misapplication of the Innovation Market Approach to Merger Analysis", 64 *Antitrust Law Journal* 19(1995).

[40] Thomas N. Dahdouh, James F. Mongoven, The Shape of Things to Come: Innovation Market Analysis in Merger Cases, 64 *Antitrust Law Journal* 405, 431(1995-1996).

[41] Gilbert, Richard J. & Sunshine, Steven C., The Use of Innovation

Markets: A Reply to Hay, Rapp, and Hoerner, 64 *Antitrust Law Journal* 75, 81（1995）.

［42］Christine A. Varney, Assistant Att'y Gen., U.S. Dep't of Justice, Antitrust Div., International Cooperation: Preparing for the Future（Sept. 21, 2010）, available at http:// www.justice.gov/atr/public/speeches/262606.pdf.

［43］Rachel Brandenburger, U.S. Dep't of Justice, Antitrust Div., International Competition Policy and Practice: New Perspectives?（Oct. 29, 2010）, available at http:// www.justice.gov/atr/public/speeches/270980.pdf.

［44］Brian Golden, The Evolution of Horizontal Mergers and The 1992 MERGER GUIDELINES, *New England Law Review*, Fall, 28 *New Eng. L. Rev.* 159（1993）.

［45］Clovia Hamilton, Adequacy of the 1995 Antitrust Guidelines for the Licensing of Intellectual Property in Complex High-Tech Markets, 7 Comp. L. Rev. & Tech. J, 26（2002）.

［46］Ronald W. Davis, Innovation Markets and Merger Enforcement: Current Practice in Perspective, 71 *Antitrust L. J.* 677（2003）.

［47］Laurence B. Landman, Did Congress Actually Create Innovation Markets? 13 *Berkeley Tech. L. J.* 730（1988）.

［48］Deven R. Desai and Spencer Waller, "Brands, Competition, and the Law", *BYU Law Review*, Vol. 2010.

（三）案例类

［1］United States v. Microsoft: Court's Findings of Fact, available at http://www.justice.gov/atr/cases/f3800/msjudgex.htm.

［2］Christi Shafer, Big Gasoline Brands Continue to Lose US Retail Market Share, *Oil Daily*, April 20, 2012.

[3] Illinois Tool Works Inc. v. Independent Ink, Inc., 547 U.S. 28（2006）.

[4] Geneva Pharmaceuticals Technology Corp. v. Barr Laboratories, Inc., 386 F.3d 485, 497-98（2d Cir. 2004）.

[5] United States v. Grinnell Corp., Et Al. 384 U.S. 563; 86 S.Ct. 1698（1966）.

[6] Henry v. A.B. Dick Co., 224 U.S. 1（1912）.

[7] Heaton-Peninsular Button-Fastner Co. v. Eureka Specialty Co., 77 F. 288（6th Cir. 1896）.

[8] Adams v. Burke, 84 U.S. 453（1873）.

[9] Motion Picture Patents Co. v. Universal Film Mfg. Co., 243 U.S. 502（1917）.

[10] Mercoid Corp. v. Minneapolis-Honeywell Regular Co., 320 U.S. 680（1944）.

[11] International Salt Co. v. United States, 332 U.S. 392（1947）.

[12] Zenith Radio Corp v. Hazeltine Research Inc., 395 U.S. 100（1969）.

[13] USM Corp. v. SPS Technologies Inc., 694 F2.d 505（7th Cir. 1982）.

[14] Parke, Davis & Co. v. Probel, Reese, Beintema-Interpharm and Centrafarm, C.M.L.R.47（1968）.

[15] Standard Oil Co. of New Jersey v. United States, 221 U.S.1（1911）.

[16] United States v. Columbia Steel Co., 334 U.S. 862; 68 S Ct 1525; 92 L Ed 1781（1948）.

[17] Standard Oil Co. of New Jersey v. U.S., 221 U.S.1（1911）.

[18] Mitchell v. Reynolds, 1 P. Wms. 181（1711）.

[19] United States v. Socony - Vacum Oil Co., 310U.S. 150（1940）.

[20] United States v. Consolidated Laundries Corp., 291 F. 2d 563（2d Cir 1961）.

[21] Northwest Wholesale Stationers, Inc. v. Pacific Stationery and Printing Co., 472 U.S. 284（1985）.

[22] Dr. Miles Medical Co. v. John D. Park & Sons Co., 220 U.S. 373（1911）.

[23] Hartford-Empire Co. v. United States.,323 U.S.386, 65 S.Ct. 815（1945）.

[24]United States v. E.I. Du Pont de Nemours & Co., 351 U.S. 377（1956）.

[25] United States v. Aluminum Co. of America, 377 U.S. 271（1964）.

[26] Fineman v. Armstrong World Industries, Inc., 980 F.2d 171（1992）.

[27] Allen-Myland, Inc. v. International Business Machines Corp., 33 F.3d 194（1994）.

[28]International Boxing Club of N.Y., Inc. v. U.S., 358 U.S. 242（1959）.

[29] U.S. Anchor Mfg., Inc. v. Rule Industries, Inc., 7 F.3d 986（1994）.

[30] United States v. Aluminum Co. of America, 377 U.S. 271（1964）.

[31] United States v. Archer-Daniels-Midland Co., 866 F.2d 242（1988）.

[32] United States v. E. I. Du Pont de Nemours & Co., 351 U.S. 377（1956）.

[33] Brown Shoe Co. v. United States, 370 U.S. 294（1962）.

[34] United States v. Pabst Brewing Co., 384 U.S. 546, 552（1966）.

[35] United States v. Aluminum Co. of America, 148 F.2d 416（2d Cir. 1945）.

[36] Christian Schmidt Brewing Co. v. G. Heileman Brewing Co., 753 F. 2d 1354（6th Cir. 1985）.

[37] Menasha Corp. v. News America Marketing In-Store, Inc., 354 F.3d 661（7th Cir. 2004）.

[38]United States v. EI Du Pont de Nemours & Co. 351 U.S. 377（1956）.

[39] Eastman Kodak Co. v. Image Technical Services, Inc., 504 U.S. 451

（1992）.

［40］In re Ciprofloxacin Hydrochloride Antitrust Litigation, 363 F. Supp. 2d 514, 521-23（E.D.N.Y. 2005）.

［41］Apple Inc. v. Samsung Electronics Co., Ltd., Not Reported in F.Supp.2d（2012）.

［42］Newcal Industries, Inc. v. Ikon Office Solution, 513 F.3d 1038, 1044（9th Cir.2008）.

［43］Broadcom Corp. v. Qualcomm Inc., 501 F.3d 297（3rd Cir. 2007）.

［44］Hynix Semiconductor Inc. v. Rambus Inc., No. CV-0020905 RMW, 2008 WL 73689（N.D.Cal. Jan.5, 2008）.

［45］FTC v. Lundbeck, Inc., 650 F.3d 1236（8th Cir. 2011）.

［46］Henry v. Chloride, Inc., 809 F.2d 1334（8th Cir.1987）.

［47］Ciba-Geigy v. Sandoz, 123 F.T.C. 842（1997）.

［48］United States v. American National Can Co. and KMK Maschinen AG, No. 96 1458（D.D.C. filed Jun. 25, 1996）（Complaint）.

［49］United States v. Microsoft Corp, No. 98-1232（D.D.C. filed May 18, 1998）.

［50］In re Summit Tech., Inc. v. VISX, Inc., No. 9286（FTC filed Mar. 24, 1998）.

［51］SCM Corp. v. Xerox Corp., 645 F.2d 1195（2d Cir.1981）.

［52］Lansmont Corporation v. SPX Corporation, 2014 WL 1267003, N.D.Cal., Mar. 27, 2014.

［53］Western Electric Co. v. Stewart-Warner Corp., 631 F.2d 333.

［54］Lowell v. Lewis, 15 F.Cas. 1018, at 1019（C.C.D. Mass 1817）.

［55］Brenner v. Manson, 383 U.S. 519, 148 U.S.P.Q.（BNA）689（1966）.

［56］In re Dane K. Fisher and Raghunath v. Lalgudi, 421 F.3d 1365（Fed.

Cir. 2005）.

[57] Complaint, United States v. General Motors Corp., Civ. No. 93-530（D. Del., filed Nov. 16, 1993）.

[58] Complaint, Am. Home Prods., 119 F.T.C. 218（1995）.

[59] Complaint, Wright Med. Tech., 119 F.T.C. 344（Mar. 23, 1995）.

[60] Complaint, Glaxo Wellcome, No. C-3990（F.T.C. Dec. 15, 2000）.

[61] Complaint, Upjohn Company, No. 951-0140（F.T.C. Oct. 27, 1995）.

[62] Complaint, Ciba-Geigy Ltd., Dkt. No. C-3725（F.T.C. Apr. 8, 1997）.

[63] Complaint 11, Sensormatic Elecs., 119 F.T.C. 520（1995）.

[64] U.S. v. Aluminum Co. of America, 148 F.2d 416, 427（2d Cir. 1945）.

[65] In re Roche Holdings, Ltd., 113 F.T.C. 1086（1990）.

[66] United States v. General Motors, Civ. No. 93-530（D.Del. Nov.16,1993）.

[67] United States v. Flow Int'l & Ingersoll-Rand Co., Civ. No.94-71320（E.D. Mich. Apr. 14, 1994）.

[68] DataQuill Ltd. v. High Tech Computer Corp., 2011 WL 6013022,（S.D.Cal. Dec 01, 2011）.

[69] Press Release, Fed. Trade Comm'n, FTC Challenges Thoratec's Proposed Acquisition of HeartWare International（July 30, 2009）.

[70] Press Release, Fed. Trade Commission, American Home Products Settles FTC Charges in American Cyanamid Acquisition（Nov. 10, 1994）.

[71] Press Release, Federal Trade Commission, FTC Decision in Baxter/ Immuno Acquisition to Preserve Competition in Two Markets for Plasma Products Ensuring Lower Prices for Consumers and Continued Research and

Development（Dec. 19, 1996）.

[72] Press Release, Federal Trade Commission, FTC Accord in Ciba Giegy/Sandoz Merger to Prevent Slowdown in Gene Therapy Development & Preserve Competition in Corn Herbicides, Flea-Control Markets（Dec. 17, 1996）.

[73] Analysis of Proposed Consent Order to Aid Public Comment, In re Pfizer Inc., Dkt. No. C-3957（F.T.C. June 19, 2000）.

[74] SCM Corp. v. Xerox Corp., 645 F.2d 1195（2d Cir. 1981）.

[75] Crucible, Inc. v. Stora Kopparbergs Bergslags AB, 701 F. Supp. 1157, 1160（W.D. Pa. 1988）.

[76] Verizon Communications Inc. v. Law Offices of Curtis V. Trinko, LLP, 540 U.S. 398（2004）.

[77] Sensormatic Elecs. Corp., C-3572（Apr. 18, 1995）, 60 Fed. Reg. 5428（Jan. 27, 1995）.

后　　记

相关市场界定并不是一个传统的法学问题，规范分析和价值判断在其中所占比例不多，但相关市场如何被准确界定却始终是经济学和法学共同的难题。1982 年诺贝尔经济学奖获得者 George J. Stigler 更直言“市场界定乃人类智慧的黑洞”。在本质上，相关市场界定是基于长期反垄断法实施经验的凝练与抽象，对经验进行系统研究不但要梳理实践经验源起、成例、适用以及改进的各个阶段，还需探索既有经验对未来实践的可能指向。客观而言，仅凭一本小书很难解决技术许可垄断案件中所涉及的全部相关市场界定问题，但经过立论与驳论、肯定与否定的不断交替，新的灵感和信息会不断地与现有知识碰撞与发散，使写作过程本身成为一种经验和意义的获得。通过论文选题、资料收集、论证推理以及书稿撰写等步骤的积累和渐进，最终呈现给大家的是笔者对特殊类型案件相关市场界定问题的一次有益尝试。

本书是在笔者 2015 年 5 月通过答辩的武汉大学博士学位论文《相关市场界定研究——以技术许可协议为视角》基础上修改而成的。本书有幸获得中国法学会 2016 年后期资助项目的支持。在此衷心感谢中国法学会对于本书出版的支持与帮助。同时，我还要感谢上海交通大学凯原法学院王先林教授和南开大学法学院许光耀教授的鼎力推荐。两位教授不仅在竞争法学界中声名显赫、著作等身，更作为国务院反垄断委员会专家咨询组成员，长期参与我国反垄断法的实践与理论研究，他们的提携与帮助让我备受鼓舞。

能够进入知识产权与竞争法领域从事相关研究，得益于我的恩师宁立志教授。自 2011 年进入武汉大学法学院跟随宁老师攻读博士学位，至今已历六载。在此期间，老师的言传身教使我逐渐发现和体会到了科研和学术的魅力，严谨踏实的治学态度和平实简洁的语言风格更使我深受其益。我的每篇论文老师都会逐字逐句地阅读，并且还会用红笔将文中语义存疑或用词欠妥之处一一标注出来。看着一篇篇满是红色标记的文章，除了心中满怀感激，更多的是勉励自己下一篇文章要更细心遣词造句。也正是这样对每篇论文的锱铢必究端正了我的学术态度，为本书的撰写打下了坚实的基础。2013 年年底，在老师的鼓励和资助下，我获得了远赴美国爱荷华大学进行访学交流的机会。访学期间，宁老师经常与我保持邮件联络。一封封充满关爱和期望的邮件敦促我时刻保持高昂的斗志，也为我点燃了胸中那盏光照终生的心灯。在宁老师的指导下，我先后完成了“*Price Discrimination in Patent Licensing and the Application of FRAND*”、《非营利性实施专利条款探究》《延展性许可费条款的反垄断法分析》《伏击营销的商标法审思》《研究工具的可专利性探析——以美国法例为借镜》《专利许可中差异化许可价格的反垄断法分析》等论文，这些成果的形成再次印证了本书选题的现实意义与选题价值。在形态不一的专利许可限制竞争条款的分析和评估中，相关市场界定始终是无法回避的“关键设施”，对技术垄断案件中的相关市场界定问题进行系统而科学的探索势在必行。

本书的写作与修改还要感谢武汉大学法学院冯果院长，经济法教研室的卞翔平教授、熊伟教授、喻术红教授、张荣芳教授、孙晋教授以及四川大学法学院的唐磊教授、顾培东教授、李平教授、曾彤教授，感谢各位老师在学生求学和工作过程中从不缺位的包容、关爱与提携，用渊博的学识和谦和的态度点化学生的困惑，指引前进的方向。感谢广西大学法学院汪鑫教授、中南财经政法大学法学院黎江虹教授在博士论文答辩过程中提出的宝贵意见和中肯评价。

经济法学科内容的多样性为创新性的交叉研究提供了可能，感谢李安安博士、叶金育博士、南玉梅博士、班小辉博士、袁康博士和王德夫博士，他（她）们前沿的学术视野与敏锐的洞察力总是能拓宽我的思路，带来新的灵感。感谢丛挺博士、范长军博士、何天翔博士、袁嘉博士、周晓光博士、陈灿祁博士、许小凡博士，在我脑洞大开、思维跳跃时，用扎实的学术功底和良好的学术素养引导我回归法学研究范式，每每交流，均获益良多。感谢武汉大学经济法专业和知识产权法专业的各位同门好友，本书的顺利完成离不开你们对我的包容和鼓励。同门之谊，三生有幸，在此一并致谢!

最后，我还要特别感谢长久以来在求学路上默默支持和鼓励我的父母和妻儿。求学二十载，从家乡宜昌到滨海烟台，从蓉城成都到华中武汉，每一次求学舞台的变化都离不开你们坚定的支持。在那些迷茫的日子里，是你们的鞭策、指导、鼓励指引着我逐渐走出那个失落的阶段。在无数个煎熬的夜晚，是你们始终陪伴和守候在我身旁。在收获成绩的时候，还是你们，真诚地倾听我的喜悦，快乐着我的快乐。正如米兰·昆德拉在《不能承受的生命之轻》中说:“我不能对过去所发生的一切视而不见，从而忽视我生命中的美丽。”经历四年的博士生活，我学会的远不只是论文撰写，更重要的是如何认真的、充满热情地面对眼下的生活。而本书的完成也不是学习之旅的终点，新的人生旅程，愿诸位与我一路同行!

周　围

2017 年 2 月 28 日，武大寓所

图书在版编目(CIP)数据

相关市场界定研究：以技术许可协议为视角／周围著. -- 北京：法律出版社，2017
ISBN 978 - 7 - 5197 - 1163 - 4

Ⅰ. ①相… Ⅱ. ①周… Ⅲ. ①反垄断法 - 研究 - 中国
Ⅳ. ①D922.294.4

中国版本图书馆 CIP 数据核字(2017)第 195791 号

相关市场界定研究
——以技术许可协议为视角
XIANGGUAN SHICHANG JIEDING YANJIU
—YI JISHU XUKE XIEYI WEI SHIJIAO

周 围 著

责任编辑 孙东育 李峰沄
装帧设计 李 瞻

出版 法律出版社
总发行 中国法律图书有限公司
经销 新华书店
印刷 三河市龙大印装有限公司
责任校对 王沁陶
责任印制 陶 松

编辑统筹 学术·对外出版分社
开本 720 毫米×960 毫米 1/16
印张 16.5
字数 209 千
版本 2017 年 12 月第 1 版
印次 2017 年 12 月第 1 次印刷

法律出版社／北京市丰台区莲花池西里 7 号(100073)
网址／www.lawpress.com.cn
投稿邮箱／info@lawpress.com.cn
举报维权邮箱／jbwq@lawpress.com.cn
销售热线／010 - 63939792
咨询电话／010 - 63939796

中国法律图书有限公司／北京市丰台区莲花池西里 7 号(100073)
全国各地中法图分、子公司销售电话：
统一销售客服／400 - 660 - 6393
第一法律书店／010 - 63939781/9782
西安分公司／029 - 85330678
重庆分公司／023 - 67453036
上海分公司／021 - 62071639/1636
深圳分公司／0755 - 83072995

书号：ISBN 978 - 7 - 5197 - 1163 - 4
定价：48.00 元

中国法学会后期资助项目文丛

BOOK SERIES FUNDED BY CHINA LAW SOCIETY

1. 《行政程序法典化研究》姜明安 等著
2. 《解读青年马克思的黑格尔法哲学批判》姚远 著
3. 《清代“杀一家三人”律、例辨析》吴杰 著
4. 《中央地方关系中的民主集中制研究》苗泳 著
5. 《证券内幕交易构成要件比较研究》曹理 著
6. 《欧洲婚姻财产法的未来》樊丽君 译
7. 《德国刑法教义学上的客观处罚条件》王钰 著
8. 《结果加重犯的基本原理与认定规则研究》邓毅丞 著
9. 《刑事诉讼中法院职权调查问题研究》林铁军 著
10. 《人民陪审员角色研究》刘方勇 著
11. 《非典型劳动者权益保护研究》班小辉 著
12. 《创新与反垄断——互联网企业滥用行为之法律规制研究》仲春 著
13. 《不得援引国家豁免的商业交易诉讼研究》纪林繁 著
14. 《国家侵权的国际私法问题研究》李华成 著

15.《法律的空间意象性》朱垭梁 著

16.《罗马体育法要论》赵毅 著

17.《〈大清律例〉律目研究》张田田 著

18.《转型正义法律问题研究》王进文 著

19.《论行政法上的意思表示——兼论行政行为构成中的意识要件》田勇军 著

20.《新农村建设中保障农民政治参与权利的制度创新研究》蔡振亚 王为东 著

21.《国家赔偿法研究述评》上官丕亮 主编

22.《个人信息与权利配置——个人信息自决权的反思和出路》刘金瑞 著

23.《从“大陆”走向“混合”的路易斯安那民法典》李宁 著

24.《防控网络恐怖活动立法研究》皮勇 著

25.《背信犯罪：当代社会的白领犯罪》刘荣 译

26.《刑事诉讼中的鉴定意见质证制度研究》王跃 著

27.《互联网规制的国际贸易法律问题研究》孙南翔 著

28.《相关市场界定研究——以技术许可协议为视角》周围 著

29.《外资并购国家安全审查制度的平衡机制研究》杨静 著